매혹하는 영어 질문

이은미

성신여대 영문과 졸업 후 맨땅에 헤딩하듯 여러 직장을 거치며 두 아이의 엄마와 아내로
평범하게 살면서 첫 저서 〈내 아이 영어도사 만들기〉 집필.

39세에 플로리다주립대 대학원에 입학하여 1년 만에 석사학위, 3년 만에 영어 교육 박사학위 취득 후
미드웨스트 대학교, 몽고메리 커뮤니티칼리지, 조지메이슨대학교 교수 역임.

현재 한국 조지메이슨대학교에서 학생들을 가르치며 학습지원센터장,
조지메이슨 인천시민대 원장으로 평생 교육 프로그램 개발에도 힘쓰고 있다.

평범한 사람들이 행복한 꿈을 꾸고 세계시민으로 자라도록 돕는 것이 그의 목표이다.

매혹하는 영어 질문

지은이 이은미
초판 1쇄 인쇄 2025년 3월 5일
초판 1쇄 발행 2025년 3월 14일

발행인 박효상   **편집장** 김현   **기획·편집** 장경희, 오혜순, 이한경, 박지행   **디자인** 임정현
마케팅 이태호, 이전희   **관리** 김태옥

기획·편집 진행 김현   **교정·교열** 전명희
본문·표지 디자인 고희선

종이 월드페이퍼   **인쇄·제본** 예림인쇄·바인딩

출판등록 제10-1835호   **발행처** 사람in   **주소** 04034 서울시 마포구 양화로 11길 14-10 (서교동) 3F
전화 02) 338-3555(代)   **팩스** 02) 338-3545   **E-mail** saramin@netsgo.com
Website www.saramin.com

책값은 뒤표지에 있습니다.
파본은 바꾸어 드립니다.

ⓒ 이은미 2025

ISBN
979-11-7101-133-9 14740
979-11-7101-132-2 (세트)

우아한 지적만보, 기민한 실사구시 사람in

매혹하는 영어 질문

How-tos for Asking

이은미 지음

사람in

Foreword

'한국의 인재는 왜 질문을 못 하나?'라는 제목은 다소 도발적으로 여겨진다. 나는 지난 수년간 동일한 제목으로 중고등생, 대학생, 교사, 공무원, 지역 시민을 대상으로 한 특강을 진행해 왔다. 강의 시작부터 나는 많은 질문을 청중에게 던진다. 그리고 "질문 없나요?" 하고 자주 묻는다. 참석자들은 대체로 예의 바르고 조용하다. 그래서 그런지 별 질문이 없다. 그러나 두 시간 남짓의 강의가 끝날 무렵 Do you have any questions? 하고 질의응답 시간을 가질 때면, 처음에 비해서 많은 사람이 손을 들고 질문을 던지는 게 보인다. 단 두 시간 만에 사람들의 태도가 변하는 것을 보면서, 우리가 왜 이 문제에 대하여 토론하고 생각해 봐야 하는지 알게 된다.

질문의 힘 중 Questions put you in control.질문은 당신을 상황의 주도자로 만든다.에서 볼 수 있듯, 질문자에게는 일순간 권력이 생긴다. 그래서 독재자는 질문 받는 것을 좋아하지 않는다. 역으로, 내게 힘이 없어도 질문을 통해서 나는 강해질 수 있다. 그런데 세상은 약자가 질문을 던질 기회를 별로 주지 않으며, 질문 던지는 사람을 좋아하지도 않는다. 질문하는 방법을 학교에서도, 어디에서도 가르쳐 주지 않으므로 질문을 어떻게 하는지도 잘 모른다. 게다가 이 질문을 '영어'로 한다는 것은 보통 어려운 일이 아니다. 모국어로 던지는 질문도 어려운데, 영어로 질문해야 한다니. 그래서 한국의 인재들이 국제적으로 활약해야 할 상황에서 입을 다물게 되는 것이리라.

Ask stupid questions!

어느 날 '질문' 특강을 하던 중에, 체면을 차리느라 침묵을 지키는 청중들을 보고 내가 제안을 했다.

"여러분 중에는 석사 학위자도 계시고 박사 학위자도 계시지만, 학교 다니는 동안 질문을 어떻게 해야 하는지 배우신 적이 없다는 것을 잘 압니다. 그러므로 저는 여러분이 현명하고 멋진 질문을 할 거라는 기대를 전혀 안 합니다. 좋은 질문 안 하셔도 됩니다. 멍청해 보이는 질문을 해 보셔요! Ask stupid questions!"

멍청한 질문을 환영한다고 하자 청중들은 웃음을 터뜨렸고, 그제서야 여기 저기서 질문들이 나왔다. 그런데 놀랍게도 모두 아주 의미 있고 다른 사람들에게도 정보가 될 만한 질문이었다. 질문을 받을 때마다 나는 그 질문이 왜 중요한지, 왜 좋은 질문인지 설명한 후에 답을 하거나 토론을 유도한다. 그래서 나는 알게 되었다. 질문 교육은 '멍청한 질문을 하시오!'에서 시작해야 한다는 것을. 무엇이든 처음부터 잘하는 사람은 아무도 없다. 부단한 연습을 통하여 선수가 되는 것이다. 영어도, 영어 질문도 처음부터 잘하는 사람은 없다. 무수한 실수와 노력을 거쳐서 잘하게 되는 것이다.

이 책은 영어 질문과 관련된 내용을 담고 있지만, 내가 근본적으로 독자들과 나누고 싶었던 이야기는 '우리 기죽지 말고 질문하고 삽시다!'이다. 영어가 유창하지 못하면 어떻고, '콩글리시'면 어떤가. 기죽지 말고, 지금 내 수준에서 최선을 다해 소통하려고 노력하다 보면, 나도 언젠가 국제 사회에서 유창하게 묻고 답하고 소통하며 살 날이 올 것이 아닌가. 그래서 이렇게 제안하고 싶다. Let's ask stupid questions!

이 책을 준비하면서 여러 아이디어와 사랑과 응원을 베풀어 주신 한국 조지메이슨 대학교 학생, 교수, 교직원 여러분과 '질문' 주제 특강 중에 여러 가지 피드백을 주신 분들께 감사의 인사를 드린다. 월급을 모아서 아내를 해외 유학 시킨 최고의 남편 박성호 교수, 든든한 버팀목인 두 아들 지홍이와 찬홍이, 사랑하는 엄마, 원고를 책으로 옮겨 주신 김현 편집장의 은혜가 높다. 이 책을 통해서 누군가에게 새로운 아이디어와 빛이 전달된다면, 그 영광은 천지만물을 지으시고 주관하시는 하나님께 올려 드린다.

'왜 질문해야 하는가, 그것도 영어로'에 명쾌한 해답을 주는 이 책은 프롤로그와 네 개의 파트로 구성되어 있다.

PROLOGUE

질문에 관한 여러 가지 에피소드와 우리가 질문을 대하는 시각을 전문가의 입장에서 설명한다. 이렇게 좋은 점이 많은데 우리는 그동안 왜 질문을 하고 살지 않았을까? 영어를 잘한다는 기준이 좋은 질문을 던질 수 있느냐의 여부인 것을 왜 몰랐을까?

PART 1 질문으로 매혹하라

영어 실력의 또다른 척도인 '영어로 질문할 수 있는가'의 진면목은 그 질문이 긍정적인 답변을 부를 수 있는가 하는 것이다. 웬만한 것에는 반응도 늦고 무관심한 사람들에게서 긍정의 답변을 부르는 매혹적인 질문 6가지와 원하는 답을 얻는 질문 요령 10가지를 제시한다.

PART 2 질문하라, 정중하게 매혹적으로

영어 질문(의문문)을 무한히 만들어 내는 틀은 학창 시절에 배웠지만, 그 의문문이 가지고 있는 위력, 숨은 뉘앙스들은 제대로 배우지 못했다. 질문의 삼대장 [직접 의문문, 간접 의문문, 부가 의문문]의 틀을 다시 한번 점검하고, 각 의문문의 위력과 쓰임새를 정확히 깨닫고, 질문을 만들어 낼 수 있는 기본 프레임을 확실히 다진다.

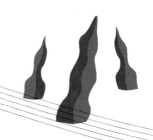

PART 3 한 차원 높게 질문하기: Critical Thinking

AI 시대에서 인류가 도태되지 않고 남아 있을 수 있는 방법 중 하나는 비판적 사고를 하는 것이다. 이런 비판적인 사고는 어떻게 길러질 수 있을까? 비판적 사고는 가장 기본이 되는 '지식' 단계에서 '이해-적용-분석-통합-평가'의 6단계를 거치게 된다. 여기서는 각 과정에서 어떤 질문을 던져야 질문을 받는 이들의 비판적 사고력을 드러낼 수 있을 것인지 단계별 질문 유형을 제시한다. 이를 통해 질문하는 이와 질문 받는 이 모두의 비판적 사고가 높아지며, 이는 질문이 이뤄낼 수 있는 한 단계 더 발전한 형태이다.

PART 4 상황별 질문 연습

우리의 일상 대화는 질문과 답변으로 이루어져 있다고 해도 과언이 아니다. 이런 일상을 넘어서 한 사람의 인생 행로가 바뀌고, 정책이나 의견이 바뀌는, 즉 질문이 참으로 중요해지는 때가 있다. 이 파트에서는 어느 상황보다도 질문이 중요해지는 상황을 선별해 거기서 던져야 할 혹은 던지지 말아야 할 질문들을 제시한다. 여기에는 취업 인터뷰 질문부터 이메일/문자 메시지/화상 회의에서 질문하기, 강의실에서 질문하기를 거쳐 공항 입국 심사대에서의 질문에 묻고 답하기가 포함되는데, 이를 통해 좋은 질문을 잘하고 그에 답한다는 것이 얼마나 중요한지를 절실히 체감할 수 있다.

차례

매혹하는 영어 질문

Foreword   4

이 책의 구성   6

Prologue

UNIT 1   질문: 세 가지 에피소드   18

Case 1
2010년 서울. G20 정상회담을 마치는 오바마 대통령의 기자회견   18

Case 2
2021년 5월 21일 미국. 워싱턴 백악관에서 개최된 한미 정상회담 공동 기자회견   21

Case 3
2022년 5월 21일 서울. 한미 정상 공동 기자회견장에 나타난 '미국 기자'의 질문   22

UNIT 2   질문은 위험한가?   23

UNIT 3   질문의 힘   25

UNIT 4   영어 학습자의 맹점   30

UNIT 5   왜 학교는 질문하는 법을 가르치지 않는가?   33

PART 1
질문으로 매혹하라

CHAPTER 1   매혹하라: 긍정적인 답을 부르는 지혜로운 질문

UNIT 1   **What do you like about it?**   42

UNIT 2   **When would be the most convenient time for you?**   44

UNIT 3   **What is the best way to contract you, please?**   47

UNIT 4   **I am not sure if ~**   48

UNIT 5   **How would you feel if ~?**   50

UNIT 6   **What questions do you have for me?**   52

Summary   54

CHAPTER 2 　질문으로 승리하라: 원하는 답을 얻는 질문 요령 10가지

UNIT 1　질문의 목적을 알라　　　　　　　　　　　　　　　59

UNIT 2　질문 내용이나 형식을 꼼꼼히 준비하라　　　　　　61

UNIT 3　구체적인 질문으로 진행하라　　　　　　　　　　　64

UNIT 4　한 번에 하나씩 질문하라　　　　　　　　　　　　66

UNIT 5　공격적인 태도로 질문하지 말라　　　　　　　　　69

UNIT 6　정확한 정보를 가진 사람에게 질문하라　　　　　　72

UNIT 7　상대방이 '예'라고 답할 수 있게 질문하라　　　　74

UNIT 8　질문하기 전에 연구하라　　　　　　　　　　　　77

UNIT 9　상대방에게 선택형 질문을 제시하라　　　　　　　78

UNIT 10 질문의 핵심을 향해 집요하게 나아가라　　　　　　81

PART 2
질문하라, 정중하게 매혹적으로

CHAPTER 1 　에두르지 않고 묻는다: 직접 의문문

UNIT 1　직접 의문문이란?　　　　　　　　　　　　　　　88

　　　　직접 질문의 위력　　　　　　　　　　　　　　　89

UNIT 2　직접 의문문 만들기　　　　　　　　　　　　　　92

　　　　1　Yes/No Questions　　　　　　　　　　　　92

　　　　2　5W+1H Questions　　　　　　　　　　　　97

　　　　EM's Tips　　　　　　　　　　　　　　　　　103

　　　　3　Choice Questions　　　　　　　　　　　　104

UNIT 3　정중해 보이는 직접 의문문　　　　　　　　　　　107

　　　　1　Excuse me　　　　　　　　　　　　　　　109

　　　　2　Can you? vs. Could you?　　　　　　　　113

　　　　3　Will you? vs. Would you?　　　　　　　116

　　　　4　Please　　　　　　　　　　　　　　　　121

5 May I ~?   124

청유형 질문에 적절한 긍정적인 답변들   127

청유형 질문에 적절한 부정적인 답변들   128

CHAPTER 2   에둘러 묻는다: 간접 의문문

UNIT 1   간접 의문문이란?   132

UNIT 2   간접 의문문 만들기   137

   1   물음표가 있는 간접 의문문   137

     (1)   Would/Could/Will/Can you tell me + 의문사 + 주어 + 동사   137

   EM's Tips   139

     (2)   Would/Could/Will/Can you tell me + if/whether   140

     (3)   Do you know + 의문사 + 주어 + 동사   142

     (4)   Do you think + 주어 + 동사   144

     (5)   Do you have any idea (on) + 의문사 + 주어 +동사   146

     (6)   Do you mind if + 주어 + 동사 / Do you mind + 동사ing   150

   EM's column   153

     (7)   Would you mind if + 주어 + 과거 동사 /
        Would you mind + 동사ing   154

   2   물음표가 없는 간접 의문문   158

     (1)   I wonder + wh-의문사 + 주어 + 동사   158

     (2)   I wonder if/whether + 주어 + 동사   161

   EM's Tips 1   164

     (3)   기타   164

   EM's Tips 2   166

CHAPTER 3   확정과 동의를 구한다: 부가 의문문

UNIT 1   부가의문문이란?   170

   EM's Tips   173

UNIT 2   부가의문문 만들기   174

UNIT 3   부가의문문의 억양과 대답   177

   EM's Tips   180

PART 3
한 차원 높게 질문하라 : Critical Thinking

CHAPTER 1　비판적 사고 1단계: 지식

UNIT 1　비판적 사고 1단계 질문의 유형　191

UNIT 2　의문문으로 키우는 비판적 사고 1단계　196

　　1　직접 의문문　196

　　개념 정의하기, 규정하기 질문 예 | 찾아내거나 알아맞히기 질문 예 |
　　위치나 소재 파악하기 질문 예　196

　　짝 맞추기 질문 예 | 외우기 질문 예 | 다시 말하기 질문 예 | 서술하기 질문 예　197

　　이야기하기 질문 예　198

　　2　간접 의문문　198

　　개념 정의하기, 규정하기 질문 예 | 찾아내거나 알아맞히기 질문 예 |
　　위치나 소재 파악하기 질문 예　198

　　짝 맞추기 질문 예 | 외우기 질문 예 | 다시 말하기 질문 예　199

　　서술하기 질문 예 | 이야기하기 질문 예　200

　　3　육하원칙의 질문　200

Practical Usage　202

CHAPTER 2　비판적 사고 2단계: 이해

UNIT 1　이해하는가?　206

UNIT 2　이해력을 드러내는 질문 유형　208

　　구체적으로 묘사하기 질문 예　208

　　설명하기 질문 예　208

　　해석하기 질문 예　209

　　다른 말로 바꾸어 말하기 질문 예　209

　　EM's Tips 1　210

　　순서대로 나열하기 질문 예　212

　　다시 말하기 질문 예　212

　　EM's Tips 2　213

다시 쓰기 질문 예   214

요약하기 질문 예   215

Practical Usage   216

CHAPTER 3   비판적 사고 3단계: 적용

UNIT 1   응용·적용할 수 있는가?   220

UNIT 2   응용·적용 능력을 드러내는 질문 유형   221

보여 주거나 시연하기 질문 예   221

그리거나 자세히 설명하기 질문 예   222

예를 들어 설명하기 질문 예   223

계산하기나 계측하기 질문 예   224

적용·응용하기 질문 예   225

만들어 내기 질문 예   227

문제 해결하기 질문 예   228

사용하기 질문 예   229

Practical Usage   232

CHAPTER 4   비판적 사고 4단계: 분석

UNIT 1   분석할 수 있는가?   236

UNIT 2   분석 능력을 드러내는 질문 유형   237

분석하기 질문 예   237

분류하기 질문 예   238

상세히 명시하기 질문 예   239

비교 및 대조하기 질문 예   240

구별과 식별하기 질문 예   242

조사 분석하기 질문 예   244

Practical Usage   246

CHAPTER 5 비판적 사고 5단계: 통합

UNIT 1 통합할 수 있는가? 250

UNIT 2 통합 능력을 드러내는 질문 유형 251

합치기 질문 예 251

짓기 질문 예 252

설계하기 질문 예 252

만들어 내기 질문 예 253

고안하기 질문 예 253

새로 만들어 내기 질문 예 254

예견이나 예측하기 질문 예 255

제안이나 추천하기 질문 예 255

Practical Usage 258

CHAPTER 6 비판적 사고 6단계: 평가

UNIT 1 평가할 수 있는가? 262

UNIT 2 평가 능력을 드러내는 질문 유형 264

순위 매기기 또는 평가하기 질문 예 264

선택하거나 고르기 질문 예 265

결론 내리기 질문 예 265

결정하기 질문 예 265

판단하기 질문 예 265

평가하기 질문 예 266

Practical Usage 268

PART 4
상황별 질문 연습

CHAPTER 1　취업 인터뷰

UNIT 1　취업 인터뷰　276

　　EM's Tips 1　277

　　EM's Tips 2　278

UNIT 2　취업 인터뷰에서 흔히 묻는 질문들　279

UNIT 3　채용 인터뷰 때 절대 물으면 안 되는 질문들　284

UNIT 4　취업 인터뷰 실제 대화　289

CHAPTER 2　상황별 질문하기 요령

UNIT 1　이메일로 질문하기　296

UNIT 2　문자 메시지로 질문하기　302

UNIT 3　화상 회의에서 질문하기　308

　　시작하면서 참석자 확인　309

　　마이크나 화면 상태 확인　310

　　대화 방식 정하기　311

UNIT 4　강의실에서 질문하기　314

　　시험 관련 질문들　314

　　과제 관련 질문들　318

　　점수 관련 질문들　321

　　Office Hours 관련 질문들　323

UNIT 5　공항 입국 심사대에서의 질문과 답변　326

Epilogue　336

PROLOGUE

질문: 세 가지 에피소드

Case 1: 2010년 서울. G20 정상회담을 마치는 오바마 대통령의 기자회견

2010년 11월 12일 G20 서울 정상회의 폐막식에서 있었던 일이다. 미국의 오바마 대통령이 주최국인 한국의 노고를 치하하며 한국 기자들에게 특별히 질문 기회를 주고 싶다고 말했다. 하지만 안타깝게도 한국 기자들 중 질문하려고 손을 든 사람이 아무도 없었다. 침묵하는 한국 기자들을 대신해 질문을 던진 사람은 영어가 능통했던 중국 기자였고, 당시 한국 사회에서 '국제회의장에서 질문도 못 하는 한국 언론인'에 대한 비판이 뜨거웠다. 다음은 그 현장에서 오고 간 대화 내용이다.

오바마   I feel obliged to take maybe one question from the Korean press since you guys have been such excellent hosts. Anybody? This gentleman right here – he's got his hand up. He's the only one who took me up on it. Go ahead. And I'll probably need a translation, though, if you're asking the question in Korean. In fact, I definitely will need a translation. (Laughter)

여러분께서 멋지게 주최를 해 주셨으므로 한국 기자단으로부터 질문을 한 가지 받고 싶습니다. (기자단의 누군가를 가리키며) 안 계십니까? 여기 계신 분이 손을 드셨네요. 이분이 제 제안을 받아들인 유일한 분이군요. 질문해 주십시오. 만약 한국어로 질문하신다면, 통역이 필요할 것 같습니다. 사실 말씀드리면, 정말로 통역이 필요합니다. (웃음)

기자단에서 누군가 손을 들었고, 오바마 대통령은 "한국어로 질문하신다면 제가 통역이 필요할 것 같습니다."라고 언급함으로써 딱히 영어로 질문하지 않아도 된다는 메시지를 전했다. 질문하기 위해 꼭 영어를 잘할 필요가 없으며, 이곳이 한국이니 한국어로 질문할 경우 통역 서비스를 받겠다는 완곡한 표현이었다. 그런데 오바마 대통령을 향해 손을 들었던 기자는 유감스럽게도 한국인이 아닌 중국인이었다.

중국 기자 Unfortunately, I hate to disappoint you, President Obama, I'm actually Chinese. (Laughter) But I think I get to represent the entire Asia.

오바마 대통령님. 실망시켜서 죄송합니다만. 저는 중국인입니다. (웃음) 하지만 제가 아시아 전체를 대표해서 질문하면 어떨까요?

오바마 Absolutely. We're one family here in this part of the world. Well, your English is better than my Mandarin also. (Laughter) But – now, in fairness, though, I did say that I was going to let the Korean press ask a question. So I think that you held up your hand anyway.

물론, 여기서 우리는 모두 한 가족입니다. 당신의 영어 실력이 제 중국어 실력보다 좋군요. (웃음) 하지만 제가 한국 기자들에게 질문할 기회를 드린다고 했으므로, 저는 공정하고 싶습니다. 그런데 어쨌든 손을 드신 것 같군요.

(오바마 대통령은 '공정성'을 얘기하며 중국 기자의 질문권을 완곡하게 거절했다.)

중국 기자 How about, will my Korean friends allow me to ask a question on your behalf? Yes or no?

제 한국인 친구들이 제가 그들을 대신해서 질문하는 것을 허락한다면 어떨까요? 찬성하십니까?

(중국 기자는 물러서지 않고, 한국 기자들의 양해를 구하겠다고 맞섰다.)

오바마 Well, it depends on whether there's a Korean reporter who would rather have the question. No, no takers? This is getting more complicated than I expected. (Laughter)

글쎄요, 한국 기자 중에 질문하려는 분이 있는지에 달려 있겠지요. (청중을 둘러보며) 아무도, 아무도 안 계신가요? 아, 제가 생각했던 것보다 상황이 복잡해지고 있군요. (웃음)

(오바마 대통령은 여전히 한국 기자에게 질문 기회를 주고 싶어 했으나, 한국 기자 중에 아무도 질문하려는 사람이 나서지 않자 오히려 난처한 국면을 맞게 되었다.)

중국 기자 Take quick, one question from an Asian, President Obama.

아시아 기자로부터 아주 간단한 질문 하나만 받으시죠. 오바마 대통령님.

(중국 기자는 물러설 기색이 전혀 없었다. 한국 기자가 아무도 질문하지 않으니 아시아 기자인 자신에게서 질문을 받으라고 다시 압박한다.)

오바마 Well, the – as I said, I was going to – go ahead and ask your question, but I want to make sure that the Korean press gets a question as well.

글쎄요… 제가 말씀드린 바와 같이, 저는 한국인 기자분께 질문 기회를 드리려 했는데요, 질문하셔도 좋습니다. 하지만 말씀드린 대로 한국 기자에게서도 질문을 받도록 하겠습니다.

(결국 한국 기자에게서 아무런 질문을 이끌어 내지 못한 오바마 대통령은 이 중국 기자에게 질문할 기회를 준다.)

중국 기자 Okay. My question is very simple. You mentioned interpretation. I know part of the difficulty being the American President is that some of the decisions that you take, actions you make will be interpreted in a way that are not what you thought they would be or what you meant they would be. For instance, some of the actions you've taken were interpreted as anti-business, domestically, in the United States. And as someone just mentioned, some of the actions taken by the U.S. government that you represent as well were interpreted as sacrificing other countries' interests for America's own benefit. So you find yourself constantly being interpreted in a thousand different ways. How do you address these interpretations?

좋습니다. 제 질문은 아주 간단합니다. 대통령님은 '해석'의 문제에 대해 언급한 바 있습니다. 미국 대통령으로서 겪는 여러 가지 어려움 중 한 가지는 결정을 내리거나 행동을 취하는 것들이 애초에 생각하거나 의도했던 대로 해석되지 않을 수도 있다는 것입니다. 예를 들자면, 대통령님이 취한 어떤 행동들은 미국 내에서 '반 기업적 성향'으로 해석되었습니다. 그리고 누군가 언급한 바와 같이, 미 행정부가 취한 몇몇 행동은 미국의 이익을 위해서 다른 나라의 이익을 희생시키는 것으로 해석되기도 했습니다. 이와 같이 대통령님은 지속적으로 수천 가지 다른 식으로 해석이 되고 있습니다. 이러한 상이한 해석에 어떻게 설명하시겠습니까?

고집스럽게 질문권을 받아 낸 중국 기자의 질문이 얼마나 날카롭고 의미 있었는지는 보는 사람마다 해석이 다를 수 있다. 그의 질문은 특정 문제에 집중하고 있다기보다는 세계 속에서 미국이 취하는 정책들이 자국 위주라는 점을 완곡하게 비판하는 것으로 보인다. 여기서 중요한 점은 두 가지이다.

① 이 중국 기자는 자신이 해야 할 질문을 준비해 왔다.

② 이 기자는 거절당할 때 물러서지 않고 질문할 틈새를 집요하게 파고들어 스스로 질문할 기회를 만들어 냈다.

Case 2: 2021년 5월 21일 미국 워싱턴. 백악관에서 개최된 한미 정상회담 공동 기자회견

"우리 여성 기자들은 왜 손들지 않습니까?"

미국 워싱턴 백악관에서 열린 한미 정상회담 후 공동 기자회견장. 연단에 선 문재인 대통령이 한국에서 온 기자단 쪽을 바라보며 물었다. 6초 정도 정적이 흘렀다. 문 대통령은 다시 물었다. "아니, 우리 한국은 여성 기자들이 없나요?" 다시 16초가 흘렀다.

한국의 여러 언론 매체에도 보도되고 동영상으로도 널리 알려졌던 에피소드이다. 2021년 워싱턴에서 미국의 바이든 대통령과 한국의 문재인 대통령이 정상회담을 갖고 마무리를 하면서 공동 기자회견을 할 때였다. 미국의 뉴스 채널에 보이는 백악관의 기자회견장은 활기가 넘치고 남녀 기자들이 서로 질문하기 위해 경쟁하는 분위기이다. 역시 이날도 기자들이 활발하게 손을 들고 질문 기회를 얻으려 애썼고, 바이든 대통령은 두 여성 기자에게 질문할 기회를 줬다. 문재인 대통령이 질문받을 차례가 되었을 때, 먼저 한국 남성 기자에게서 질문을 받은 그는 공평하게 '여성' 기자에게도 질문의 기회를 주고 싶었으리라. 마치 둥지 속의 아기 새들이 어미 새에게 먹이를 달라고 입을 벌리고 경쟁하듯, 너도나도 손을 들고 질문하려 애쓰는 언론인들 속에서 그는 '한국의 여성 기자'를 찾고 있었으리라. 손을 든 미국 여성 기자들은 많았지만, 그는 두 번이나 '우리 여성 기자'를 찾으면서 귀한 시간을 허비해야 했다.

2010년 서울에서 '오바마 대통령'이 '한국 기자'를 애타게 찾고 있을 때 한국 기자들은 침묵하고 있었다. 십여 년의 세월이 흐른 2021년, 워싱턴에서 '문재인 대통령'이 '우리 여성 기자'를 목놓아 찾을 때, 그들 역시 침묵하고 있었다.

Case 3: 2022년 5월 21일 서울. 한미 정상 공동 기자회견장에 나타난 '미국 기자'의 질문

이번에는 바이든 미국 대통령이 한국을 방문하여 윤석열 대통령과 정상회담 후 공동기자회견을 가졌다. 기자회견은 바이든 대통령의 답변으로 마무리되는 듯했다. 그런데 공식 예정에 없던 한 미국 기자의 육성이 튀어나왔다. "대통령님 반갑습니다!" 허락도 받지 않은 채 마스크를 쓴 '미국 여성기자'가 한국 대통령을 향하여 날카로운 질문을 던졌다.

대통령님 반갑습니다. This, your cabinet nominees are overwhelmingly male. South Korea consistently ranks low among developed countries on professional advancement of women. And you, yourself, during your presidential campaign, proposed abolishing the Ministry of Gender Equality. What role should a leading world economy like South Korea play in improving the representation and advancement of women? And what will you and your administration do to improve the state of gender equality in this country?

당신의 행정부 장관 후보자들은 압도적으로 많은 남성으로 채워져 있습니다. 한국은 선진국 중에서 전문직 여성의 진출이 지속적으로 하위에 자리매김하고 있습니다. 그리고 당신 자신도 대통령 선거 운동 기간 동안 여성 가족부를 폐지하겠다고 제안한 바 있습니다. 한국과 같은 경제 선진국이 여성의 지위 향상을 위하여 어떤 역할을 해야 한다고 생각하십니까? 또한 당신의 정부는 이 나라의 성평등 향상을 위하여 무엇을 하시겠습니까?

질문을 던진 사람에 대하여 국내 언론에서는 '허락도 안 받고 제멋대로 질문을 던진 미국인 기자'로 언급되었는데, 그의 이름은 Seungmin Kim, 한국식으로 읽으면 '김승민'이다. AP 통신의 백악관 출입 기자이고, CNN에서 정치 분석을 하기도 한다. 생김새도 한국인이고 이름도 한국 이름이지만, 그러나 그는 미국 국적이고 미국인 저널리스트이기도 하다.

질문은 위험한가?

나는 '질문' 관련 특강을 할 때, 앞에 언급한 세 가지 에피소드를 동영상으로 함께 시청하고 청중들에게 몇 가지 질문을 던진다.

"한국 기자들은 왜 질문을 안 한 걸까요?"
"한국의 여성 기자들은 왜 질문을 안 한 걸까요?"

위의 질문에 다양한 의견이 나왔으나 대개 공통적으로 지적하는 것은 '질문은 위험하다'라는 것이다. '모난 돌이 정 맞는다.'고, 질문하면 눈총을 받기 쉽고, 나댄다고 오해받기 십상이니 이래저래 입을 다무는 것이 안전하다는 것이다. 그런 문화권에서 자연스럽게 질문을 기피하는 현상이 벌어지는 것이 아니겠는가 하는 의견에 대체로 동의한다. 이런 논의를 거친 후에 나는 또 다른 질문을 던진다.

"저 '김승민 기자'가 한국에서 교육받고 한국에서 기자가 되었다면 어땠을까요? '김승민 기자'는 여전히 저런 질문을 던졌을까요?"

사람들은 대체로 말없이 고개를 가로젓는다. '김승민 기자'의 이러한 저돌적인 질문에 대한 해석은 여러 가지로 가능하다. 그가 속한 국가나 언론사의 힘이 작용했을 수도 있고, 보이지 않는 변수가 있을 수도 있다. 어떤 이는 사전에 승인도 받지 않고 극히 지엽적인 문제를 가지고 제멋대로 질문한 것에 무례하다는 반응도 보였다. 여러 가지 요인을 고려한다고 해도 대체로 한국인들이 동의하는 것은 '그가 한국 기자였다면 저런 질문을 하기는 어려웠을 것이다.'라는 점이다. 왜 그럴까? 이는 질문을 잘 하지 않는 것이 이 사회가 암묵적으로 동의하는 '문화'이기 때문일 것이다. 우리는 그런 문화권에서 태어났고, 성장했고, 살아가고 있다.

그런데 한국 정부의 주요 보직에 '여성'이 보이지 않는다는 그의 질문은 파급력이 컸다. 그 이후로 정부는 여성 장관 후보를 찾기 위해 노력하는 모습을 보였다. '김승민'이라는 한국계 미국인 기자의 질문이 한국 정부의 양성평등 움직임에 미세하나마 영향을 끼쳤다는 것이다. 그것이 '질문'이 갖는 힘이다.

질문의 힘

다음은 내가 '질문의 힘'에 대해 강의할 때 반드시 인용하는 도로시 리즈 (Dorothy Leeds)의 〈질문의 7가지 힘The 7 Powers of Questions〉을 간추린 내용이다. 표를 보면 '해답' 부분을 공란으로 남겨 두었다. 상상하여 채워 보고 후에 답을 확인해 보면 재미있을 것이다.

1	Questions demand _____.	질문은 _____을 요구한다.
2	Questions stimulate _____.	질문은 _____하도록 자극한다.
3	Questions give us valuable _____.	질문은 우리에게 귀중한 _____을 준다.
4	Questions put you in _____.	질문은 당신을 _____로 만든다.
5	Questions get people to _____.	질문은 사람들을 _____하게 한다.
6	Questions lead to quality _____.	질문은 _____하게 한다.
7	Questions get people to _____ themselves.	질문은 스스로를 _____하게 한다.

실제로 나는 강의를 진행할 때, 위의 핵심 내용 중에서 빈칸 부분을 수업 참여자들이 서로 의논하여 적당한 답안을 채우도록 유도한다. 정답은 다음과 같다.

1 **Questions demand** answer. 질문은 답을 요구한다.
   − 질문하면 답을 얻을 수 있다.

2 **Questions stimulate** thinking. 질문은 생각을 하도록 자극한다.
   − 특히 어린 자녀를 키우는 부모라면, 호기심으로 가득 차서 온종일 질

문을 던지는 아이들 때문에 피로감이 높아진 경험들이 있을 것이다. 왜 피로해지냐면 아이들이 던지는 아무것도 아닌 듯한 질문들이 우리를 끊임없이 생각하도록 자극하기 때문이다. 질문은 우리의 생각과 상상력에 불을 지피고 답을 요구한다.

3 **Questions give us valuable information.**
질문은 우리에게 귀중한 정보를 준다.

– 질문하면 우리는 중요한 정보를 얻는다. 심지어 혼자서 스스로 묻고 스스로 답할 때도 이 원칙은 적용된다. 내가 스스로에게 던진 질문에 '답'을 하기 위해서는 '생각'을 해야 하고, 기억 속을 더듬거나 주위 환경에서 정보를 찾아내는 노력도 요구된다. 질문하지 않는 사람은 정보가 눈앞에 있어도 이를 놓친다.

4 **Questions put you in control.**
질문하는 당신이 상황을 주도한다 (질문은 당신을 상황의 주도자로 만든다).

– 대체로 앞의 세 가지는 수업 참가자들 스스로 답을 찾아내는 편이다. 위에 제시된 답보다 더 근사한 답을 만들어 내는 사람도 있다. 예컨대, "Questions give us valuable meaning of life.질문은 우리에게 중요한 '인생의 가치'를 알려 준다."라고 답하는 사람도 있다. 질문이 던져져서 생각이 자극되고 답을 구하는 과정에서 더 의미 있는 답을 찾아내기도 하는 것이다. 그런데 이 Questions put you in _____. 문항에 아주 재미있는 답들이 청중에게서 나온다. 언젠가 중·고등학교 교사 대상의 워크숍에서 경력 20년이 넘은 교사들에게서 나온 대답을 소개한다.

- **Questions put you in trouble.**
  질문은 당신을 곤경에 빠뜨린다.

- **Questions put you in problems.**
  질문은 당신을 문제 상황에 빠뜨린다.

나는 기대했던 답이 나오지 않아서 약간의 힌트를 주었다. "알파벳 C로 시작하는 단어입니다. C로 시작하는 마땅한 단어가 뭐가 있을까요?" 힌트를 얻은 참가자들이 다시 생각에 잠긴다.

- Questions put you in **crisis**.
  질문은 당신을 위기에 빠뜨린다.

- Questions put you in **critical situation**.
  질문은 당신을 중대한 상황에 빠뜨린다.

여전히 기대하는 정답이 나오지 않는 가운데, 참가자들이 제시하는 답에 공통점이 발견된다. 그것은 질문을 하면 '좋지 않은' 상황에 빠진다는 부정적인 인식이다. 이러한 현상은 20세 안팎의 대학생들이나, 연륜 있는 공무원이나 교사 등 직장인을 대상으로 한 워크숍에서도 공통적으로 나타난다. 특히 직장인들과 워크숍을 진행하며 "질문하면 위험한가요?"라고 물으면 대체로 입 다물고 있는 것이 상책이라는 답변이 돌아온다. 아무래도 한국 생활 문화가 많이 서구화되었음에도, 조직 사회의 문화는 여전히 수직적이며, 자유롭게 질문과 답변을 주고받는 것이 쉽지 않다는 것을 짐작하게 해 준다.

영어로 I want to be in control of my own destiny.는 '내 운명은 내가 주도하고 싶다.'라는 뜻이다. Questions put you in control.이 의미하는 것은, 내가 누군가에게 질문을 던지는 순간, 나는 그 상황의 지배자가 되고, 질문을 받은 사람은 답을 해야 하는 위치가 된다는 뜻이다.

대체로 '힘'을 가진 사람이 상황을 지배한다. 그래서 질문은 힘 있는 사람의 '전유물'로 여겨져 직장에서 하급자가 상급자에게 질문하는 것이 쉽지 않은 것이다. 조직에서 질문을 많이 던지는 사람은 상급자이다. 학교도 예외가 아니다. 교사나 교수가 주로 질문하고 학생들은 고분고분답을 말한다. 학습자가 주인이 되어야 할 교실을 교사나 교수가 통치하고 있다. 워크숍을 진행할 때 나는 청중에게 이렇게 말한다. "지금 여기서 가장 질문을 많이 던지는 사람이 누구죠? 바로 저입니다. 그러니 제가 여기서 가장 힘 있는 사람입니다. 그런데 여러분 중에서 누군가 저에게 질문을 던지면, 그때부터 그 힘은 질문자에게 갑니다. 왜냐하면 저는답을 해야 하는 위치가 되기 때문입니다. 질문은 질문자에게 힘을 주고권위를 실어 줍니다. 그것이 Questions put you in control.의 진정한 의미입니다."

5 **Questions get people to open up.** 질문은 사람들의 마음을 열게 한다.

– "날씨도 추운데 밥은 먹고 다니는 거니?" 이런 질문을 던질 수 있는 사람은 마음이 따뜻한 사람일 것이다. 이런 질문을 받은 것만으로도 상대방은 마음이 따뜻해질 수 있다. 상대방의 마음을 열게 할 만한 영어 질문 몇 가지를 소개한다.

- What's something you've never shared with anyone before, but you've always wanted to?
  누구에게도 말한 적이 없지만, 항상 말하고 싶었던 것이 뭔가요?

- Can you describe a time when you felt completely understood and accepted by someone?
  누군가에게 온전히 이해받고 받아들여졌던 순간을 말해 줄 수 있나요?

- What's a memory from your childhood that still holds a special place in your heart?
  아직도 마음속에 특별한 자리를 차지하고 있는 어린 시절의 추억이 뭔가요?

6 **Questions lead to quality listening.** 질문은 귀 기울여 듣게 해 준다.

– 누군가 질문하면 우리는 집중해서 듣게 된다. 또 질문을 제대로 이해하고, 질문의 요지를 파악하기 위해서 다시 한번 질문해 달라고 요구하기도 한다. 반대로, 누군가 질문을 할 때 귀 기울여 들어주지 않는다면, 질문자는 자신이 무시당한다고 느낄 것이다. 질문을 귀 기울여 듣고서, 질문의 요지를 확인하게 위해 다시 확인 질문을 던지는 것도 좋다.

A What do you value most in your relationships with others?
   당신이 다른 사람과의 관계에서 가장 중요하게 생각하는 것은 무엇인가요?

B So, you're asking me about the things that I prioritize the most when it comes to my relationships with others?
   그러니까, 다른 사람과의 인간관계에서 가장 우선적으로 꼽는 것이 무엇인지 물어보는 거죠?

A Exactly, that's what I'm interested in.
   맞아요, 그게 제가 궁금한 거예요.

B Got it. Well, what I value most is...
   알겠어요. 제가 가장 중요하게 생각하는 건…

이 대화에서 B는 A의 질문을 주의 깊게 듣고, 자신이 질문의 요지를 정확히 이해했는지 확인하는 질문을 던진다. 자신이 집중해서 주의 깊게 들었음을 보여 주는 것도 슬기로운 대화 방법이다.

7 Questions get people to persuade themselves.
질문은 질문받은 사람이 자기 스스로를 설득하게 한다.

– 〈질문의 7가지 힘〉의 저자인 리즈에게 교육 프로그램을 주문한 책임자가 있었는데, 막상 계약을 하기로 한 날 그가 마음을 바꾸고 망설였다고 한다. 그래서 리즈는 그를 설득하는 대신, "처음에 이 교육 프로그램을 하려고 했던 이유가 무엇이었나요?" 하고 물었다. 별 부담 없이 "처음에 내가 당신을 찾아가서 프로그램을 부탁했던 이유는…" 하고 설명하던 그는 문득 교육 프로그램의 중요성을 깨닫고 계약서에 서명했다고 한다. 무언가를 환기시키는 질문은 때로 답변자가 스스로 답을 찾는 과정에서 스스로를 설득하게 한다.

이렇게 여러 가지 순기능이 있지만, 여전히 사람들에게는 질문한다는 것이 위험한 일처럼 보일 수도 있다. 나의 엉뚱한 질문은 나를 무례하거나 무지한 사람으로 보이게 할지도 모르고, 사회적으로 불리한 위치에 서게 만들지도 모른다. 사실 아주 좋은 질문은 정답을, 생각을, 정보를, 힘을, 사람의 마음을, 경청을, 설득력을 불러올 수 있지만, 서툴고 엉성한 질문은 오히려 우리를 문제 상황에 빠뜨릴 수도 있다. 그렇다면 우리는 질문이 위험하니 입을 다물고 있어야 할까? 이 책을 읽는 독자라면 오히려 질문을 아주 잘해서 질문의 달콤한 열매를 따 먹는 방법을 찾아내야 할 것이다.

영어 학습자의 맹점

한국 조지 메이슨 대학교에서 내가 가르치는 과목은 '미국 대학 영어(English for Academic Purposes)'로, 미국 대학에서 요구하는 대학생 수준의 영어 읽기, 쓰기, 듣기, 말하기 실력을 돕는 수업이다. 기존의 영어 학원식 수업도 아니고 미국의 ESL 방식처럼 영어에만 초점이 맞춰진 것이 아니라, 대학생 수준의 종합적 영어 능력 향상이 주요 목표이다. 이 수업을 듣는 학생들을 위해 학생들의 영어 능력을 종합적으로 평가하고 지도하는 수업도 진행하는데, 이를 위해서 토플 형식의 시험도 실시하고, 개별 인터뷰를 통해 직접적인 말하기 능력도 평가한다. 인터뷰에서는 기본적으로 (1) 학생들이 어떠한 상황에 대해 일목요연하게 설명하거나 서술할 수 있는지, (2) 정확히 질문하고 답을 얻을 수 있는지, (3) 토론 시 자신의 주장을 정확하게 전달하고, 반대 의사에 대해 예의 바르고 적절하게 대처할 수 있는지를 종합적으로 평가한다.

그런데 학생들의 영어 인터뷰 평가를 진행하면서 깨달은 것이 하나 있다. 한국 학생들이 한국에서 고등학교까지 교육을 받거나 외국에서 국제학교를 졸업하거나 미국 고등학교를 마치고 왔거나 상관없이, 토론 상황에서 자신의 주장을 피력하거나, 주어진 상황을 적절하게 설명하는 데 전혀 문제가 없는데도 '질문'하는 것만큼은 자신 없어 하거나, 문법에 맞는 질문 문형을 만들어 내는 것을 아주 어려워한다는 것이다.

유창하게 영어를 구사하며 국제인으로 자신을 드러내는 일에 아무 문제가 없는 학생들이 정작 아주 간단한 질문 하나도 제대로 해내지 못하는 모습을 보면서, 이들이 사용하는 영어가 오직 앞으로만 달리는 탱크나 오토바이 같다는 느낌을 받았다. 사실 '질문하기'는 영어 종합 평가 항목에서 극히 '초보적인' 수준의 것이고, 토론이 가장 상위 항목이라 할 수 있는데, 가장 상위 항목인 토론에서 실력을 뽐내는 학생들이 정작 초보적인 '질문'에서 쩔쩔매다니! 이 현상에 대해 고민하고 주변 사람들과도 이야기를 나누곤 했다. 왜 실력 있는 영어 학습자들이 '질문'에서 말문이 막힐까? 여기에 대한 나의 해석은 무엇보다도 학생들이 능동적으로 질문하고 답을 찾는 환경에서 성장하지 못했다는 것이다.

미국 대학 수준의 영어 실력을 갖추기 위해 내 수업을 듣는 학생들은 크게 세 그룹이다. 첫째는 한국에서 고등학교까지 마치고, 외국 생활 경험이 전혀 없는 채로 영어를 익힌 학생들, 둘째는 중·고등학교 시절 미국, 캐나다, 필리핀, 인도, 싱가포르 등 외국 학교를 1~3년 정도 경험했거나, 고등학교를 졸업하고 한국에 와서 한국의 외국 대학을 선택하여 입학한 학생들, 셋째는 외국에서 고등학교를 마치고 미국이나 캐나다 등지의 대학에서 1~2학기 정도 수학하다가 여러 가지 개인적인 이유로 한국의 미국 대학으로 전학을 온 학생들이다.

학생들을 그룹별로 소상하게 밝히는 이유는 '미국에서 고등학교를 마친 학생이라면, 또는 미국에서 대학까지 다니던 학생이라면 굳이 별도의 대학 영어 수업을 들을 필요가 없지 않은가?' 하며 의아해하는 보통 사람들이나 주변 교수들을 종종 접하기 때문이다. 심지어 미국 본교의 부총장이 한국에 왔을 때도 내게 이와 같은 질문을 했고, 나는 다음과 같이 답했다.

"당신 수업을 듣는 학생들은 주로 한국에서 교육받은 한국 토박이 학생들이지 않은가요?"

"그럴 것 같지요? 미국에서 고등학교를 졸업했거나 대학까지 한두 학기 다니다가 왔다면 별도의 영어 교육이 필요 없을 것 같죠? 하지만 그것은 당신의 상상일 뿐이죠. 미국 고등학교는 학생이 유난스럽게 문제를 일으키지 않고 출석만 잘 채워도 교사들이 대개 통과를 시키기 때문에 이런 식으로 어물어물 졸업하는 학생들도 많습니다. 결과적으로 고등학교를 졸업해도 대학에서 요구하는 형식을 갖춘 에세이를 제대로 쓰지 못하는 경우가 많이 있습니다. 오히려 미국이나 영어권 국가에서 교육을 받지 않은, 한국에서

초중고를 착실히 다닌 학생 중에 제 수업이 필요 없는 수준의 학생들이 많이 있지요."

게다가 설령 어떤 학생이 남 보기에 영어 발음도 좋아 보이고, 별 문제없이 묻는 말에 종알종알 답을 잘하는 것처럼 보여도 정작 글쓰기를 잘 해내지 못하는 경우도 흔하다. '미국에서 교육 수준이 높지 않은 원어민'들이 문법 신경 안 쓰고 대충 말을 하듯, 대화는 통하는데 문법적으로 혹은 논리적으로 '대학생 수준의 고급 영어'를 구사하지 못하는 학생들이 비일비재한 현실이다.

왜 학교는 질문하는 방법을 가르치지 않는가?

오랫동안 기자 생활을 하다가 조지 워싱턴 대학 교수로 있는 프랭크 세스노(Frank Sesno)는 그의 저서 〈더 질문하라: 문을 열고 해법을 찾아내며 변화를 촉발하는 질문의 힘Ask More: The power of questions to open doors, uncover solutions and spark change (2017)〉에서 학교와 직장에서 여러 가지 교육이 이루어지고 있지만, 아무도 '이렇게 질문하라'고 가르쳐 주지 않음을 지적한다.

수년간 미국의 초·중등학교 교사를 대상으로 '질문 교육'을 실시하고 있는 〈한 가지만 바꾸라: 학생들이 자신들의 질문을 할 수 있도록 가르치라Make just one change: Teach students to ask their own questions (2011)〉의 저자들 역시 같은 문제를 지적한다. 오랫동안 미국 저소득층 지역에서 학부모 상담 활동을 했던 저자들에 따르면, 교육받지 못하고 경제적으로 소외된 집단의 학부모들이 학교의 학부모 모임이나 교사와의 일대일 면담을 매우 부담스럽게 여겼으며, 학교에 가서 무슨 말을 해야 할지 도무지 모르겠다는 고민을 토로했다고 한다. 상담자로서 이들은 '학교에 가면 이러이러한 질문을 하십시오.'라며 예상되는 대화 질문지를 만들어 주었다고 한다. 미국에서 나고 자란 미국인인 이들이 '영어'를 몰라서 질문을 두려워했던 것은 아닐 것이다. 정규교육을 충실히 받지 못했거나, 교육받은 힘 있는 사람들과 대화를 많이 나눠 본 경험이 별로 없기 때문에 학부모가 되어 학교에서 교사를 만났을 때 어떤 대화를 나누고, 어떤 질문을 해야 할지도 막막했던 것이다.

미국 저널리스트나 교육 전문가들의 이러한 고민을 보면, 질문을 잘 못하는 것이 비단 한국인만의 문제는 아니고, 문화적인 정도의 차이는 있으나 인류 사회가 갖고 있는 공통적인 문제일 수도 있겠다. 정상적인 교육을 받지 못한 사람들, 사회의 구석에서 힘 없이 사는 사람들일수록 질문을 어려워하고 질문의 요령을 모른다. 이러한 이유로 질문을 가르치는 것은 그들에게 시민으로서 누려야 할 권리와 힘을 선물하는 방법일 수도 있다.

교양이 부족해서, 잘 몰라서 학부모가 자녀의 교사에게 질문하는 것을 주저하는 상황은 미국 빈민층에게만 해당되는 게 아니다. 이따금 TV에 나오는 다문화 가정의 사례를 보면, 외국에서 한국으로 와서 결혼하고 아이들을 낳아 키우는 엄마들도 비슷한 고민을 가지고 있다. 아이의 학습을 도와주는 일도 쉽지 않고, 학교에 가면 어떻게 처신해야 할지도 잘 모르고, 교사에게 어떤 질문을 해야 할지도 잘 모른다.

질문하는 능력이 곧 시민으로서 한 사회에서 동등한 권리를 누리고 살아갈 수 있는 도구라는 것을 파악한 저자들은 미국의 모든 공립학교에서 학생들이 스스로 질문을 만들고 효과적으로 질문하는 방식을 교육해야 한다는 결론에 도달한다. 그래서 그들은 '질문 형성 기술Question Formulation Technique: QFT'이라는 질문 교육 모델을 만들어 내는데, 주요 내용은 수업 중에 학생들이 어떤 제재도 받지 않고 자유롭게 질문을 만들어 보도록 유도하는 것이다. 처음에는 정해진 시간 동안 내키는 대로 자유롭게 질문 문장을 만들도록 유도하고, 학생들이 점차 질문 만들기에 익숙해지면 주어진 주제에 대한 창의적이고 건설적인 질문을 만들도록 이끈다.

이 교육 방법의 제1원칙은 학생이 질문을 만들 때, 교사가 제재를 가하거나 중단시키거나 개입하지 않는 채로 오로지 학생들이 자유롭게 더 많은 질문을 할 수 있도록 돕는 것이다. 이는 마치 처음 걸음마를 배우는 아기를 키우는 방법과 흡사하다. 아기가 제 힘으로 일어나 첫걸음을 떼고 또 한걸음을 떼려고 할 때, 부모는 그 아이의 손을 잡아 주거나 방해하지 않는다. 질문을 잘하도록 독려하는 일도 혹은 질문 교육도 이와 같다. "질문하기가 쉽지 않지? 그래도 잘할 수 있어. 뭐든 생각나는 대로 질문을 만들어 봐. 많이, 많이 만들어 봐." 어떤 질문은 문법이 이상할지도 모른다. 어떤 질문은 우스꽝스럽거나 엉뚱하게 보일 수도 있다. 하지만 걸음마를 배울 때, 자전거를 배울 때 넘어지고 다시 일어나기를 반복하듯이 질문하기도 그런 연습이 필요하다.

챗지피티ChatGPT나 코파일럿Copilot을 위시하여, 인공지능을 활용한 여러 가지 도구들이 쏟아져 나오고 있는 오늘날, 사람들은 우리 삶의 많은 분야에서 인공지능이 도움을 줄 것이라 기대하는 한편, 인공지능이 인간의 지능을 앞서가는 날이 오지 않을까 두려움을 품기도 한다. 그런데 나는 인공지능에게 불가능한 영역 한 가지를 발견했다. 아무리 우수한 인공지능 도구라도 아직까지 인간에게 질문을 던지는 도구는 없다. 질문하는 영역이야말로 생각하고 탐구하는 인간에게 가능한 영역이 아닐까 생각하게 된다.

이 책은 국제 사회의 일원으로서 제대로 할 말을 전달하고, 사람들과 교제하면서 유연하게 정보를 주고받는 것을 목표로 한다. 영어 학습자가 영어로 '질문하기'에 필요한 기초적인 문법, 상황, 사례와 독자들이 구체적으로 영어로 질문하는 방법을 배우고 영어 질문 연습을 할 수 있도록 내용이 짜여져 있다.

PART 1
질문으로 매혹하라

CHAPTER 1

매혹하라
:긍정적인 답을
부르는
지혜로운 질문

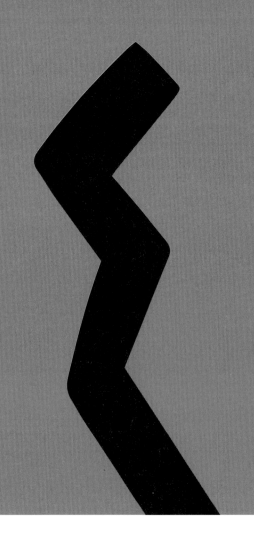

〈The Two Popes(두 교황)〉는 로마 가톨릭 교황인 프란치스코 교황과 그의 전임 교황인 베네딕토 16세와의 이야기를 그린 영화로, 천주교인이 아니더라도 두 종교 지도자의 고뇌와 인간미에 깊이 공감할 만한 대화와 에피소드로 이루어져 있다. 원칙주의자처럼 보이는 베네딕토 16세에 비해 프란치스코 교황은 좀 더 인간미가 두드러지게 묘사되었다. 베네딕토 교황이 현직에 있을 때, 추기경이던 프란치스코 교황이 그에게 다음의 유머를 소개하는데, 영화에서 두 분이 소박하고 유쾌하게 웃는 장면이 인상적이다.

> You know that two seminarians who liked to smoke?
>
> **"Father, is it permitted to smoke while praying?"**
> And the director says, "No, no, of course not!"
>
> So the second one, he was Jesuit, he says to his friend,
> **"Brother, you're just asking the wrong question."**
>
> So he goes to the director, then he says, **"Father, is it permitted to pray while smoking?"**
> "Yes, pray and smoke at the same time."
>
> 담배 피우는 걸 좋아하던 두 신학생 얘기, 알고 계신가요?
> (한 신학생이 묻습니다) **"신부님, 기도하는 중에 담배를 피워도 되나요?"**
> 그러자 감독관은 말합니다. "당치도 않은 말이지! 안 돼!"
> 그러자 예수회 소속의 다른 신학생이 친구에게 말합니다.
> **"형제여, 그대는 엉뚱한 질문을 하고 있군."**
> 그는 감독관에게 가더니, 이렇게 말합니다.
> **"신부님, 담배를 피우는 동안 기도를 해도 될까요?"**
> (그러자 신부님이 대답합니다) "물론이지! 담배를 피우는 동안 기도를 해도 좋아."

기도하는 중에 담배를 피우는 것이나, 담배를 피우는 중에 기도하는 것이나 '기도'와 '담배'를 동시에 하는 것에는 별 차이가 없다. 그런데 기도하는 중에 담배를 피운다고 하면 어딘가 불경스러운 행동처럼 여겨진다. 반면에 담배를 피우는 중에 기도한다고 하면 '심지어 담배를 피울 때조차 기도를 드리는' 아주 신실한 사람처럼 보인다. 그리하여 Yes, pray and smoke at the same time.이라는 긍정적인 답을 받아 낸 것이다.

이와 같이 동일한 사안에 대해 상대방으로부터 긍정적인 답을 받으려면 어떤 식으로 질문을 하면 좋을까? 우선 질문이 상대방에게 부담되지 않고, 거부감을 일으키지 않아야 한다. 내가 공격당한다고 느끼거나, 책임져야 하는 대답이라면 누구도 쉽게 입을 열지 않을 것이니 말이다.

비즈니스 화법 강의를 하며 다양한 '화술' 책을 저술하는 Phil M. Jones는 그의 저서 〈Exactly What to Say〉에서 다음과 같이 말한다.

> Success in negotiating is all about maintaining control in a conversation, and **the person in control is always the person who is asking the questions**. By treating every objection you face as nothing more than a question, you can quickly regain control of the conversation by asking a question in return.
>
> 협상의 성공은 대화에서 누가 주도하는가에 달려 있는데, **대화를 주도하는 이는 늘 질문을 던지는 사람이다.** 당면하는 모든 반대 의견을 그저 하나의 질문으로 대하며, 곧바로 반문함으로써 대화의 주도권을 되찾을 수 있다.
>
> (Phil M. Jones 저 〈Exactly What to Say〉, 89페이지 인용)

질문의 근본적인 목적은 상대방으로부터 사실에 입각한 정보를 구하거나, 의견을 구하거나, 승인을 구하는 데 있다. What is the capital city of China?중국의 수도는 어디지?라는 질문은 '사실' 관계 정보에 대한 질문이다. What do you think about your new car?네가 새로 산 차 어때?라는 질문은 의견을 묻는다. May I come in?안으로 들어가도 돼?은 상대방의 승인을 구한다. 질문하는 나의 의도를 성취하기 위해서, 질문은 상대방에게 호소력 있고 매력적이어야 한다. 그래야만 진정한 주도권을 가질 수 있다. 이 장에서는 질문을 받는 상대방이 아무런 저항감을 느끼지 않고 판단하도록 안내하면서 긍정적인 답을 불러오는 질문들과 그것들을 이루는 요소들을 살펴보자.

What do you like about it?

MP3 001

"어떻게 생각해?"라고 묻고 싶을 때 가장 일반적인 표현이 What do you think about it?이다. 아주 좋은 표현이다. 객관적인 토론에서 중립적인 의견을 구할 때 이런 질문을 하면 좋다. 여기서 상대방으로부터 뭔가 긍정적인 피드백을 받고 싶은가? think를 like로 바꾸면 더 좋은 질문이 된다.

What do you **think** about it? 이것에 대해 어떻게 생각해?

→ What do you **like** about it? 이것의 어떤 점이 좋아?

think (neutral, 중립적)	like (positive, 긍정적)
What do you **think** about me? 나에 대해 어떻게 생각해?	What do you **like** about me? 나의 어떤 면이 좋아?
What do you **think** about your job? 네 직장 일에 대해 어떻게 생각해?	What do you **like** about your job? 네 직장 일의 어떤 면이 좋아?
What do you **think** about yourself? 네 자신에 대해 어떻게 생각해?	What do you **like** about yourself? 네 자신의 어떤 면이 좋아?
What do you **think** about your company? 네가 다니는 회사에 대해 어떻게 생각해?	What do you **like** about your company? 네가 다니는 회사의 어떤 면이 좋아?
What do you **think** about the result? 그 결과에 대해 어떻게 생각해?	What do you **like** about the result? 그 결과의 어떤 면이 좋아?
What do you **think** about the new project? 새로운 프로젝트에 대해 어떻게 생각해?	What do you **like** about the new project? 새로운 프로젝트의 어떤 면이 좋아?

What do you like ~? 질문을 받은 사람은 대상의 '좋은 면'에 집중하게 된다. What do you think ~?처럼 중립적인 질문을 받으면 부정적이거나 긍

정적인 답변이 모두 가능해지지만, What do you like ~? 질문을 받으면 설령 불만이 있더라도 중립적인 질문보다는 긍정적인 답을 찾게 된다.

Lee **What do you think about your job?**
네 직장 일에 대해서 어떻게 생각해?

Jane **It's alright, just a little boring.**
괜찮은데, 좀 지루하긴 해.

Lee **What do you like about your job?**
네 직장 일의 어떤 면이 좋아?

Jane **Uh… I am not sure. I like my co-workers, I like working in a team, and it's nonprofit, too.**
어, 글쎄… 잘 모르겠네. 동료들이 좋아. 팀으로 일하는 것도 좋고, 비영리 단체라는 것도 맘에 들어.

자신의 직장 일을 좋긴 하지만 '지루하다'고 평했던 제인이 "어떤 면이 좋은가?"라는 질문에는 잠시 생각해 보더니 몇 가지 좋은 점을 이야기했다.

Lee **What do you think about your job?**
네 직장 일에 대해서 어떻게 생각해?

Mia **It's OK. The pay's OK, good enough to sustain my lifestyle. It's very fulfilling.**
좋아요. 봉급도 제 라이프스타일을 유지하기에 충분하고요. 제 삶을 충족시켜 주는 직장이에요.

Lee **What do you like about your job?**
네 직장 일의 어떤 면이 좋아?

Mia **It's challenging, I am getting better every day at what I do. Not a single day is the same.**
도전적인 일들이 주어지고, 매일매일 제가 하는 일을 더 잘하고 있어요. 하루하루가 새로워요.

자기 직장 일에 매우 만족하는 이 청년은 What do you think ~?로 질문할 때나 What do you like ~?로 물을 때나 동일하게 매우 즉각적이고 긍정적인 답을 했다. 두 가지 예에서 보듯이, 상대방의 대답이 애매하거나 부정적일 때 What do you like about ~?으로 질문하여 긍정적인 답을 이끌어 낼 수 있다. think는 중립적이고, like는 말 그대로 우호적이고 긍정적이다.

When would be the most convenient time for you?

MP3 002

누군가와 만날 약속을 잡기 위해 다음처럼 Can I see you tomorrow?내일 만나 뵐 수 있을까요?라고 묻는가?

A **When can I see you?**
  언제 만나 뵐 수 있을까요?

B **Well… I am not sure.**
  글쎄요… 잘 모르겠네요. (거절)

A **Can I see you tomorrow?**
  내일 만날 수 있을까요?

B **Oh, I am sorry, I am out of town tomorrow.**
  아, 죄송한데, 내일 제가 (어디 갈 거라서) 여기 없어요. (거절)

이렇게 내일이라고 확정 지어 물어볼 때는 약속이 있다고 말해 버리면 그만이다. 거절하기 쉽다. 이보다는 "언제가 만나 뵙기 편한 시간인가요?" 하고 묻는 편이 상대방에게 크게 부담 주지 않으면서 긍정적인 답을 유도하기에 좋다.

A **When would be the most convenient time for you to see me?**
  제가 찾아뵙기에 언제가 가장 편한 시간인가요?

B **Well… I am not sure…**
  (거절하고 싶어서 우물우물하고 있음) 아, 글쎄요…

A **It won't take long. Please let me know when would be convenient for you.**
  (다시 한번 도전) 시간 많이 안 걸릴 겁니다. 언제가 편한지 말씀해 주세요(그때 찾아 뵙겠습니다).

B **Well, what about 5:00 p.m. tomorrow?**
  (마지못해 시간을 제시) 그럼, 내일 오후 다섯 시 어떠세요?

A **That sounds great. Thank you for allowing your time for me.**
  좋습니다. 귀한 시간 내 주셔서 감사합니다.

당신의 아주 바쁜 일과 속에서 그나마 가장 편한 시간에 찾아뵙고 싶다고 말하는데, 그 면전에 대고 "나는 24시간 바쁘다"라고 말하기는 힘들다. 5분이든 10분이든 일정 속에 약속을 끼워 넣을 수밖에 없는 질문이다. '당신에게 가장 편리한 시간'을 선택하라는 제안은 상대방에게 '선택권'을 주는 뉘앙스를 풍김으로써 거절하기 어렵게 만든다.

"... I guess I should say ... when is a good time to drop by?"

● 동료 교수와 잠깐 연구실에서 만나 이야기를 나누기로 하여, 약속한 시각에 그의 연구실에 갔더니 문도 잠겨 있고 아무도 없었다. 나는 기다리지 않고 바로 내 연구실로 돌아와 메시지를 보냈다. "당신 연구실에 들렀는데 기척이 없어서 그냥 돌아왔다. 나중에 보자." 잠시 후에 미안하다며 늦었지만 지금이라도 만날 수 없겠냐는 답신이 왔다. 나는 지금 다른 사람이 찾아오기로 해서 곤란하다고 답장을 보냈다. 그러자 그에게서 날아온 조심스러운 메시지.

… I guess I should say … when is a good time to drop by?
내가 이렇게 물어보면 어떨까… 언제 들르면 좋을 것 같아?

참고로 동료 교수는 '커뮤니케이션을 전공한 학자'인데도, 내가 퉁명스럽게 거절하는 답을 보낸 후에야 '현명한' 질문을 보냈다. 영어를 잘하는 사람도 대화를 효과적으로 이끌어 가거나 질문하기는 쉽지 않다. 영어를 잘하는 것도 중요하지만, 영어를 어떻게 효과적으로 잘하는가 하는 것도 중요하다.

직접 만나거나, 대화로, 혹은 이메일이나 소셜 미디어social media로 메시지를
주고받을 때, 다음 예문들을 사용하게 되면 대화가 훨씬 매끄러워지니 참
고하자.

1 **When would be most convenient for you to see me?**
제가 언제 찾아뵙는 게 가장 편하신지 말씀해 주세요.

2 **Please let me know what possible meeting times would be most convenient for you.**
가능한 회의 시간이 언제가 가장 편하실지 말씀해 주세요.

3 **When is convenient for me to call you?**
제가 언제 전화 드리는 게 편하실까요?

4 **Please let me know when would be most convenient for me to call you.**
제가 언제 전화 드리는 게 가장 편하신지 알려 주세요.

5 **When would be the best time to call you?**
언제 전화 드리는 게 가장 좋을까요?

6 **When is the best time to contact you?**
언제 연락 드리면 가장 좋으세요?

7 **Will you please tell me the most convenient time to call you?**
전화 받으시기 가장 편한 시간을 말씀해 주시겠어요?

What is the best way to contact you, please?

MP3 003

처음 만난 상대방의 연락처를 알고 싶으면 어떻게 묻는 것이 좋을까? 개인 휴대전화 번호는 가족이나 가까운 친구 외에는 알려 주지 않는 사람들도 있고, 메일로 소통하는 걸 선호하는 사람들도 있어서 "어디로 연락을 드리면 좋을지요?" 하고 묻는 편이 좋다. 이러면 상대방은 크게 부담을 느끼지 않고, 자신에게 가장 편리한 연락처를 주게 된다.

A **What's your phone number?** 전화번호가 어떻게 되시죠?

B **I am sorry I don't give that number out.**
죄송하지만 전화번호는 알려 드릴 수 없습니다. (거절)

A **What is the best number to contact you at?**
어느 전화 연락처로 연락드리는 게 가장 좋을까요?

B **I literally never answer the phone. Email is the best way to reach me, here let me give that to you.**
제가 전화를 받지 않습니다. 이메일이 가장 좋은 연락 방법입니다. 여기 제 이메일 주소입니다. (거절과 대안 제시)

그런데도 굳이 전화번호를 물어야겠다면 다음의 뉘앙스를 고려한다.

What's your phone number? 전화번호가 뭐예요?
*개인 정보를 꼭 물어봐야 하는 상황에서 묻는 뉘앙스가 강하다.

Can I ask you for your number? 전화번호 물어봐도 될까요?
*ask for는 뭔가 부탁한다는 의미로, 예의를 갖춰서 묻는 질문이다.

What is the best phone number to reach you at?
What is the best number to contact you at?
어느 번호로 연락하는 게 가장 좋을까요?

상대방에게 개인 전화, 집 전화, 직장 전화 등 여러 가지 선택 가능한 전화번호가 있을 것을 염두에 두고, 그중 어떤 번호로 연락을 취하면 좋을지 묻는다. 상대방에게 선택의 여지를 주기에 이 경우 상대방은 자신에게 가장 안전한 번호를 알려 줄 수 있으므로 무조건 거부하지 않게 된다.

I am not sure if ~

MP3 004

에둘러서 간접적으로 질문하는 방법은 질문하는 사람이나 상대방에게 크게 부담스럽지 않다는 면에서 서로에게 좋다.

CASE 1
직접적
질문

A **What about meeting** next week?
다음 주에 만나는 게 어때?

B **I am sorry**, I am out of town next week.
미안하지만, 다음 주에 (어디 갈 거라) 여기 없어.

CASE 1
간접적
질문

A **I am not sure if you'd like it, but what about** meeting next week?
네가 좋아할지 모르겠는데, 다음 주에 만나는 게 어떨까?

B **I am sorry**, I am out of town next week for business. **Is it important?**
미안하지만, 다음 주에 출장을 가서 여기에 없어. 뭐 중요한 일이야?

A Oh, it's not urgent but **I'd like to talk** about something with you about my job…
아, 급한 일은 아닌데, 내 직장 관련해서 너와 이야기를 좀 나누고 싶어서…

B OK, then, let's see the following week. I **will find time** to see you.
좋아. 그러면 그 다음 주에 보자. 내가 한번 시간을 내 볼게.

위의 예처럼 사람들은 짧은 질문에는 짧게, 긴 질문에는 길게 대답하는 성향이 있다. 누군가 생각에 잠긴 듯 I am not sure if you'd like it, but… 하고 에둘러 물으면 듣는 사람도 그만큼 이야기를 신중하게 듣고, 거절을 하더라도 좀 더 배려하려는 마음이 생긴다. 당장은 거절해도 '차선책'을 고려할 수 있는 것이다.

A   Are you asking if I prefer working online to offline?

제가 오프라인 근무보다 온라인 근무를 선호하는지 물으시는 건가요?

B   Not exactly. I am asking about team meetings.

그게 아니고, 팀 회의에 대해서 묻는 거예요.

A   **I am not sure if** I understood your question correctly, but are you asking if I prefer working online to offline?

질문을 제가 제대로 이해한 건지 모르겠습니다만, 제가 오프라인 근무보다 온라인 근무를 선호하는지 물으시는 건가요?

B   Not exactly. I am asking about team meetings. Do you prefer meeting your team members on the Zoom or in the office?

그게 아니고, 팀 회의에 대해서 묻는 거예요. 당신의 팀원들이 회의를 줌으로 하는 걸 선호하세요, 사무실에서 하는 걸 선호하세요?

질문이 명확하지 않거나 질문의 요점을 놓쳤을 때는 상대방의 질문을 확인해야 한다. 이 경우에 Excuse me? / What did you say? / Come again?과 같이 직접적으로 "뭐라고요?" 하고 물어볼 수도 있지만, 이런 표현을 반복해서 사용하면 불성실한 인상을 줄 수 있다. 이 경우에는 최대한 내가 들으려고 노력했는데 그래도 확실한지 확인한다는 차원에서 I am not sure if I understood your question correctly, but... 하고 다시 질문할 수 있다. 이렇게 말하면 설령 내가 잘못 알아들은 것이 있어도 별 문제가 되지 않으며, 상대방도 인내심을 발휘해 좀 더 명확하게 질문 내용을 바로잡아 줄 수 있다.

How would you feel if ~?

MP3 005

직접적으로 말하기 어렵거나 상대방에게 부담을 주지 않기 위해 질문 형식으로 제안하는 방법으로 How would you feel if ~?가 있다. '만약에 ~한다면, 넌 어떨 것 같아?' 하고 넌지시 묻는 방법이다. '만약에'라는 단서가 붙기에 답하는 입장에서도 부담이 적다. 가령 "내가 돈 좀 꿔 달라고 하면, 너는 기분이 어떨것 같아?" 하고 물을 때 "무슨 그런 말도 안 되는 소리를!"이라고 할 수도 있고 "당연히 꿔 주겠지. 넌 나의 절친이니까!"라고 할 수도 있다.

이렇듯, 가정하는 질문은 어디까지나 가정이므로 선언적인 질문보다 훨씬 안전하다. 다음의 선언적 질문과 가정적 질문을 비교해 보자.

CASE 1
선언적
질문
(일상)

Q **Shall we** change the venue for tonight's dinner?
오늘 저녁 식사 장소 바꿀까요?

A I'm open to trying out a new place for dinner.
새로운 장소에서 저녁 식사하는 것도 좋아요.

CASE 1
가정적
질문
(일상)

Q **How would you feel if** we change the venue for tonight's dinner?
오늘 저녁 식사 장소를 바꾼다면 어떨 것 같아요?

A I'm open to trying out a new place for dinner.
새로운 장소에서 저녁 식사하는 것도 좋아요.

CASE 2
선언적
질문
(학교)

Q **Shall we** organize a study group for the upcoming exams?
다가오는 시험에 대비해서 스터디 그룹을 만들어 볼까?

A It's a great idea to study together.
함께 공부하는 건 정말 좋은 생각이야.

Q **How would you feel if** we organized a study group for the upcoming exams?
다가오는 시험에 대비해서 스터디 그룹을 만든다면 어떨 것 같아?

A It's a great idea to study together.
함께 공부하는 건 정말 좋은 생각이야.

CASE 3
선언적
질문
(직장)

Q **Can I** take a personal day off next Monday? There's a family event I need to attend.
다음 주 월요일에 개인적인 사정으로 휴가를 써도 될까요? 가족 행사가 있어서 참석해야 합니다.

A If that can be managed, it should be fine to take a personal day off.
그렇게 될 수 있다면, 개인 휴가를 사용하는 것도 괜찮을 겁니다.

CASE 3
가정적
질문
(직장)

Q **How would you feel if** I take a personal day off next Monday? There's a family event I need to attend.
다음 주 월요일에 제가 개인적인 사정으로 휴가를 쓰려는데 어떠세요? 가족 행사가 있어서 참석해야 해서요.

A If that can be managed, it should be fine to take a personal day off.
그렇게 될 수 있다면, 개인 휴가를 사용하는 것도 괜찮을 겁니다.

가정적인 질문은 '~한다면, 넌 어때?'로 상대방의 감정이나 의견을 최대한 고려하겠다는 의도를 보여 주고, 선언적인 질문은 내 의견을 더 분명히 드러낸다. 그래서 가정적으로 묻는 것이 더 상냥하고 예의 바르게 느껴진다.

물론 선언적 질문에도 장점이 있다. 질문 내용이 더 선명하고 직접적이라서 확실한 동의나 승인이 필요한 상황에서는 오히려 '선언적 질문'이 더욱 효과적일 수 있기 때문이다. 대신 이 선언적 질문에 부정적인 대답이 올 때는 대화에 긴장감이 감돌 수 있다는 것을 기억하자. 또한 거절을 잘 못하는 사람의 경우, 거절하는 것이 무척 힘들게 여겨질 수도 있다. 하지만 가정적으로 던지는 질문에 거부 의사를 밝힐 때는 가정된 상황을 전제하고 있기에 큰 긴장을 일으키지 않는다.

What questions do you have for me?

MP3 006

"질문 있나요?"는 가장 일반적으로 Do you have any question?으로 묻는다. 좋은 질문이다. 그런데 너무 일반적인 질문이기도 하다. 그래서 대개는 사람들이 아무도 질문을 하지 않고 눈만 껌벅거린다. 이런 경우에는 상대의 질문을 유도하기 위해 질문 표현을 살짝 비틀어 보는 것도 좋은 방법이다.

What questions do you have **for me**?
저에게 어떤 질문이 있으신가요?

Do you have any questions **for me**?
제게 질문 있으신가요?

질문 뒤에 for me를 덧붙이는 것만으로도 상대방은 질문자에게 동정적이 된다. 그래서 관심이 없어 아무 질문도 하고 싶지 않았어도 for me에 이끌려 한 번 더 생각하게 될 것이다. 사람은 누구나 자신이 '영향력 있는 사람'이라는 느낌이 들 때, 자신이 힘 안 들이고 하는 행동이 누군가에게 도움이 된다는 생각이 들 때, 조금 귀찮아도 스스로의 만족감을 위해서 행동하는 경향이 있다고 한다. 바로 이런 심리를 자극하는 표현 중 하나가 for me이다. 그냥 질문 한 가지만 해도 상대방에게 도움이 된다니 뭐라도 질문을 하게 되는 것이다. 그것이 대화를 지속하게 하는 열쇠가 될 수도 있다.

Sales Representative	Welcome to our store! Do you have any questions about this air purifier? 어서 오세요! 이 공기청정기에 대해서 궁금하신 게 있으신가요?
Customer	No, nothing in particular. Thank you. 아니요, 특별히 없어요. 감사합니다.
Sales Representative	Alright, **do you have any question for me** about this air purifier? 그럼, 이 공기청정기에 대해 제게 궁금한 점이 있으신가요?
Customer	Not really… uhm… well… do you have any other model? 꼭 그건 아닌데… 음… 저기 혹시 다른 모델은 없나요?
Sales Representative	Oh! Would you like me to show you some other models? Of course, there are other good models that you should see! Let me show you around…. 오! 제가 다른 모델들도 보여 드릴까요? 그럼요, 손님께서 보실 만한 다른 좋은 모델들도 있지요! 제가 보여 드릴게요.

위의 사례에서 보듯이, for me가 들어간 질문에 소비자는 마지못해서라도 뭔가 질문을 던지는데, 그 질문을 기회 삼아 영업사원은 새로운 대화를 이어갈 수 있다.

Summary

효과적인 질문 방식에 대해 설득 전문가 필 존스(Phil Jones)가 소개한 질문 표현들을 다시 한번 정리하면 다음과 같다.

MP3 007

1. What do you like about it?

What do you think about it?이라는 중립적인 질문도 좋지만, 상대방을 설득하거나 좀 더 긍정적인 답을 기대한다면 '개인적인 선호'에 초점을 맞추는 질문이 더 효과적이다.

2. When would be the most convenient time for you?

'당신에게 편리한 시간이라면 그때가 언제든 나는 달려갈 준비가 되어 있다.'라는 암묵적인 호소이기도 하다. 이런 호소를 거절하기는 쉽지 않다.

3. What is the best way to contact you, please?

연락 방법을 상대방이 스스로 선택하도록 유도하는 것이므로 상대방의 프라이버시에 해당되는 정보를 직접 묻는 것보다 훨씬 안전하다. 이런 질문을 받는 상대방 역시 크게 부담을 느끼지 않고 자신이 선호하는 연락처를 알려 줄 것이다.

4. I am not sure if ~

'당신의 의견을 존중한다.'는 전제가 이미 질문에 깔려 있다. 질문을 받는 사람은 크게 반감을 품지 않고 경청할 것이고, 그만큼 우호적인 답을 기대할 수 있다.

5. How would you feel if ~?

상대방이 넌지시 묻거나 제안하는 상황이라는 것을 알 수 있으므로, 대답할 때 좀 더 자유로울 수 있다.

6. What questions do you have for me?

질문할 생각이 없다가도 for me 표현 때문에 한 번 더 생각해 보고 아무 질문이라도 던지게 된다. 이렇게 던져진 질문이 꼬리를 물고 이어져서 대화의 성공, 거래의 성공을 가져올 수도 있다.

위의 예문들이 일상생활에서 어떻게 적용되는지 살펴보자.

A I know you like watching movies these days. What kind of movies do you like?
요즘 영화 보는 거 좋아하신다고요. 어떤 영화 좋아하세요?

B I enjoy romantic comedy movies. I like watching movies with a light atmosphere that makes me laugh.
전 로맨틱 코미디 영화 좋아해요. 가벼운 분위기에 웃게 되는 영화 보는 게 좋거든요.

A **How would you feel if** we watch a romantic comedy movie together this weekend? I heard about a new one playing in the theater.
이번 주말에 같이 로맨틱 코미디 영화 보러 가는 건 어때요? 극장에서 새로 개봉한 게 있더라고요.

B Oh, that sounds like fun! **When would be the most convenient time for you** to go to the movies?
오, 재밌겠네요! 영화 보러 가기 가장 편한 시간이 그쪽은 언제예요?

A Weekends are always fine with me. I can adjust my plans anytime.
주말이면 전 무조건 괜찮아요. 언제든 약속을 조정할 수 있어요.

B That works for me, too. **What is the best way to contact you** if anything changes?
저도 그때가 좋아요. 변동 사항이 생기면 어떻게 연락하면 될까요?

A I find texting convenient. You already have my number, so feel free to text me!
전 문자가 편해서요. 제 번호 갖고 계시니까, 언제든 문자로 편하게 연락 주세요!

B **I'm not sure if you'd like it, but what about** grabbing a coffee before the movie?
좋아할지 모르겠는데, 영화 보기 전에 커피 한잔 어때요?

A That's a great idea! I would love to have coffee together. **Do you have any questions for me** before we finalize the plan?
좋죠! 커피 같이 마셔요. 약속 확정하기 전에 저한테 물어보실 거 있어요?

B Uhm... What time does the movie start?
음… 영화는 몇 시에 시작해요?

A The movie starts at 2 p.m. Can you make it at that time?
영화는 오후 2시에 시작해요. 그 시간에 맞출 수 있어요?

B Yes, I've watched movies at that time before. It's fine!
네, 전에도 그 시간에 영화 봤어요. 괜찮아요!

A Perfect! Let's meet at the coffee shop at 1 p.m., have a coffee, and then head to the theater together!
좋네요! 오후 1시에 커피숍에서 만나 커피 마시고, 그런 다음에 같이 극장으로 가요!

CHAPTER 2

질문으로 승리하라
:원하는 답을 얻는
질문 요령 10가지

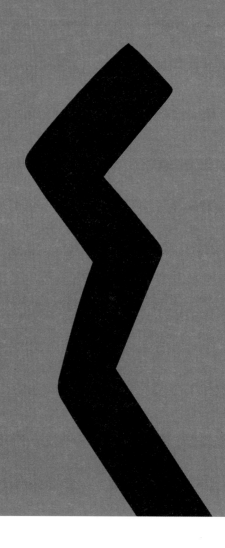

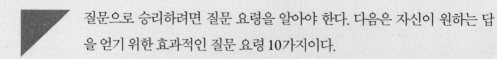

질문으로 승리하려면 질문 요령을 알아야 한다. 다음은 자신이 원하는 답을 얻기 위한 효과적인 질문 요령 10가지이다.

1 **Know your purpose.**
질문의 목적을 알라.

2 **Plan your questions.**
질문 내용이나 형식을 꼼꼼히 준비하라.

3 **Follow your questions with specific ones.**
구체적인 질문으로 진행하라.

4 **Ask one at a time.**
한 번에 하나씩 질문하라.

5 **Never ask a question in an aggressive manner.**
공격적인 태도로 질문하지 말라.

6 **Ask to the right person.**
정확한 정보를 가진 사람에게 질문하라.

7 **Ask "Yes" questions. – "Yes" oriented questions.**
상대방이 '예'라고 답할 수 있도록 질문하라.

8 **Research first.**
질문하기 전에 연구하라.

9 **Give options, A or B (Yes or No).**
상대방에게 선택형 질문을 제시하라.

10 **Ask persistently to the point.**
질문의 핵심을 향해 집요하게 나아가라.

질문의 목적을 알라

MP3 008

질문할 때는 질문의 목적이 무엇인지 분명해야 하고, 왜 그 질문을 하는지 스스로 명확하게 이해해야 한다. 목적이 불분명하면 상대방도 혼란스러울 수 있고, 원하는 답변도 얻지 못할 수 있다.

다음 두 학생의 질문을 비교해 보자. 두 학생이 교수에게 질문을 한다.

Mike **Could you please provide more information about the course assignments and projects in this semester's curriculum?**
이번 학기 과목 커리큘럼에 포함된 과제와 프로젝트에 대해 더 자세히 설명해 주시겠어요?

Mia **What do you think about this course?**
이 과목에 대해 어떻게 생각하시나요?

마이크는 질문의 목적이 뚜렷하다. 학과목의 과제와 프로젝트에 대해 설명을 요구하고 있다. 반면, 미아의 질문은 그가 왜 이런 질문을 하는지 의도가 선명하게 드러나지 않는다. 질문을 할 때, 그 이유나 의도를 분명하게 드러내지 않고 애매모호하게 하면 대답하는 사람을 어리둥절하게 만들 뿐 아니라, '뭐지? 이상한 질문을 하네.' 같은 부정적인 인상을 줄 수도 있다. 대화를 통해 다른 사례도 살펴보자.

Amy **I am planning to apply for an admission to the graduate program in accounting at ABC University. Where can I find the right information about this program?**
저는 ABC 대학 회계학과 대학원 과정에 지원하려고 계획 중입니다. 이 대학원 프로그램에 대한 정보를 어디서 찾을 수 있을까요?

Ben **Oh, you are interested in ABC University's accounting program. Then, first check the university webpage where you can find detailed information on your target master's program.** 아, ABC 대학의 회계학과에 관심이 있으시군요. 그럼 우선 대학 웹사이트를 검색해 보시면 목표하는 석사 과정에 대한 구체적인 정보를 찾아보실 수 있습니다.

앞의 예에서 에이미는 자신이 목적하는 바를 구체적으로 설명한 후에, 그가 어떤 정보를 찾고 있는지 정확히 말했다. 답을 하는 벤도 에이미가 원하는 바를 정확히 이해하고 이에 부합하는 정보를 준다.

Tom You know, I am thinking about entering a graduate program next year. Do you have any suggestions?

있잖아, 나 내년에 대학원에 가려고 생각하고 있거든. 넌 어떻게 생각해?

Amy What? You mean, you are thinking about continuing studies at the graduate level? Well, that sounds good. So what do you want to study?

뭐? 대학원에 가서 공부를 더 해 보려 한다고? 뭐, 좋네. 그래, 무슨 공부를 하고 싶은데?

위 대화에서 톰의 질문은 뚜렷한 목적이 있다거나 어떤 구체적인 정보를 구하는 것으로 보이지 않는다. 질문의 의도가 분명치 않기 때문에 답을 하는 켄도 애매하게 대꾸하고 만다.

앞의 두 가지 사례에서 자신의 목적과 요지를 분명히 밝히는 질문에는 그에 상응하는 답이 주어지고, 애매한 질문에는 그에 부합하는 불투명한 답이 돌아오는 것을 알 수 있다. 좋은 답을 원한다면, 먼저 내 질문이 명쾌해야 한다.

질문 내용이나 형식을 꼼꼼히 준비하라

MP3 009

학생들에게 연구 과제를 주면, 대체로 연구 관련자나 전문가를 만나서 인터뷰하려는 계획을 세운다. 그러면 나는 반드시 묻는다. "인터뷰할 때 질문할 것을 준비했는가?" 막연히 '만나서 얘기해 보면 뭔가 좋은 얘기가 나오겠지.' 생각하고 아무 준비 없이 간다면 좋은 인터뷰 결과가 나오기 힘들다. 사전에 어떤 질문을 할지 계획을 세워야 좋은 정보를 얻을 수 있다. 질문을 잘하기 위해서는 '내가 어떤 질문을 해야 효과적일까?' 미리 고민하고, 몇 가지 질문 문항을 작성해 가려는 노력이 필요하다.

영화 배우 톰 크루즈의 열성 팬이 마침 그 사람을 만나 인터뷰할 기회가 생겼다고 상상해 보자. 만나서 셀피(selfie)나 찍으면 그만이라면 질문 준비는 할 필요가 없다. 하지만 그와 만나 인상적인 대화를 나누고 그 추억을 간직하고 싶다면, 팬으로서 그에 적합한 질문을 미리 준비해야 한다. 하지만 다음과 같은 뻔한 질문은 그에게 그다지 강렬한 인상을 주기 힘들 것이다.

What do you think of Korea?
한국에 대해 어떻게 생각하세요?

What's your favorite Korean food?
가장 좋아하는 한국 음식이 뭔가요?

Do you like Korea?
한국이 마음에 드세요?

그렇지만 다음과 같이 상대방에 대한 이야기를 먼저 꺼내고 그와 관련된 질문을 던진다면, 톰 크루즈는 '이 사람이 정말 나에게 관심이 있구나.' 하는 느낌을 받게 될 것이다.

As a big fan of yours, I've seen most of your movies. Among them, the *Mission Impossible* series is my favorite. What is your favorite movie among your movies?

당신의 열렬한 팬으로, 당신이 나오는 영화는 거의 다 봤습니다. 그중에서 '미션 임파서블' 시리즈가 제 최애 영화입니다. 자신이 출연한 영화 중에서 가장 좋아하는 영화는 무엇인가요?

I know that it's your 3rd visit to Korea. What would you like to do or who would you like to meet while you are staying in Korea?

이번이 세 번째 한국 방문이라고 알고 있습니다. 무엇을 하고 싶으신가요, 아니면 한국에 있는 동안 만나 보고 싶은 사람은 누구인가요?

누군가에게 좋은 인상을 주고 싶거나 유익한 정보를 얻고 싶다면, 그 사람을 무작정 만나기보다는 좋은 질문을 준비하는 '노력'과 '정성'이 필요하다. 다음 시장 조사 설문 조사원의 질문을 비교해 보자.

Interviewer A   Good afternoon, Ms. Johnson. Thank you for participating in this market research interview. I would like to start by asking you about your shopping preferences and habits. Can you tell me what factors influence your decision when choosing a brand for clothing purchases?

안녕하세요, 존슨 씨. 이 시장 조사 인터뷰에 참여해 주셔서 감사합니다. 먼저 존슨 씨의 쇼핑 선호도와 습관에 대해 여쭤 보겠습니다. 옷을 구매할 때 브랜드 선택에 영향을 미치는 요소들을 알려 주시겠어요?

설문 조사원 A는 시장 조사 인터뷰라는 점을 명시하고, 인터뷰의 주 목적이 무엇인지 소개한 후, 상대방의 개인적인 선호도에 대해 질문을 시작한다. 그는 우선 상대방의 이름을 정확히 불렀다. 그리고 나서, 질문의 목적을 분명히 밝히고 답변을 유도한다.

Interviewer B   Hey, um, thanks for being here. So, I want to ask you about, like, shopping, you know, for clothes and stuff. Can you tell me, um, what do you look for when you buy clothes? Like, what things matter to you the most?

음, 여기 와 주셔서 감사해요. 그래서 쇼핑에 대해 여쭤 보고 싶어요. 옷이나 그런 거 말이에요. 음, 옷을 사실 때 뭘 찾으시나요? 가령, 가장 중요한 건 뭐예요?

설문 조사원 B는 대화 상대의 이름 따위에는 관심이 없는 듯하다. 그는 이 대화의 목적이 무엇인지 분명히 밝히지도 않았고, 질문의 내용도 불분명하다. B와 같이 편안한 일상적인 태도나 어휘로 이야기를 이끌어 가는 것에도 장점이 있을 수 있다. 그러나 공식적인 인터뷰 상황에서는 좀 더 예절을 갖추고 질문의 내용과 목적을 분명히 밝히는 것이 좋다.

누군가와 만나서 질문을 주고받거나, 목적이 분명한 인터뷰 혹은 설문 조사를 할 때는 질문 사항들을 미리 꼼꼼히 준비해야 한다. 그리고 좀 더 질문을 잘하고 싶다면 사전에 몇 번씩 연습을 하는 노력이 필요하다. 기자회견장에서 질문을 잘하는 기자들이나, 토론 프로그램에서 예리하고 의미 있는 질문을 정확하게 던지는 사람들은 사전에 공부를 하고 여러 가지 가능한 질문거리들을 메모해 온 사람들이다. 질문을 잘하려면 미리 준비해야 한다.

구체적인 질문으로 진행하라

MP3 010

다음은 대학원 진학을 고려하는 한 학생이 가져온 질문과 그에 대한 대답이다.

A I would like to seek advice from you regarding my graduate program application, and I have prepared three questions. Firstly, which universities do you recommend for admissions to graduate programs in Information Technology? Secondly, when do you suggest I begin working on the application process? Lastly, could you provide any tips for me to consider when writing my application essays?

저는 대학원 과정 지원에 대해 교수님께 조언을 듣고 싶어서 세 가지 질문을 준비했습니다. 첫째, 정보 기술 관련 대학원 프로그램에 제게 어느 대학을 추천하시겠습니까? 둘째, 제가 대학원 입학 지원 수속을 언제부터 시작하면 좋을까요? 마지막으로, 대학원 입학 지원 에세이를 작성할 때, 제가 염두에 두어야 할 요령 같은 것이 있나요?

B I understand that you are thinking of continuing studies in IT in graduate programs. As for your question number one, I recommend you checking the graduate programs of your current university. And then, check out institutions that you are interested in. Information is available online at the university websites. Begin from there and try to get general information on each program. Secondly, I recommend you begin working on your application right now. It means that if you are thinking of entering the graduate program, check out all the information on the programs as soon as possible and set up your schedule. For example, check their application schedule and get yourself ready to complete things within time. You are never too early to begin what you can do now. Third, about the application essay, read the essay prompt very carefully and try to respond to the given prompt. You should write about your academic achievement, and what you plan to achieve at the graduate level.

학생이 대학원에서 정보 기술(IT) 분야 공부를 계속하려고 생각 중이라는 것이군요. 첫 번째 질문에 대해서는, 현재 다니는 대학의 대학원 프로그램을 확인하는 것을 추천합니다. 그 다음에, 관심 있는 대학들을 살펴보세요. 대학 웹사이트에서 정보를 얻을 수 있습니다. 거기서부터 시작해 각 프로그램에 대한 일반적인 정보를 얻으세요. 둘째, 지금 당장 지원서 작성을 시작할 것을 추천합니다. 대학원 과정 입학을 고려하고 있다면, 가능한 한 빨리 그 과정에 관한 모든 정보를 확인하고 일정 계획을 짜라는 뜻입니다. 예를 들어, 각 대학별 지원 일정을 확인하고 기한 내에 입학 신청 작업을 완료할 준비를 하세요. 지금 할 수 있는 일을 시작하는 데 너무 빠른 것은 없습니다. 셋째, 지원서 에세이에 대해서는 각 대학이 명시하는 에세이 요구 사항을 아주 주의 깊게 읽고 제시된 요구 사항에 답하도록 노력하세요. 대학에서의 학업 성취와 대학원에서 어떤 성과를 이루고자 하는지에 대해 써야 합니다.

이 학생은 '대학원 입학 지원'이라는 목적을 분명히 밝혔고, (1) 교수가 어느 대학의 대학원 프로그램을 추천하는지, (2) 입학 지원 수속을 언제 착수하면 좋을지, (3) 입학 지원 에세이 작성 시 염두에 두어야 할 것이 무엇인지와 같은 구체적인 질문을 가지고 왔다. 이에 대해 교수는 (1) 지원하는 대학원은 학생이 직접 찾아봐야 하는데, 대학 웹사이트에 실질적인 정보가 제공된다고 설명했고, (2) 대학원 입학 지원 준비는 당장 시작하는 것이 좋으며 대학별 일정이 있으니 그 일정을 참고하여 차근차근 진행하면 된다고 안내하였으며, (3) 지원서를 잘 쓰려면 대학에서 제시하는 '에세이 요구 사항'을 잘 읽고, 그에 답하는 글을 쓰되 대학원에서 이루고자 하는 것이 무엇인지 구체적으로 작성하라고 설명했다.

만약에 학생이 찾아와서 "대학원 가려면 어떻게 해야 하죠?"라는 애매한 질문을 했다면 상담하는 입장에서 대학원은 왜 가려고 하는지, 어느 대학원을 목표로 하는지, 어떤 계획을 갖고 있는지 묻다가 시간을 다 보내게 되었을 것이다. 구체적인 질문을 가져오면 현명한 설계를 함께할 수 있다.

한 번에 하나씩 질문하라

MP3 011

여러 가지 질문을 한꺼번에 던지면 상대방이 무엇에 대답해야 할지 혼란스러울 수 있고, 그중 한두 가지는 제대로 답을 못 할 수도 있다. 따라서 한 번에 한 가지 질문만 하는 것이 명확한 답변을 얻는 데 도움이 된다.

한 번에 한 가지씩 질문 예

Interviewer Good morning. Thank you for coming in today. Can you briefly describe your role and responsibilities in your last position?

안녕하세요. 오늘 와 주셔서 감사합니다. 지난 직장에서의 역할과 책임에 대해 간단히 설명해 주시겠어요?

Candidate Good morning. As a project manager, I oversaw project timelines, coordinated team efforts, and ensured on-time project deliverables.

안녕하세요. 저는 프로젝트 매니저로서 프로젝트 일정을 관리하고, 팀의 협력을 조정하며, 프로젝트 성과를 제시간에 이루어 냈습니다.

Interviewer That's great. Can you also share your experience in budgeting and resource allocation for the projects you managed?

정말 멋지군요. 프로젝트 관리에 예산 편성과 자원 할당을 어떻게 다뤘는지도 알려 주시겠어요?

Candidate Certainly. As a project manager, I created project budgets, monitored expenses, and efficiently allocated resources, working closely with the finance team to align costs with budget constraints.

네. 프로젝트 매니저로서, 프로젝트 예산을 구성하고, 비용을 모니터링하며, 자원을 효율적으로 할당했습니다. 예산 제한으로 비용을 조율하기 위해 재무팀과도 긴밀하게 협력했습니다.

위 인터뷰에서 면접관은 차근차근 한 번에 한 가지 질문을 던지고, 지원자도 이에 맞춰 또박또박 답하고 있다.

한꺼번에 던지는 질문 예

Interviewer Hi there! Thanks for being here today. Let's get started. Can you tell me about your work experience and why you chose this field? Also, how do you handle stress in a team environment? Oh, and do you have any questions for us about the company culture and your potential role here?

안녕하세요! 오늘 와 주셔서 감사합니다. 시작해 보죠. 근무 경험과 이 분야를 선택한 이유에 대해 말해 주시겠어요? 그리고 팀 환경에서 생기는 스트레스를 어떻게 다루시나요? 아, 그리고 우리 회사 문화와 여기서 할 수 있는 잠재적 역할에 관해 궁금한 점이 있나요?

Candidate Uh, sure. Well, in my previous role, I worked as a project manager. My background is in engineering, and I chose this field because I enjoy problem-solving and teamwork. As for stress management, I believe open communication and setting clear goals help create a positive team environment. As for your company culture, can you tell me more about the growth opportunities and how you support employee development?

아, 네. 이전 직무에서 저는 프로젝트 매니저로 일했습니다. 제 전공은 공학이며, 문제 해결과 팀워크를 즐기기에 이 분야를 선택했습니다. 스트레스 관리에 대해서는, 열린 소통과 명확한 목표 설정이 긍정적인 팀 환경 조성에 도움이 된다고 생각합니다. 그리고 회사 문화에 관해서는, 성장 기회와 직원 개발 지원 방법에 대해 더 말씀해 주실 수 있나요?

이 인터뷰의 경우 면접관은 네 가지 질문을 한꺼번에 던졌고, 지원자는 그 네 가지 질문에 차례차례 답하고 있다. 면접관은 어쩌면 복잡한 문제가 주어지는 상황에서 이 사람이 어떻게 잘 대처하는지 알아보려고 질문을 한꺼번에 했을 수도 있다. 하지만 이런 방식의 질문은 '좋은 질문'이라고 할 수 없다. 그에 비해 후보자는 진땀 나는 상황이지만 조리 있게 응답하고 있다. 기억력이 비상하거나, 아니면 질문을 받을 때 메모지에 미리 질문을 적어 놓았는지도 모르겠다.

질문은 한 번에 한 가지씩 묻고 답을 기다리는 것이 정석이다. 하지만 이런 간단한 정석이 잘 지켜지는 것은 아니다. 선거철이 되면, TV 토론을 통해 후보자들끼리 서로 질문을 던지기도 하고, 후보들이 시민에게서 질문을 받는 장면들을 자주 보게 된다. 이때, 한꺼번에 여러 가지 질문이 복합적으로 던져질 때가 많다. 대화하듯 차근차근 풀어가기 힘든 한정된 상황에서 기회가 왔을 때 물어볼 것을 다 물어보겠다는 태도처럼 보인다. 이런 상황에서 후보자들이 메모지에 질문자의 질문을 꼼꼼히 기록하는 장면을 종종 볼수 있는데, 질문을 놓치지 않고 답을 하겠다는 의지로 보이기도 한다. 상황에 따라서 다르겠지만, 이렇게 상대방이 질문을 어떤 식으로 할지 가늠이 되지 않는 상황에서는 메모지와 필기구를 준비하여, 주어진 질문을 메모하거나 내가 어떤 답을 할지 미리 메모하는 것도 좋은 방법이다.

공격적인 태도로 질문하지 말라

MP3 012

상대방을 공격하거나 비난하는 질문은 대화의 분위기를 냉랭하게 만들고, 상대방의 협조를 얻기 어렵게 한다. 따라서 상대방을 존중하고 배려하는 태도로 질문하는 것이 결과적으로 자신에게 이롭다. 동일한 질문이지만 공격적인 말투와 공격성이 드러나지 않는 중립적인 말투를 비교해 보자.

공격 **Why did you make such a stupid mistake?**
왜 그렇게 어리석은 실수를 한 겁니까? (비난)

중립 **Could you explain what led to that particular outcome?**
해당 결과를 초래한 원인을 설명해 주실 수 있나요?

공격 **What's wrong with you? Can't you understand a simple concept?**
도대체 뭐가 문제죠? 이 간단한 개념도 이해를 못 하나요? (비난)

중립 **I noticed you seem unsure about this concept. Is there anything specific you'd like to clarify?**
이 개념에 대해 이해가 불확실한 것 같아요. 명확히 하고 싶은 부분이 구체적으로 있나요?

공격 **Do you even know what you're talking about?**
당신이 무슨 말을 하고 있는지 알기나 해요? (냉소)

중립 **Could you please provide more details or examples to support your point?**
당신의 주장을 더 자세히 또는 예시를 들어서 설명해 주시겠어요?

공격 **Are you always this slow at completing tasks?**
당신은 항상 이렇게 느리게 업무를 마치나요? (비난)

중립 **Is there anything causing delays in completing tasks? How can we support you to improve efficiency?**
업무 완료가 지연되는 원인이 있나요? 효율성을 개선하기 위해 어떻게 도와드릴까요?

공격 Why do you keep complaining about your workload?
왜 업무량에 대해 계속 불평하나요? (비난)

중립 I understand you might be feeling overwhelmed. Can we discuss ways to balance your workload better?
업무량이 부담스러울 수 있다는 걸 이해해요. 업무 분담을 더 잘 조절할 수 있는 방법에 대해 이야기해 볼까요?

공격 When will you finally get your act together?
언제쯤 당신이 드디어 정신을 차리게 될까요? (비아냥)

중립 How can we work together to improve the situation and meet our goals?
우리가 상황을 개선하고 목표를 달성하기 위해 어떻게 협력할 수 있을까요?

그런데 전혀 공격하려는 의도가 없는데도 불구하고, 영어가 짧아서 공격적으로 보일 때가 있다. 특히 세련된 영어 구사가 잘 안 되는 영어 학습자나 이민자들의 경우, 영어권 사회에서 '무례하다'는 오해를 받을 때가 종종 있다. 이때는 표정을 부드럽게 하고 미소를 띠면 공격적으로 들리는 질문의 분위기도 많이 누그러뜨릴 수 있다. 웃는 얼굴에 침 못 뱉는다.

다음 두 친구의 대화를 들여다보자. A는 친구에게 공격적인 질문을 퍼붓고, B는 방어적으로 차분하게 답한다. 공격적인 질문을 받으면 기분이 상하겠지만, 차분하게 대응하는 것이 바람직하다.

A Why did you cancel our plans last minute? You always do this!
왜 막판에 우리 계획을 취소했어? 넌 항상 이러더라!

B Sorry, I had an unexpected emergency at home. I didn't mean to ruin our plans.
미안해. 집안에 갑작스럽게 급한 일이 생겨서 그랬어. 우리 계획을 망치려던 건 아니야.

A Can't you ever think about anyone else but yourself? It's so selfish!
넌 너만 생각하고 다른 사람들 생각은 절대 안 하지? 진짜 이기적이야!

B That's not fair. I've been there for you when you needed support, too.
그건 부당한걸. 네가 도움이 필요할 때는 내가 네 옆에 있어 줬잖아.

A   Why are you always making excuses for your behavior? Can't you just admit when you're wrong?
넌 왜 항상 네 행동에 대해 변명을 해? 잘못했을 때는 그냥 인정할 수 없니?

B   I admit when I'm wrong, but this time it was a genuine emergency. I wouldn't lie about something like that.
나도 잘못했으면 인정하지. 하지만 이번엔 정말 긴급한 상황이었어. 이런 일을 가지고 내가 거짓말할 리가 없잖아.

A   Whatever. I'm just tired of you.
어쨌거나. 나는 너한테 지쳐 버렸어.

B   I understand, and I'll try to communicate better in the future. Let's talk about this calmly later.
이해해. 앞으로 더 잘 소통하려고 노력할게. 나중에 차분하게 이야기하자.

정확한 정보를 가진 사람에게 질문하라

MP3 013

자신의 궁금증을 해결할 정확한 정보를 얻고 싶다면, 해당 정보를 가진 사람에게 물어야 한다. 그래서 누군가에게 질문하기에 앞서서 그가 질문에 답을 해 줄 만한 사람인지 분별하는 것도 중요하다. 그렇다면 자신의 궁금 증에 답을 제시할 사람을 어떻게 찾을 수 있을까? 다음 두 대화에서 질문을 통해 그 사람을 어떻게 찾는지 확인해 보자.

A   Hey, do you know anything about the upcoming physics competition?
안녕. 곧 있을 물리 경시대회에 대해 뭐 아는 게 있니?

B   Hmm, I'm not sure about the details. But, Professor June might have some information. He's a physics professor and could guide you better.
음, 자세한 사항은 잘 모르겠지만, 준 교수님이 정보를 알고 있을지도 몰라. 그분이 물리학 교수니까 더 잘 안내해 줄 수 있을걸.

A   Oh, I didn't think of that. I'll go and ask him then. Thanks!
아, 그 생각을 못 했네. 그럼 교수님께 가서 여쭤봐야겠다. 고마워!

Manager We have a crucial presentation coming up, and we need to ensure our marketing strategy aligns with the latest market trends. Has anyone researched the current industry trends?

중요한 발표를 앞두고 있고, 최신 시장 동향과 우리의 마케팅 전략이 일치하는지 확인해야 합니다. 누가 현재 산업 동향에 대해 조사한 게 있나요?

Kim I've looked into some market reports from last quarter, but I'm not confident they represent the current trends.

지난 분기의 시장 보고서를 살펴봤지만, 현재의 동향을 정확히 대변하지 않을 수도 있습니다.

Manager Thank you for your effort. It's essential to have up-to-date information for our presentation. Maybe we should consult our research analyst. They specialize in tracking market trends.

애써 줘서 고마워요. 발표를 위해서 최신 정보를 갖추는 것이 중요합니다. 자사 연구 분석가에게 상담하는 것이 좋을지도 모르겠군요. 그들이 시장 동향을 추적하는 데 전문가니까요.

Kim Yes, I believe they are closely monitoring industry trends, and they can provide an updated analysis for the presentation.

네, 그 사람들이 산업 동향을 면밀히 지켜보고 있으니, 발표에 필요한 최신 분석을 제공할 수 있을 것 같습니다.

Manager Excellent! Please collaborate with them and prepare the relevant data for the presentation.

좋아요! 그들과 협력해서 발표에 필요한 관련 자료를 준비해 주세요.

상대방이 '예'라고 답할 수 있게 질문하라

MP3 014

사업 협상이나 영업 전문가들이 추천하는 질문 기법으로 'Yes 질문'이 있다. 영업 전문가들의 공통 목표는 자신의 아이디어나 상품을 상대방에게 설득해 판매해야 한다는 것이다. 아주 작은 구멍이나 균열에 댐이 무너지듯이, 아주 작은 yes를 지속적으로 이끌어 내다 보면 큰 프로젝트를 승인받거나 물건을 팔아 치울 수 있다는 논리다.

다음 대화를 통해 매장 판매원이 'Yes 질문'으로 손님의 물건 구매를 돕고 영업하는 걸 살펴보자.

Salesperson	**Can I help you** find something? **Are you looking for** something? 무엇을 도와 드릴까요? 뭐 찾으시는 것 있으세요?
Customer	**Yes,** I am looking for something special for my mom's birthday. 네, 엄마 생일에 드릴 특별한 선물을 찾고 있어요.
Salesperson	That's wonderful! We have these lovely pullover sweaters. **Would you like to** see them? 그렇군요! 여기 멋진 풀오버 스웨터들이 있어요. 보시겠어요?
Customer	**Yes,** I would like to see them and check the price. 네, 그 스웨터들을 보고 가격도 확인해 봐야겠어요.
Salesperson	Sure! Let me help you. The blue one is 125 dollars *including tax. 그러세요! 도와 드릴게요. 파란색 스웨터는 세금 포함해 125달러입니다. * 한국에서는 물건에 적힌 정가대로 값을 지불하지만, 미국에서는 물건에 적힌 정가 외에 세금을 추가로 내야 한다. 그래서 before tax(세전) 가격과 after tax(세후) 가격이 다르다.
Customer	I like it but... I'm still considering. 마음에는 드는데… 아직 고민 중이에요.

Salesperson	That's understandable. **Would you like to see some** **other colors or styles?**
	그러실 수 있죠. 다른 색상이나 스타일도 보시겠어요?
Customer	**Yes, please.** (Three minutes later) I'm torn between the blue one and the pink one.
	네, 보여 주세요. (3분 후) 파란색과 분홍색 중에서 결정을 못 하겠네요.
Salesperson	Both of them are stunning choices! By the way, the pink ones are on sale now, and they are 81 dollars after tax.
	둘 다 정말 멋지죠! 그런데 분홍색 스웨터가 지금 할인을 하고 있어서 세금 포함한 가격이 81달러예요.
Customer:	**Oh, that's great news!** I'll go with the pink one then.
	오, 좋은 소식이네요! 그럼 분홍색으로 할게요.
Salesperson	Your mom will be delighted with your choice. **Would you like me** to help you with the checkout?
	어머님이 마음에 들어 하실 거예요. 계산 도와 드릴까요?
Customer	**Yes, please.** Thank you for your assistance.
	네, 그렇게 해 주세요. 도와주셔서 감사합니다.
Salesperson	You are welcome! If you need any more help, feel free to ask.
	별말씀을요! 도움이 더 필요하시면, 언제든지 말씀해 주세요.

매장 판매원은 무슨 선물을 사야 할지 고민하는 고객에게 선물하기에 좋은 물건을 소개하고, 판단이 힘들거나 가격 때문에 고민할 때, 가격 걱정 없이 좋은 선물을 장만할 수 있게 도와주면서, 결과적으로 아주 소소한 질문들이 '네'로 연결되도록 이끌었다. Yes가 이어지게 질문해야 한다는 것은 좋은 전략이지만, Yes라는 답을 끌어내려면 이 대화 속 판매원처럼 상대방을 배려하고, 적절한 정보를 제공할 수 있어야 한다.

미국 영업 사원들이 메모장에 적어 놓고 외운다는 질문과 예상 답변을
소개한다.

A **Want to see what's inside?**
안쪽을 둘러보시겠습니까?

B **Oh, yes, I do.**
아, 예, 그러죠.

A **Wouldn't you like an easier way?**
좀 더 쉬운 방법이 있는데 보시겠습니까?

B **Are you sure? OK, I would like to.**
그래요? 좋아요, 보고 싶어요.

A **Are you tired of not having (thing they want)?**
찾으시는 제품이 없어서 실망하셨겠군요.

B **Yeah, kind of.**
예, 그런 면이 있지요.

A **Would you like to give it a try, risk-free?**
안 사셔도 상관없습니다. 한번 써 보시겠습니까?

B **Okay, I will try.**
네, 써 볼게요.

A **Shall we continue?**
자, 계속할까요?

B **Okay, go ahead.**
예, 그러시죠.

A **Do you want to know why?**
왜 그런지 아세요?

B **Why?**
왜 그런데요?

질문하기 전에 연구하라

중요한 문제에 대해 심각한 질문을 해야 한다면 사전에 계획을 세우는 것도 중요하지만, 사전에 '공부'하는 것이 필요하다. 미국에서 '거래'의 꽃으로 알려진 것이 '중고차 거래'이다. 미국에서 중고차 거래를 제대로 하려면 영어 실력만 믿으면 안 되고, 중고차 거래에 관한 온갖 정보를 모아야 한다. 필자 역시 아들에게 중고차를 사 줄 일이 생겼을 때 거의 한 달 가까이 중고차 거래에 관한 정보들을 수집하고, 심지어 중고차 딜러들이 사용하는 표현까지 공부하고 현장에 갔다. 그 결과 거래는 성공적이었다.

왜냐하면 공부를 충실히 했기 때문이다. 자신이 중대한 문제에 대해 누군가와 대화를 나누거나 질문해야 하는 상황에 있다면, 가장 먼저 할 일은 질문의 목적을 정확히 파악하고, 관련 주제에 대하여 미리 공부하는 것이다. 사전에 준비하고 계획하고 철저한 자료 조사까지 하고 나서 질문을 던질 때, 상황에 말리지 않고 스스로 상황을 이끌어 갈 수 있다.

상대방에게 선택형 질문을 제시하라

MP3 015

상대방에게 선택의 여지를 주는 질문을 choice question선택형 질문이라고도 하는데, 사람들은 이런 질문에 쉽게 답을 하는 경향이 있다. 또 선택 사항을 몇 가지로 제한하기 때문에 내가 정한 테두리 안에서 선택하도록 유도할 수도 있다. 따라서 선택하는 데 자신 없어 하거나 망설이는 사람에게는 제한된 선택지를 주는 것도 도움이 된다. 또 선택형 질문은 closed question닫힌 질문, 폐쇄형 질문이라고도 하는데, 답의 한계와 경계가 분명하기 때문이다. 이와 상대되는 개념으로 open-ended question열린 질문, 개방형 질문이 있는데, 답의 범위가 한없이 열려 있기 때문이다.

What is your favorite color: blue, red, or green?
파랑, 빨강, 초록 중에서 어떤 색이 제일 좋아?

What is your favorite color?
너는 무슨 색이 제일 좋아?

첫 번째 질문은 세 가지 중 한 가지를 고르라는 질문이다. 그런데 두 번째 질문처럼 물으면 대답의 범위가 넓어진다. 세상에 존재하는 모든 색상 중에 한 가지가 나올 수 있기 때문이다. 이런 질문을 개방형 질문이라고 한다.

개방형 질문의 장점은 대답하는 사람에게 뭐든 답해도 된다는 자유를 주지만, 그만큼 넓은 선택 범위 때문에 오히려 답이 애매해지는 단점도 있다. 행동경제학자 다니엘 카네만Daniel Kahneman은 그의 저서 〈Thinking, Fast and Slow생각에 관한 생각〉에서, 일상의 너무 많은 선택지가 우리 삶을 혼란스럽게 한다고 설명한다. 우리는 이따금 온라인 쇼핑을 하다가 너무나 다양한 상품과 가격대에 혼란을 느낀 나머지 무엇을 고를지 고민하다가 포기하고 돌아선 적이 있지 않은가? 이렇듯 개방형 질문은 너무 많은 선택지 같아서, 어떤 사람들은 답을 못하고 머뭇거리기도 한다. 이 경우에 단순하고 명쾌한 몇 가지 예를 들어주고 그중 한 가지를 선택하라고 유도하면 쉽게 답을 이끌어 낼 수도 있다.

다음은 어떤 답이라도 나올 수 있는 개방형 질문과 둘 중 하나를 고르라는 선택형 질문과 답의 예들이다.

일상에서

A　What would you like to have for supper?
　저녁으로 뭐 먹고 싶어?

B　Well, let me think about it….
　글쎄, 생각 좀 해 볼게.

A　What would you like to have for supper: **ramen or sandwiches**?
　저녁으로 뭐 먹고 싶어? 라면, 아니면 샌드위치?

B　I will have ramen. What about you?
　나는 라면 먹을래. 너는?

A　Where shall we go after supper?
　저녁 먹고 우리 어디 갈까?

B　Uhm… what do you think?
　글쎄… 넌 어때?

A　Where shall we go after supper, to **the cinema or the shopping mall**?
　저녁 먹고 우리 어디 갈까? 영화관에 갈까, 아니면 쇼핑몰에 갈까?

B　Let's go to the movies!
　영화 보러 가자!

학교에서

A
What subjects are you interested in studying this semester?
이번 학기에는 어떤 과목에 관심이 있으세요?

B
Well, I'm considering psychology and literature.
음, 전 심리학과 문학을 생각하고 있어요.

A
Which elective course would you like to take: photography or music theory?
사진학과 음악 이론 중에서 어떤 선택 과목을 듣고 싶으세요?

B
I think I'll go with music theory. What about you?
저는 음악 이론을 들을까 생각하고 있어요. 그쪽은요?

직장에서

A
What are your main business objectives for the upcoming quarter?
다음 분기에 주요 비즈니스 목표가 무엇인가요?

B
Well, we aim to increase our market share and improve customer retention.
음, 저희는 시장 점유율을 높이고 고객 유지율을 개선하려고 합니다.

A
Which marketing strategy would you prefer: social media campaigns or email marketing?
어떤 마케팅 전략을 선호하시나요? 소셜 미디어 캠페인과 이메일 마케팅 중에서요.

B
I believe social media campaigns would be more effective. What's your opinion?
저는 소셜 미디어 캠페인이 더 효과적일 거라고 생각해요. 당신은 어떻게 생각하세요?

질문의 핵심을 향해 집요하게 나아가라

MP3 016

질문의 목적을 분명히 하고, 사전에 공부도 하고, 계획을 세워서 차근차근 질문해도 내가 원하는 답을 얻기가 쉽지 않을 수 있다. 사람들은 관심 없는 주제에 대해서는 귀담아듣지 않고, 건성으로 듣거나 지나치려는 경향이 있다. 또 질문의 요지를 잘못 이해하고 '동문서답'하는 경우도 많다. 따라서 질문의 목적을 달성하려면 고집스럽고 집요하게 질문의 요점을 묻고 늘어지는 투지도 필요하다.

다음은 형사(Detective)와 증인(Witness)과의 대화이다. 문제의 핵심을 집요하게 묻는 형사의 질문을 주의 깊게 살펴보자.

Detective We've been investigating the incident that occurred last night, and we need your cooperation to get to the bottom of it. Can you tell us what you were doing at the time of the incident?
저희는 어젯밤 발생한 사건을 수사 중이고, 진상을 규명하기 위해 귀하의 협조가 필요합니다. 사건 발생 시간에 무엇을 하고 있었는지 말씀해 주시겠어요?

Witness I was at home, watching TV.
TV 보면서 집에 있었어요.

Detective We have eyewitnesses who saw you near the scene. Are you sure you were at home?
현장 근처에서 귀하를 목격한 증인들이 있습니다. 정말 집에 있었던 게 확실합니까?

Witness Well, I might have stepped out briefly, but I didn't see anything.
글쎄요, 잠시 나가 있었을 수도 있지만, 전 아무것도 보지 못했습니다.

Detective It's important to be honest, Mr. Smith. We have evidence that places you at the scene. What were you doing there?
솔직히 말씀하셔야 합니다, 스미스 씨. 당신이 현장에 있었다는 증거가 있습니다. 거기서 무엇을 하고 있었죠?

Witness Okay, fine. I was there, but I didn't do anything wrong. I was just passing by.

알겠습니다. 그래요. 거기 있었는데, 전 아무 잘못도 안 했어요. 그냥 지나가고 있었던 거예요.

Detective That's not what the CCTV footage shows. We see you interacting with the victim. What was your relationship with him?

CCTV 영상은 그렇게 보이지 않던데요. 당신이 피해자와 상호 작용하는 모습을 보았습니다. 그 사람과 어떤 관계였죠?

Witness I barely knew him. We just had a brief conversation.

거의 모르는 사이였어요. 짧게 대화만 했습니다.

Detective The footage shows more than just a conversation. You were seen arguing with the victim. What was the argument about?

영상을 보면 대화 나누는 것 이상입니다. 당신이 피해자와 다투는 모습이 보였어요. 무엇 때문에 다퉜죠?

Witness Okay, it was about money. The victim owed me some money, and we argued about it.

좋아요, 돈 때문이었어요. 피해자가 제게 돈을 얼마 빚졌고, 그것 때문에 다퉜습니다.

Detective Thank you for being honest. Did the argument turn violent?

솔직히 말씀해 주셔서 감사합니다. 다툼이 폭력적으로 변했나요?

Witness No, no. We just yelled at each other, and then I left.

아니요, 아니요. 우리는 그냥 서로 언성을 높였고, 그러고 나서 저는 자리를 떴습니다.

Detective Are you sure about that? We found evidence of a physical altercation. Tell us exactly what happened.

정말입니까? 우리는 몸싸움이 있었다는 증거를 찾았습니다. 정확히 무슨 일이 있었는지 말씀해 주세요.

Witness Okay, fine. It got heated, and things escalated. We ended up pushing each other, but I didn't mean for it to happen.

좋아요, 서로 흥분해서 상황이 험해졌어요. 서로 밀치기도 했지만, 제가 일부러 그런 것은 아닙니다.

Detective Thank you for finally telling the truth. We need to know all the details to determine what happened. Did you leave the scene immediately after the altercation?

사실대로 말씀해 주셔서 감사합니다. 일어난 사건을 파악하기 위해 모든 세부 사항을 알아야 합니다. 다투고 나서 즉시 현장을 떠났나요?

Witness Yes, I left right away. I was angry and upset, so I went home.

네, 바로 떠났습니다. 화가 나고 기분이 상해서 집으로 돌아갔습니다.

Detective Were you aware of the victim's injuries when you left?

당신이 자리를 뜰 때, 피해자가 얼마나 다쳤는지 상태를 알고 있었나요?

Witness: No, I didn't realize he was seriously injured. I thought it was just a heated argument.

아니요, 그가 심하게 다쳤다는 건 깨닫지 못했습니다. 단지 좀 심한 말다툼이었다고 생각했죠.

Detective Thank you for your cooperation. We will continue our investigation based on the information you provided.

협조해 주셔서 감사합니다. 제공하신 정보를 바탕으로 수사를 계속 진행하겠습니다.

형사의 질문을 받은 증인은 처음에는 자신이 이 문제와 아무 상관도 없는 사람이라고 주장하지만, 형사가 증거를 들어서 사실대로 말하라고 압박하자, 마침내 피해자와 신체적 다툼이 있었지만 그것이 처음부터 의도된 것은 아니라는 식으로 설명한다. 그리고 계속되는 형사의 질문에 증인은 피해자와 몸싸움이 있었고, 그를 다치게 한 것을 인정한다. 형사가 문제 해결과 진실 규명을 위해 집요하게 질문을 던지듯, 원하는 답을 얻기 위하여 우리는 최선을 다해서 질문하고 또 질문해야 한다.

PART 2

질문하라, 정중하게
매혹적으로

CHAPTER 1

에두르지 않고 묻는다
: 직접 의문문

직접 의문문이란?

MP3 017

일상생활에서 주고받는 질문의 형식은 다음 두 가지로 구분할 수 있다.

직접 의문문	보통 직접 질문	**Where** can I find a café nearby? 근처에 카페가 어디 있죠?
	좀 더 예의를 갖춘 직접 질문	Excuse me, **where** can I find a café nearby? 실례지만, 근처에 카페가 어디 있나요?
간접 의문문	물음표가 붙은 간접 질문	Do you know **where** I can find a café nearby? 근처에 카페가 어디 있는지 아세요?
	평서문식 간접 질문 (물음표 안 붙임)	I wonder **where** I can find a café nearby. 근처에 카페를 어디서 찾아야 할지 모르겠네요.

직접 의문문의 특징은 다음과 같다.

주어 앞에 조동사(조동사, be동사)가 나옴. 이 경우 말끝의 인토네이션이 올라가며 주로 '예/아니오'로 대답	who, when, where, what, why, how 같은 의문형 대명사나 부사로 시작
A: Are you looking for somebody? 누굴 찾고 있나요? B: Yes, I am. I am looking for Tom Brown. 네. 톰 브라운을 찾는데요.	A: What is she doing now? 그녀는 지금 뭐 하고 있어? B: She is exercising yoga in her room now. 자기 방에서 지금 요가 중이야.

'예/아니오' 같이 명쾌한 답을 요구하거나 '누가, 언제, 어디서, 무엇을, 어떻게, 왜'와 같이 구체적인 정보나 내용을 요구한다는 측면에서 직접 질문은 가장 기본적이며 효과가 큰 질문 방법이라 할 만하다. 말을 하기 시작한 어

린아이가 끝도 없이 던지는 질문의 대부분은 직접 질문이다.

직접 질문의 위력

직접 질문의 장점은 특히 정확한 정보가 절실히 필요한 위기 상황에서 그힘이 발휘된다. 사고를 당해 정신이 가물가물한 환자에게 "성함이 어떻게되는지 말씀해 주시겠어요?May I inquire about your name, please?"라고 묻기보다는"이름이 뭐죠?What's your name, please?", "주소 기억하세요?What's your address, please?","전화번호가 몇 번이죠?What's your phone number, please?"처럼 짧고 선명하게 묻는 것이 훨씬 효과적이다. 다음은 직접 질문이 힘을 발휘할 수 있는 상황에서의 질문들이다.

1. Specific information 정확한 정보가 필요할 때

- What time does the train depart? 기차는 몇 시에 떠나죠?
- How much does this cost? 이것은 얼마죠?
- Who will be leading the presentation? 누가 발표를 이끌 거죠?

2. Emergency situation 위급 상황에서 — 구급대에 비상 연락을 취할 때

- Where is the nearest hospital? 가장 가까운 병원이 어디죠?
- Is anyone injured? 다친 사람 있나요?
- What is your location? 지금 계신 위치가 어디죠?

3. Survey or interview 설문 조사나 인터뷰 상황에서 정확한 정보와 분석을 요할 때

- Have you ever traveled abroad? 해외 여행 경험이 있나요?
- Do you prefer working in a team or independently?
  근무 시 팀워크를 선호하나요, 아니면 개별적인 일을 선호하나요?
- What skills do you possess that are relevant to this job?
  이 일과 관련한 어떤 기술을 보유하고 있습니까?

4. Clarification 주어진 정보를 재차 확인할 때

- Did you say the meeting is at 3 PM?
  회의가 오후 3시라고 했나요?

- Can you confirm if the report is due tomorrow?
  보고서 제출이 내일까지인지 확인해 주시겠습니까?

- Is this the correct address?
  이 주소가 정확합니까?

5. Casual talk 편안한 관계에서 일상적인 대화를 할 때

- Are you coming to the party?
  너 파티에 올 거지?

- Where did you buy that shirt?
  그 셔츠 어디서 샀어?

- Did you enjoy the movie?
  그 영화 재미있었니?

하지만 이렇게 사무적으로 정확한 정보를 요구한다거나 혹은 가까운 사람들과 격식 없이 편안하게 대화하는 상황이 아니라면, 좀 더 여유를 갖고 다음에 나올 간접 질문을 하는 편이 인간관계를 부드럽게 유지하는 데 도움이 될 것이다. 이는 영어뿐만 아니라, 일반적인 언어 상황에서도 적용된다.

만약에 이런저런 표현이 서툴고 직접 질문도 간신히 하는 상황이라면, 기죽지 말고 그냥 단도직입적으로 짧게 질문해도 된다. 대신 표정과 어투를 가능한 한 부드럽게 하면, 상대방도 내가 비난하거나 공격하려는 의사가 없다는 걸 이해할 것이다. 이것저것 따지는 것이 어렵다면 일단 입을 열고 질문하는 것이 '승리'하는 방법이다.

I wonder where
I can find a café nearby.

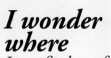

Do you know
where I can find a café nearby?

Excuse me,
where can I find a café nearby?

Where can I find a café nearby?

직접 의문문 만들기

MP3 018

직접 의문문에는 다음 세 가지 형식이 있다.

Yes/No	'예/아니오(Yes/No)'라는 답을 요구하는 질문이다. [조동사/be동사 + 주어] 순서로 만든다.
	Do you speak English? 영어 하세요? **Are you** ready to ask a question? 질문할 준비 됐나요?
5W+1H	'6하원칙(5W + 1H)' 질문이다. who, when, where, what, why, how(누가, 언제, 어디서, 무엇을, 왜, 어떻게) 의문사가 문장 맨 앞에 온다.
	What were you doing when I called you last night? 어젯밤에 전화했을 때 너 뭐 하고 있었어? **Why** didn't you answer the phone? 왜 전화 안 받았니?
A or B	'선택적 질문(둘 중에 하나, 이것인가 저것인가)'도 대표적인 직접 의문 형식에 해당한다. 주로 접속사 or를 사용하여 질문한다.
	Will you travel with Thomas **or** Mike? 너 토마스랑 여행 갈 거야, 마이크랑 여행 갈 거야? Shall I join you **or** not? 너랑 같이 갈까, 말까?

1. Yes/No Questions ← 직접 의문문

MP3 018-1

Yes/No Question은 기본적으로 [주어 + 동사(조동사, be동사)]의 기본 골격으로 이루어지는 평서문을 [동사(조동사, be동사) + 주어] 순으로 바꿔서 만든다. 그런데 Yes/No Question이라고 하지만, 실제 언어 상황에서 정말로 Yes, No만 하는 경우는 별로 없다. 다음 상황을 보자.

Case A	Case B
Mom: Did you have lunch? **Jude:** Yes, I did. 엄마: 너 점심 먹었니? 주드: 네.	**Mom:** Jude, did you have lunch? **Jude:** Yes, I did, Mom. I had two pieces of chicken sandwich. 엄마: 주드, 너 점심 먹었니? 주드: 네, 엄마. 닭고기 샌드위치를 두 개나 먹었어요.

〈Case A〉의 대화를 보면 서로 이름도 부르지 않고, 짤막하게 묻고 답한다. 어딘가 경직되고 딱딱한 느낌이다. 〈Case B〉의 경우는 서로 이름을 부르거나 구체적인 내용을 추가하여 좀 더 친밀하게 이야기를 나누는 것처럼 보인다. 동일한 직접 의문 형식으로 같은 질문을 하더라도 질문의 방법이나 이에 대한 대답의 양상은 이렇게 다를 수 있다.

Case A	Case B
Supervisor: Jude, have you finished the report? **Jude:** Yes, I have. **Supervisor:** Have you finished reviewing the report? **Jude:** Yes, ma'am. 상사: 주드 씨, 보고서는 작성했나요? 주드: 네. 상사: 검토도 끝냈나요? 주드: 네.	**Supervisor:** Jude, have you finished the report? **Jude:** Yes, I have. I finished it in the morning. **Supervisor:** Have you finished reviewing the report? **Jude:** Sure, I just finished it and was about to show it to you. 상사: 주드 씨, 보고서는 작성했나요? 주드: 네, 오전에 마쳤습니다. 상사: 검토도 끝냈나요? 주드: 네, 검토 마치고 지금 막 보고 드리려던 참이었습니다.

〈Case A〉에서 주드의 대답은 경직되고 서툴러 보인다. 대답이 너무 짧아서 그렇다. 대답에 살을 붙인 〈Case B〉의 대화는 좀 더 생동감이 느껴진다. 내가 직장 상사라면 나는 〈Case B〉의 주드와 일하고 싶을 것이다.

이것은 한국어 상황에서나 영어 상황에서나 똑같이 적용된다. '예/아니오' 질문을 하면, 일상적인 상황에서는 대개 '예/아니오'라고 답하면서 동시에 살을 붙인다. 그것이 대화를 자연스럽게 이끌어 간다. 영어 학습자들이 종종 하는 실수 중 하나가 질문에 답할 때, Yes 아니면 No로 딱딱 끊어 버린다는 것이다. 그러면 〈Case A〉의 주드처럼 사람이 매우 건조하고, 비사교적으로 보일 수 있다. 물론 Yes 혹은 No라고만 해도 분명히 뜻은 통한다. 하지만 Yes/No를 요구하는 시험 문제나 서류 양식이 아니고 사람들과 질문을 주고받는 상황이라면, 물 흐르듯 '대화하듯' 대답해야 한다.

다음 예문에서 Yes/No만 할 때와 뒤에 [주어 + 동사]를 이어 붙여, 질문 내용을 다시 한번 반복/확인하는 자연스러운 답변의 차이를 확인하자.

툭툭 끊어지는 문답	물 흐르듯 대화하는 문답
Is this the correct file for the presentation? 이것이 발표에 쓸 맞는 파일인가요?	
긍정 **Yes.** 네. 부정 **No.** 아니요.	긍정 **Yes, it is.** It's the correct file. 네. 그게 맞는 파일이에요. 부정 **No, it isn't.** The correct file is here! 아니요. 맞는 파일은 여기 있어요!
Was that your decision? 그것은 당신의 결정인가요?	
긍정 **Yes.** 네. 부정 **No.** 아니요.	긍정 **Yes, it was.** It was my decision. 네. 맞습니다. 제가 한 결정입니다. 부정 **No, it wasn't.** It wasn't my decision. 아니요. 제가 한 결정이 아닙니다.
Are these the documents you were looking for? 이게 당신이 찾던 문서들인가요?	
긍정 **Yes.** 네. 부정 **No.** 아니요.	긍정 **Yes, they are.** I've been looking for them. 네. 제가 찾고 있던 거네요. 부정 **No, they aren't.** Those aren't what I've been looking for. 아니요. 제가 찾는 게 아닙니다.

툭툭 끊어지는 문답	물 흐르듯 대화하는 문답
Is this the first time you've visited this city? 이번에 이 도시를 처음 방문하는 거예요?	
긍정 **Yes.** 네.	**긍정** **Yes, it is.** This is my first visit to this city. 네. 이번에 이 도시를 처음 방문하는 거예요.
부정 **No.** 아니요.	**부정** **No, it isn't.** I've visited this city quite often. 아니요. 전 이 도시를 꽤 자주 와 봤어요.
Will you be available for a meeting at 3 PM? 오후 3시에 회의 가능하신가요?	
긍정 **Yes.** 네. **부정** **No.** 아니요.	**긍정** **Yes, I will be** available. 네, 가능할 거예요. **부정** **No, I won't be** available. 아니요. 전 힘들겠어요.

미국 드라마나 영화 혹은 뉴스 채널에서 사람들이 묻고 답하는 것을 잘 보면, 사람들이 Yes/No 대답을 할 때 어떤 패턴이 있다. 가령, Did you see her?너 그녀 봤어?라고 물었을 때, 그냥 Yes.로만 대답하지 않는다. 이 경우 Yes, I did. I saw her last night.응. 어젯밤에 봤어. 혹은 Yeah, last night.응. 어젯밤에. 이런 식으로 Yes/No 뒤에 '꼬리'처럼 말을 덧붙인다. 한국어에서도 "밥 먹었니?" 하고 물으면 "예"로만 대꾸하기보다 "네, 먹었어요.", "네, 아까 친구하고…" 이런 식으로 답하지 않는가? 같은 맥락으로 보면 된다.

물론, 서툰 영어로 묻고 답하는 것도 정신이 사나운 판이니 Yes/No만 정확히 해도 일단 박수 받을 만하다. 하지만 좀 더 유려하게 질문을 주고받고 싶다면 Yes/No 뒤에 주어와 동사를 자연스럽게 연결하여 마무리하고, 대답의 구체적인 내용을 살로 붙이는 것이 좋다. 잘 안 되면, 반복하여 읽고, 외우고, 연습하면 된다.

다음 대화에서 두 회사 동료가 어떻게 Yes/No 질문과 답변을 주고받는지 살펴보자. 답변할 때, Yes나 No 뒤에 어떻게 답을 이어가는지 주목해 보자.

Melanie **Have you** finished the market analysis report?
시장 분석 보고서 끝내셨어요?

Sean **Yes, I've** completed it and shared it with the team.
네, 완료해서 팀과 공유했습니다.

Melanie **Did you** receive the client's feedback on the proposal?
제안 관련해서 고객 피드백 받으셨어요?

Sean **No,** we're still waiting for their response.
아니요, 아직 답변을 기다리고 있습니다.

Melanie **Will you** be attending the project presentation tomorrow?
내일 프로젝트 발표에 참석하시겠어요?

Sean **Yes, I'll** be there to support the team.
네, 팀 응원차 참석할 거예요.

Melanie **Are you** planning to discuss the budget with the finance department?
예산을 재무 부서와 논의할 계획이세요?

Sean **Yes, I am.** I have a meeting scheduled with them this afternoon.
네, 오늘 오후에 그 부서와 미팅이 잡혀 있습니다.

Melanie **Did you** find a suitable venue for the conference?
컨퍼런스에 적합한 장소를 찾으셨나요?

Sean **No, we didn't.** We're still exploring potential options.
아니요, 아직도 가능한 옵션들을 찾고 있어요.

Melanie **Will you** be leading the team during my absence?
제가 없는 동안 팀을 이끌게 되시겠어요?

Sean **Yes, I'll** take charge in your absence and keep things running smoothly.
네, 안 계신 동안 제가 팀을 이끌고 모든 것을 원활하게 진행하겠습니다.

2. 5W+1H Questions ← 직접 의문문

Yes/No 질문이 '예/아니오' 둘 중 한 가지 답을 유도하는 데 비해, '누가, 언제, 어디서, 무엇을, 왜, 어떻게who, when, where, what, why, how' 같은 '질문 어휘'로 시작되는 의문문의 대답은 Yes/No가 아니라 구체적인 '내용'을 채워야 한다. 문장의 구조를 보면 [의문사 + 조동사/be동사 + 주어 + 본동사] 순으로 이루어진다.

Who ← 5W+1H Questions ← 직접 의문문

의문대명사 who는 문장에서 주어와 목적어로 쓰인다. 먼저 의문대명사 who가 직접 의문문에서 주어로 쓰일 때 시제가 현재형이면 동사는 대개 단수형이 온다.

1 **Who is** coming to the party?
   누가 파티에 오는 거예요?

2 **Who wants** to join the meeting?
   누가 회의에 참석하고 싶으신가요?

3 **Who initiated** the merger between the two companies?
   두 회사 간 합병을 누가 시작했죠?

4 **Who is leading** the research and development team for the new product?
   누가 신제품 연구개발팀을 이끌고 있나요?

5 **Who will** be attending the international conference next month?
   누가 다음 달에 열리는 국제 컨퍼런스에 참석할 건가요?

다음으로 의문사 who가 목적어로 쓰일 때를 보자. 문장에서 who는 동사의 행위를 받는 대상을 가리킨다. 이때, 동사는 상황에 따라서 단수형이나 복수형이 온다.

1 **I don't know who he invited to the party.**
나는 그가 누구를 파티에 초대했는지 모르겠어요. (간접 의문문 – invited의 목적어)

2 **Who did they invite to the conference?**
그들이 누구를 컨퍼런스에 초대했나요? (invite의 목적어)

3 **Who will you choose as the team leader?**
당신은 누구를 팀 리더로 선택하실 건가요? (choose의 목적어)

4 **Who did she meet at the networking event?**
그녀가 네트워킹 행사에서 누구를 만났나요? (meet의 목적어)

5 **Who are you waiting for at the airport?**
당신은 공항에서 누구를 기다리고 있나요? (waiting for의 목적어)

사실 who의 목적격은 whom이므로, 위의 문장들은 문법적으로 whom을 쓰는 것이 맞다. 하지만 현대 영어에서, 특히나 말하는 상황에서는 사람들이 who의 목적격인 whom을 잘 사용하지 않고 그냥 who를 쓴다. Whom은 학문적인 글이나 중요한 문서 작업을 할 때 주로 쓰이는 편이고, 실생활에서 whom을 사용하면 매우 딱딱하게 형식을 차리거나, 조금 구태의연한 사람처럼 비쳐질 수도 있다. 이렇게 관용적으로(습관적으로) 일상생활에서 문법을 무시한 또 다른 예가 영화 제목 〈You've got mail이메일이 왔어요〉이다. 이 제목은 문법적으로는 You've gotten mail(have + 과거분사)이 맞으나 You've got mail이라고 썼다. 이 경우에도 관용적으로 [have + got]이 사용되기 때문이다. 문법적으로는 이러한 현상을 '엄격한 문법prescriptive grammar'과 '실질적 문법actual grammar'으로 구분 지어 설명하기도 한다. 엄격한 문법으로 따지면 옳지 않지만, 사람들이 이미 습관적으로 많이 사용해서 관용적으로 굳어졌기 때문에 실질적 문법으로 인정을 받으며 그대로 사용을 하게 되는 것이다. 그래서 '언어는 살아 있는 생물'이라고 하는 것이다.

When ← 5W+1H Questions ← 직접 의문문

When은 '언제'라는 의미의 의문부사로 과거, 현재 또는 미래의 시간에 대한 정보를 묻는다. When으로 시작하는 질문은 [When + 조동사/be동사 + 주어 + (본동사)] 형태로 구성한다.

1 **When is** your birthday?
당신 생일은 언제인가요?

2 **When did** you start learning English?
언제 영어 공부를 시작했어요?

3 **When will** the movie be released in theaters?
그 영화는 극장에서 언제 개봉되나요?

4 **When does** the train arrive at the station?
기차는 언제 역에 도착하나요?

5 **When will** the company announce the new product launch?
회사가 신제품 출시를 언제 발표할 건가요?

Where ⟵ 5W+1H Questions ⟵ 직접 의문문

Where는 '어디(서)'라는 의미의 의문부사로 장소에 대한 정보를 묻는다. Where로 시작하는 질문은 [Where + 조동사/be동사 + 주어 + (본동사)] 형태로 구성한다.

1 **Where is** the nearest post office?
가장 가까운 우체국이 어디에 있어요?

2 **Where can** I find a good coffee shop around here?
이 근처에 괜찮은 커피숍을 어디에서 찾을 수 있을까요?

3 **Where is** the best place to watch the sunset in this city?
이 도시에서 일몰을 감상하기 가장 좋은 장소는 어디예요?

4 **Where did** the detective find the crucial evidence?
형사가 결정적 증거를 어디서 찾았나요?

5 **Where can** I access the research materials for my thesis?
제 논문에 쓸 연구 자료를 어디에서 얻을 수 있을까요?

What ⟵ 5W+1H Questions ⟵ 직접 의문문

What은 '무엇'이라는 의미의 의문대명사로 주어, 보어, 목적어로 쓰인다. What이 주어나 보어인 질문은 [What + 동사/조동사/be동사 + 보어/주어], what이 목적어인 질문은 [What + 조동사/be동사 + 주어 + (본동사)] 형태로 구성한다.

1 **What motivates** you to excel in your field of expertise?
당신을 전문 분야에서 탁월하게 만드는 동기가 무엇인가요? (주어로 쓰인 what)

2 **What drives** you to continuously seek personal and professional growth?
무엇이 당신으로 하여금 계속해서 개인적인 성장과 직업적 성장을 추구하도록 하나요? (주어로 쓰인 what)

3 **What led** you to choose your current career path?
왜* 당신은 현재의 진로를 선택하게 되었나요? (주어로 쓰인 what)

* 이 경우 what은 의미상 '왜'에 부합한다. 예를 들어서 "너 여기 무슨 일로 왔어?"라고 할 때 Why did you come here?라고 묻기보다는 What brought you here?라고 묻는다. 따라서 What led you to ~?라는 질문은 '왜 ~하게 되었니?'라는 의미이다.

4 **What is** the impact of social media on interpersonal relationships?
소셜 미디어가 대인 관계에 미치는 영향은 무엇입니까? (보어로 쓰인 what)

5 **What is** the connection between innovation and economic growth?
혁신과 경제 성장은 어떻게 연결되어 있습니까? (보어로 쓰인 what)

Why ← 5W+1H Questions ← 직접 의문문

Why는 '왜'라는 의미의 의문부사로 이유에 대한 정보를 묻는다. Why로 시작하는 질문을 만들 때는 [Why + 조동사/be동사 + 주어 + (본동사)] 형태로 구성한다.

1 **Why do** individuals engage in volunteer work?
왜 개인들이 자원봉사 활동에 참여하나요?

2 **Why do** some societies value collectivism while others prioritize individualism?
왜 어떤 사회는 집단주의를, 또 다른 사회는 개인주의를 중요시하나요?

3 **Why do** companies invest in research and development?
왜 기업들은 연구 개발에 투자를 합니까?

4 **Why do** certain cultures place a strong emphasis on family values?
왜 어떤 문화에서는 가족의 가치를 강조합니까?

5 **Why do** governments implement strict regulations in certain industries?
왜 정부는 특정 산업에 대해 엄격한 규제를 시행하는 건가요?

How는 '어떻게'라는 의미의 의문부사로 방법에 대한 정보를 묻는다. How로 시작하는 질문은 [How + 조동사/be동사 + 주어 + (본동사)] 형태로 구성한다.

1 **How do** scientists conduct experiments to test hypotheses?
과학자들은 가설을 검증하기 위해 어떻게 실험을 진행하나요?

2 **How do** artists evoke emotions through their artwork?
예술가들은 작품을 통해 어떻게 감성을 불러일으키나요?

3 **How do** politicians strategize to gain public support for their policies?
정치인들은 정책에 대한 대중의 지지를 얻기 위해 어떻게 전략을 짜나요?

4 **How do** athletes maintain peak physical condition for competitions?
운동선수들은 경기를 위해 최상의 체력 상태를 어떻게 유지하나요?

5 **How do** educators foster critical thinking skills in their students?
교육자들은 학생들의 비판적 사고력을 어떻게 키워 주나요?

이제 5W+1H questions를 이용해 두 학생이 대화하는 내용을 들여다보자.

Janice Hey, Matt! **Why did you** come to school late today?
안녕, 맷! 오늘 학교에 왜 늦었어?

Matt Hey, Janice! The bus was stuck in traffic, so I was late. I was working on an assignment until late last night.
안녕, 재니스! 버스가 막혀서 지각했어. 어젯밤에 늦게까지 과제했어.

Janice **Why did you** leave the assignment until last night?
왜 과제를 어젯밤까지 미뤄 둔 거야?

Matt Before starting the assignment, I hung out with friends for a while, and time passed quickly. I should do it earlier next time.
과제 시작하기 전에 친구들과 잠시 놀았는데, 시간이 빨리 지나가지 뭐야. 다음부터는 더 일찍 해야겠어.

Janice I see. So, **where should we** meet this afternoon?
그렇구나. 그래, 우리 오늘 오후에 어디서 만날까?

Matt **Which place would be** quiet and nice? *How about going to the library?
어떤 곳이 조용하고 좋을까? 도서관에 갈래?

Janice Sounds good. Let's meet on the 2nd floor of the library.
좋아. 도서관 2층에서 만나자.

Matt **When are we** going to the library?
우리 언제 도서관으로 가는 거야?

Janice Is 2 PM okay?
오후 2시면 괜찮아?

Matt Okay. Let's meet at 2 PM at the library then.
좋아. 그럼 오후 2시에 도서관에서 만나자.

Janice See you later!
나중에 봐!

* 대화 중에 How about ~?이 등장하는데, How about ~?은 '~ 어때요?, ~ 어떠세요?' 라는 뜻이다. 이 질문은 제안하거나 상대방의 의견을 물을 때 사용하며 [How about + 명사] 혹은 [How about + 동명사/명사구]의 형태를 취한다.

1 How about **pizza** for dinner? 저녁으로 피자 어때?
2 How about **going** to the movies tonight? 오늘 밤에 영화 보는 거 어때?
3 How about **taking a walk** in the park? 공원에서 산책하는 거 어때?

이 표현은 때로 What do you think about ~?이나 How do you feel about ~? 같은 더 긴 형태의 질문과 같은 의미로 사용하는 경우가 있다.

What do you think about going to the movies tonight? (전체 형태)
= **How about** going to the movies tonight? (간략화된 형태)

일상적인 대화에서는 보통 더 긴 형태보다는 How about ~?과 같이 친근하고 캐주얼 한 방식으로 제안하거나 상대방의 의견을 묻는다.

Why 대신 간접적으로 묻기

'왜?'라는 질문은 자칫 무례해 보일 수 있다. 가령, 집에 갑자기 찾아온 손님에게 "왜 오셨어요?"라고 물어보면 얼마나 당황하겠는가? 상식적인 사람이라면 "어떻게 오셨어요?", "무슨 일로 오셨어요?"라고 물을 것이다.

영어도 마찬가지다. 사람들은 why로 질문하기보다 다른 형태의 질문을 사용하여 상황을 좀 더 부드럽게 만들려고 한다. 예를 들어 Why did you do that?너 왜 그랬어?보다는 What made you decide to do that?무엇이 너로 하여금 그것을 하도록 결정하게 한 걸까?과 같이 에둘러 묻는다. 이외에 I am curious about ~ ~이 궁금하네, Can you tell me what motivated you to ~? ~을 하게 된 동기가 뭔지 말해 줄 수 있을까? 등과 같이 상대방에게 직접적, 공격적으로 묻기보다는 에둘러서 간접적으로 묻는 방식을 취한다.

Why로 직접 묻기	Why 대신 간접적으로 묻기
Why did you change your career path? 왜 진로를 변경했나요?	**What made** you decide to change your career path? 진로 변경을 결정한 계기가 뭔가요?
Why do you prefer this restaurant? 왜 이 식당을 선호하세요?	**Could you explain the reason** behind your preference for this restaurant? 이 식당을 선호하게 된 이유를 설명해 주시겠어요?
Why did you start your own business? 왜 사업을 시작하셨어요?	**I was wondering what** led you to start your own business. 사업을 시작하게 된 동기가 무엇인지 궁금합니다.
Why did you choose your major in college? 왜 대학에서 지금의 전공을 선택했나요?	**Do you mind sharing** the thinking behind your choice of major in college? 대학에서 지금의 전공을 선택한 이유가 뭔지 알려 주실 수 있을까요?

그런데 영어가 어눌해서 세련된 방법을 잘 모르겠지만 그래도 꼭 '왜?'라는 질문을 해야 하는 상황이라면 어떻게 해야 할까? 다음 장에서 소개하는 각종 간접 질문 방식을 익히는 방법도 있고, 그냥 why로 질문하되, 목소리나 표정을 부드럽게 해서 '내가 비록 이렇게 묻지만, 내 의도는 당신을 공격하거나 무례하게 대하려는 것이 아니다'라는 점을 상대에게 전달하면 된다.

3. Choice Questions ← 직접 의문문

MP3 018-3

직접 의문문의 세 번째 유형은 여럿 중에서 한 가지를 고르라고 요구하는 선택형 질문Choice Questions이다. 나는 이를 Hamlet Question이라고 부른다. 셰익스피어의 비극 〈햄릿〉에서 주인공이 고뇌하는 유명한 독백 장면 때문이다.

> To be, **or** not to be, that is the question
> 사느냐 **아니면** 죽느냐, 그것이 문제로다.
>
> Whether 'tis nobler in the mind to suffer
> The slings and arrows of outrageous fortune,
> 잔인한 운명의 돌팔매와 화살을 마음으로 견디는 것이 더 고귀한가.
>
> **Or** to take Arms against a Sea of troubles,
> And by opposing end them?
> **아니면** 고통의 바다에서 무기를 들고 싸워 끝내야 하는 것인가?

Choice Questions는 주로 or를 사용하여 선택지를 제시하고, 상대방은 제시된 것 중 하나를 선택해 답변하는 방식이다. 대개 의사 결정이 필요한 상황이나, 상대방의 관심사나 선호를 파악하거나, 선택의 자유를 주고 싶을 때 쓰인다. 이런 선택형 질문의 경우 [조동사(be, do, have) + 주어 + (본동사)]의 기본적인 질문 형태를 유지하며, 의문사 who, when, where, what, why, how를 통한 선택형 질문도 가능하다.

1   **Coffee or tea?** 커피와 차 중 무엇을 드시겠어요?
   (격식을 차리지 않아도 되는 자리에서 가볍게 물을 수 있는 표현)

2   Are you going to watch a movie **or** read a book tonight?
   오늘 밤에 영화 보실 거예요, 아니면 책 읽으실 거예요?

3   Would you prefer to go for a walk **or** stay indoors?
   산책 가는 걸 선호하시나요, 아니면 실내에 머무는 걸 선호하시나요?

4   If you could travel anywhere in the world, would you choose
   to visit Antarctica **or** the Amazon rainforest?
   세계 어디든 여행을 할 수 있다면, 남극 대륙을 가시겠어요, 아마존 열대우림을 가시겠어요?

5   Do you believe it's better to forgive and forget **or** to hold
   people accountable for their actions?
   용서하고 잊어버리는 것이 더 좋다고 생각하시나요, 아니면 사람들이 자신의 행동에 책임지게 하
   는 것이 더 좋다고 생각하시나요?

끝으로 Yes/No Questions와 Choice Questions를 이용한 두 직장 동료의 대
화를 읽어 보자.

Jennifer Good morning, Steve! **Did you have** a good weekend?
안녕하세요, 스티브! 주말 잘 보내셨어요?

Steve Good morning, Jennifer! Yes, I had a great weekend.
I went hiking with some friends.
안녕하세요, 제니퍼! 네, 주말 잘 보냈습니다. 친구들과 하이킹 다녀왔어요.

Jennifer That sounds nice! **Did you get** a chance to finish the
report I asked for on Friday?
멋진데요! 혹시 금요일에 제가 부탁한 보고서는 끝내셨어요?

Steve Yes, I completed the report on Friday afternoon. I sent it
to you via email.
네, 금요일 오후에 보고서 완료했고요, 이메일로 보내 드렸어요.

Jennifer Great, thank you for the prompt response. By the way,
have you decided which project to work on next week?
좋아요, 신속한 답신 감사해요. 그런데 다음 주에 어떤 프로젝트를 진행할지는 결정하
셨어요?

Steve Not yet. I'm still considering the two options you
presented during the meeting. I'll let you know by the
end of today.
아직이요. 미팅 때 제시해 주신 두 가지 옵션을 고려 중이에요. 오늘 중으로 알려 드리
겠습니다.

Jennifer Take your time. Also, **are you** attending the conference next month **or** the training seminar in two weeks?

천천히 생각해 보세요. 그리고 다음 달에 열리는 컨퍼런스에 참석하시나요, 아니면 2주 후에 열리는 연수 세미나에 참석하시나요?

Steve I think the conference will be more beneficial for our team, so I plan to attend that one.

저희 팀에게는 컨퍼런스가 더 도움이 될 것 같아서, 거기 참석하려고 계획하고 있어요.

Jennifer That's a good choice. Lastly, **do you prefer** the 10 a.m. **or** 3 p.m. time slot for the team meeting tomorrow?

잘 선택하셨어요. 마지막으로, 내일 팀 미팅 시간으로 오전 10시가 더 좋으세요, 오후 3시가 더 좋으세요?

Steve I prefer the 10 a.m. time slot. It will give us more time to discuss the project updates.

전 오전 10시 시간대가 더 좋아요. 그렇게 하면 프로젝트 업데이트에 대해 논의할 시간이 더 많을 것 같아요.

Jennifer Perfect, 10 a.m. it is then. Thank you for your input, Steve. Let me know if you need anything else.

좋아요, 그럼 오전 10시로 하겠습니다. 의견 주셔서 감사해요, 스티브. 필요한 게 있으시면 알려 주세요.

Steve Will do, Jennifer. Thanks for considering my preferences. Have a great day!

알겠습니다, 제니퍼. 제 선호를 고려해 주셔서 감사해요. 즐거운 하루 보내세요!

Jennifer You're welcome, Steve. Have a productive day ahead!

천만에요, 스티브. 생산적인 하루 보내세요!

정중해 보이는 직접 의문문

MP3 019

1970년대에 개인 간 커뮤니케이션을 연구한 앨버트 메라비안Albert Mehrabian 박사는 소통에서 가장 중요한 요소로 다음 세 가지를 정리했다.

1 발화된 말 (어휘, 문법, 표현 등)

2 목소리와 어조

3 몸짓 (얼굴 표현을 포함한 신체적 표현, 보디랭귀지)

도표에서 보듯, 소통에서 가장 많은 역할을 하는 것은 말하는 사람의 얼굴 표정이나 몸짓이고(55%), 그 다음이 말하는 사람의 목

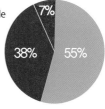

Dr Albert Mehrabian's 7-38-55% Rule
Elements of Personal Communication
- 7% spoken words
- 38% voice, tone
- 55% body language

7%

38%   55%

소리나 어조(38%), 예컨대 사납게 말하는가, 부드럽게 말하는가, 크고 자신감 있게 말하는가, 작고 자신 없이 말하는가 등이며, 그 사람이 사용하는 어휘, 문법이나 표현(7%)은 사실 전체에서 보면 미미한 편임을 알 수 있다.

일반적인 소통에서 이러한 원칙이 적용된다면 '내가 영어를 유창하게 못한다'는 심리적 압박감에 시달리는 영어 학습자에게는 아주 반가운 소식이다. 특히나 질문해야 하는 상황에서 '내 질문이 문법에 맞는지', '이런 질문을 해도 무례한 것은 아닌지' 등의 여러 가지 고민에 메라비안 박사의 소통이론은 희망을 던진다. 소통에서 '언어'는 사실 큰 비중을 차지하지 않는다. 말하는 태도나 몸짓, 표정, 그리고 부드럽고 정다운 말씨, 이러한 요소들이 충분히 전달된다면, 문법적으로 맞지 않거나 표현이 다소 부적절해도 그것이 크게 문제가 되지는 않는다는 것이다. 예를 들어, 한국말에 서툰 외국인이 어눌한 한국말로 질문을 한다면, 우리는 그의 '메시지'나 '내용'에 집중

하고 적절한 답을 주고자 할 것이다. 반대로 어떤 외국인이 한국어는 능숙하지만 무례하거나 거들먹거리며 질문한다면, 그를 피하게 될 것이다.

보통의 중산층 미국인들과 일상적인 대화를 나누다 보면, 미국 사람들이 참 '말랑하고, 부드럽고, 살갑게 말을 한다'는 인상을 종종 받는다. 그런데 안타깝게도 미국 사회에서 한국계를 포함한 대부분의 이민자들은 다음과 같은 인상을 주기 쉽다.

- 무뚝뚝하고 퉁명스러우며
- '화났나?' 싶게 표정이 딱딱하게 굳어 있거나
- 별로 말이 없고, 대꾸도 잘 안 하며
- 예의를 갖춰서 해야 할 말도 그냥 툭툭 던지듯이 용건만 전달하고
- 상대를 무시하거나 피한다

텔레비전 드라마에서 비치는 아시아계 이민자들도 이와 다르지 않다. 가령, Would you drop by my place after work, if you can find time?혹시 시간 나면, 일 마치고 우리 집에 잠깐 들를 수 있니? 이렇게 물어보는 상황에서, You come to my place after work?라고 묻는다. 문법도 무시됐고 그냥 내용만 엮어서 만든 말이다. 표정도 약간 경직되어 있고, 말투도 퉁명스럽다. 그러면 왜 이민자들이 영화나 텔레비전에서 이렇게 묘사되고, 또 많은 이민자들이 이런 오해를 받는가? 여러 가지 복합적인 요인이 있으나, 사용하는 영어를 살펴보면 답이 나온다.

1   영어가 서툴러서 원어민같이 세련된 영어 구사가 어렵다.
2   영어에 자신이 사용하는 모국어의 억양과 발음 습관이 그대로 남아 있다.
3   유창하고 매끈한 의사 전달보다는 '핵심적인 내용' 전달에 최선을 다한다.
4   미국인들은 그들 고유의 얼굴 표정과 몸짓이 있는데, 그것 역시 내 것으로 만드는 게 쉽지 않다.
5   영어에 집중하느라 어디서 웃어야 할지, 어떤 제스처를 취해야 할지 생각해 볼 여유가 없다. 오로지 내가 전하려는 내용을 실수하지 않고 전하는 데 최선을 다한다. 게다가 내 질문에 상대방이 어떤 답을 할지, 어떤 표정을 짓는지도

예의 주시해야 한다. '나는 머릿속으로 영어를 생각하느라 정신이 없어서 예의고, 문화고, 에티켓이고 생각할 여력이 없다는 말이지!'

로니 챙Ronny Chieng은 뉴욕 맨해튼에서 활동하는 코미디언이다. 그는 중국계 말레이시아인으로 호주에서 교육을 받고 성장해서 영어가 유창하다. 그런 그에게도 아내가 충고를 한다고 한다, "당신은 표정이 화가 난 사람 같아. 표정을 좀 부드럽게 하고, 말도 부드럽게 하지 않으면 사람들이 화난 줄 알 거야." 코미디쇼에서 그는 역설한다. 제발 자신 같은 아시안이 말을 할 때는 표정이나 억양, 이런 것에 신경 쓰지 말고 '내용'만 봐 달라고. 우리 아시아인은 '내용'을 중시한다고(넷플릭스에서 그의 스탠드업 코미디 영상을 찾아볼 수 있다). 웃자고 하는 말이지만 그가 전하려는 메시지는 지극히 '사실'에 기초한다. 영어를 모국어와 같이 능숙하게 구사하는 로니 챙도 이런 오해를 받는 것이 현실이므로, 학습자들이 너무 스트레스를 받지 않았으면 한다. 현실을 받아들이고 계속해서 영어를 해 나가다 보면 상황은 분명 개선될 것이다.

1. Excuse me ← 정중해 보이는 직접 의문문 ← 직접 의문문   `MP3 019-1`

같은 말이라도 어떻게 말하는가에 따라서 무례하게, 혹은 예의 바르게 해석될 여지가 많다. 잘 모르는 사람이 밑도 끝도 없이 What time?What time is it?지금 몇 시죠? 하고 묻는다면 어떤 이는 이를 무례하게 받아들이거나 갑자기 공격을 당했다고 느낄 수도 있다. 하지만 다음과 같이 물으면 분위기가 좀 더 부드러워진다.

Excuse me. What time is it? 실례지만, 지금 몇 시죠?

여기서 Excuse me는 사실 질문 내용과는 아무 상관없고, 내용이 없는 말이다. 그런데 내용도 없는 말이 왜 중요한가? '제가 실례 좀 하겠습니다. 괜찮으시겠습니까?' 이런 의미로, 공격 의사가 없다는 사회적 신호를 보내는 것이다. 이 경우 말끝을 내려서 말해야 한다. 말끝을 올리면 "뭐라고 하셨죠?"라고 되묻거나 공격적으로 "뭐라구요?"처럼 들리니 조심해야 한다.

Excuse me. 실례합니다. (말끝을 내림)

Excuse me? 뭐라고요? (말끝을 올림. 순수하게 묻거나, 혹은 약간 공격적으로 말할 때)

Excuse me를 이용하여 다음 질문들을 좀 더 공손하게 바꿔 보자.

일반 질문	공손한 질문
Where is the restroom? 화장실이 어디에 있어요?	**Excuse me**, where is the restroom? 실례지만, 화장실이 어디에 있나요?
Where is the ATM? 현금 지급기가 어디에 있어요?	**Excuse me**, where is the ATM? 실례지만, 현금 지급기가 어디에 있나요?
When *does the bus arrive? 버스가 언제 도착해요?	**Excuse me**, when *does the bus arrive? 실례지만, 버스가 언제 도착하지요? * 이 경우 대체로 현재형 동사를 사용한다.
May I come in? 저 들어가도 돼요?	**Excuse me**, may I come in? 실례지만, 제가 들어가도 될까요?

Excuse me 대신에 Pardon me나 I am sorry bothering you, but ~도 쓸 수 있다.

일반 질문	더 공손한 질문
Where is the shopping center? 쇼핑 센터가 어디에 있어요?	**Excuse me**, where is the shopping center? **Pardon me.** Where is the shopping center? **I am sorry for bothering you, but** where is the shopping center? 실례지만, 쇼핑 센터가 어디에 있나요?

질문에 앞서 Excuse me나 Pardon me를 붙일 경우, 뒤에 나오는 질문은 그 대로 직접 질문 어순을 유지한다. 주의할 것은, 한국어에서는 질문을 할 때 말끝을 올리는 습관 때문에 영어로 질문을 할 때도 말끝을 올리는 경우가 왕왕 있는데, Excuse me, Pardon me, I am sorry bothering you 등 다른 표현으로 질문을 부드럽게 유도할 때는 마지막에 말끝을 내린다.

Excuse me로 시작하는 정중한 표현의 직접 의문문을 더 살펴보자.

1 **Excuse me,** could you please provide me with directions to the nearest train station?
실례합니다. 가장 가까운 기차역까지 길 안내를 부탁 드릴 수 있을까요?

2 **Excuse me,** is this seat taken or may I sit here?
실례합니다. 이 자리 누가 사용 중인가요, 아니면 제가 여기에 앉아도 될까요?

3 **Excuse me,** do you have any vegetarian options on the menu?
실례합니다만, 메뉴에 채식주의자용 옵션이 있나요?

4 **Excuse me,** is photography allowed in this exhibition?
실례지만, 이 전시회에서는 사진 촬영이 허용되나요?

학회 행사에 참석한 두 사람의 대화를 보자. Excuse me를 활용한 매우 격식을 차리는 질문을 주고받는 것으로 보아 두 사람은 행사장에서 처음 만난 것으로 보인다.

Jessica **Excuse me,** where is the keynote speech taking place?
실례지만, 기조 연설이 어디서 진행되지요?

Sam The keynote speech is in the main hall on the second floor.
기조 연설은 2층 본 회의장에서 진행됩니다.

Sam **Excuse me,** what time does the workshop on AI start?
실례지만, AI 워크숍이 몇 시에 시작하죠?

Jessica The AI workshop will begin at 2:30 p.m.* in the seminar room.
AI 워크숍은 오후 2시 30분에 세미나실에서 시작될 예정입니다.

Jessica **Excuse me,** are there any networking events scheduled for today?
실례지만, 오늘 네트워킹 행사가 예정되어 있나요?

Sam There's a networking reception at 5 p.m. in the exhibition area.
오후 5시에 전시장에서 네트워킹 리셉션 행사가 있습니다.

Sam **Excuse me,** is photography allowed during the panel discussions?
실례지만, 패널 토론 중에 사진 촬영이 가능한가요?

Jessica I'm afraid not. Photography is not permitted during the panel discussions.
아쉽게도 안 됩니다. 패널 토론 중에는 사진 촬영이 허용되지 않습니다.

Jessica **Excuse me,** how long will the lunch break be?
실례지만, 점심 시간이 얼마나 되나요?

Sam The lunch break will be one hour, from 12:30 p.m. to 1:30 p.m.
점심 시간은 오후 12시 30분부터 1시 30분까지 1시간입니다.

Sam **Excuse me,** have you attended this conference before?
실례지만, 전에 이 컨퍼런스에 참석한 적 있으세요?

Jessica Yes, I've been to this conference once before.
네, 이 컨퍼런스에 한 번 참석한 적이 있어요.

Jessica **Excuse me,** do you know if they provide printed handouts for the presentations?
실례지만, 발표 자료를 인쇄해서 제공하는지 아시나요?

Sam Yes, usually they provide printed handouts at the registration desk.
네, 대개는 접수대에서 발표 자료를 제공합니다.

---

*한국에서는 이름을 말할 때 '홍길동'처럼 성을 말한 후 이름을 말하지만, 영어권에서는 '길동 홍'처럼 이름을 말한 후에 성을 붙인다. 시간을 표시할 때도 우리말과 영어는 정반대다. 한국에서는 오전인지 오후인지 밝힌 후 시각을 말하는데, 영어권에서는 시각을 먼저 말한 후에 그 시각이 오전인지 오후인지 밝힌다. 이러한 순서의 차이를 문화적으로는 top down process와 bottom up process의 차이로 설명하기도 하는데, 한국어에서는 상위 개념에서 하위 개념으로 순서를 정한다면top down process, 영어권에서는 개별적인 하위 개념에서 포괄적인 상위 개념으로 올라가는 bottom up 순서를 따른다.

2. Can you ~ ? vs. Could you ~ ? ← 정중해 보이는 직접 의문문 ← 직접 의문문

흔히 could를 can의 과거형으로 알고 있지만, could가 can의 과거형으로 쓰일 때도 있고, 독자적으로 쓰일 때도 있다. 대체로, Can you ~? 표현은 편안한 사람들과의 일상적인 대화에서 자주 쓰이고, Could you ~? 표현은 정중한 요청에 쓰이며, 상대방에 대한 예의와 공손함을 나타낸다.

Can you pass me the salt, please?
소금 좀 건네줄래요?

Could you please send me the report by tomorrow?
내일까지 보고서를 보내 주시겠어요?

Can이냐 Could냐는 전달하려는 정중함과 예의의 정도에 따라 달라진다.

	Can		Could
Ability (현재) 능력	I can play the guitar. 나 기타 칠 수 있어. Can you play the guitar? 너 기타 칠 수 있어?	Ability (과거) 능력	I could play the guitar when I was a child. 나 어렸을 때는 기타 칠 수 있었어.
Possibility (현재) 가능성	Smoking can cause lung cancer. 흡연이 폐암을 유발할 수도 있어. Can smoking cause lung cancer? 흡연이 폐암을 유발할 수도 있어?	Possibility (과거) 가능성	A lot of inner-city crimes could be prevented thanks to the streetlamp. 가로등 덕분에 도심 지역 내 많은 범죄들이 예방될 수 있었다. Could the streetlamp prevent a lot of inner-city crimes? 가로등이 도심 지역의 많은 범죄들을 예방할 수 있었을까?
Permission 승인	Can I borrow your pencil? 네 연필 좀 빌려도 돼?	Permission 승인(정중)	Could I borrow your pencil? 제가 연필 좀 빌려도 될까요?
Request 요청	Can you do me a favor? 내 부탁 하나만 들어줄래?	Request 요청(정중)	Could you do me a favor? 제 부탁 하나만 들어주시겠어요?

	Can		Could
Offer 제안	Can I help you? 내가 도와줄까? * 이보다 정중한 표현은 May I help you?이다.		Could I help you? (X) * 이렇게는 쓸 수 없다.

Could you ~?로 시작하는 직접 질문의 예는 다음과 같다.

1 **Could you provide** a comprehensive analysis of the economic impact of the recent policy changes?
최근 정책 변화의 경제적 영향에 대한 포괄적인 분석을 제공해 주시겠어요?

2 **Could you explain** the underlying factors that contributed to the success of the marketing campaign?
마케팅 캠페인의 성공에 기여한 근본 요인들을 설명해 주시겠어요?

3 **Could you discuss** the ethical considerations surrounding the use of artificial intelligence in healthcare?
의료 분야 내 인공지능 사용과 관련하여 윤리적 고려 사항에 대해 논의해 주시겠어요?

4 **Could you propose** strategies to enhance cross-cultural communication in international collaborations?
국제적인 협업에서 문화 간 커뮤니케이션을 강화하기 위한 전략을 제안해 주시겠어요?

5 **Could you elaborate** on the key features and advantages of the newly developed software?
새로 개발된 소프트웨어의 주요 특징과 장점에 대해 자세히 설명해 주시겠어요?

회사 동료들이 Could you나 Can you로 질문을 주고받을 때, 어떤 식으로 답하는지 확인해 보자.

David **Could you please help** me with the presentation for tomorrow's meeting? I'm running short on time.
내일 회의용 발표 자료 좀 도와주실 수 있어요? 시간이 부족해서요.

Jane **Of course.** I can definitely assist you with that.
그러죠. 도와드릴게요.

David **Can you let** me know if the printer is working fine? I need to print some important documents.
프린터가 잘 작동하는지 알려 주겠어요? 중요한 문서를 출력해야 해서요.

Jane **Sure.** I'll check it right away and inform you if there are any issues.
네, 바로 확인해 보고 문제가 있으면 알려 드리겠습니다.

David **Could you take care of** the incoming emails while I'm in a meeting?
제가 회의 중일 때 들어오는 이메일 좀 처리해 주겠어요?

Jane **Absolutely.** I'll make sure to handle them for you.
그럼요, 제가 꼭 처리해 드리겠습니다.

David **Can you assist** me in setting up the video conference for the client call later?
나중에 고객 화상 회의용 비디오 콜 설정하는 것 좀 도와줄래요?

Jane **Certainly.** I'll be happy to help you with that.
그러죠. 기꺼이 도와 드리겠습니다.

Jane **Could you pass** me the file on the new project? I need to review it before the team meeting.
새 프로젝트 관련 파일을 저에게 넘겨주시겠어요? 팀 회의 전에 검토해야 해서요.

David **Sure.** I'll send it to you right away.
네, 바로 보내 드리겠습니다.

Jane **Can you proofread** this report for me? I want to ensure there are no errors before submitting it.
이 보고서 교정 좀 해 줄래요? 제출하기 전에 오류가 없는지 확인하고 싶어요.

David **Of course.** I'll check it for you and provide feedback.
네, 확인하고 피드백 드리겠습니다.

여기서 주목할 것은, '질문에 어떻게 답하는가'이다. 데이비드와 제인이 서로 답한 내용만 따로 간추려 보았다.

1. **Jane** **Of course.** I can definitely assist you with that.

2. **Jane** **Sure.** I'll check it right away and inform you if there are any issues.

3. **Jane** **Absolutely.** I'll make sure to handle them for you.

4. Jane **Certainly.** I'll be happy to help you with that.

5. David **Sure.** I'll send it to you right away.

6. David **Of course.** I'll check it for you and provide feedback.

누군가 Could you ~?나 Can you ~?로 질문할 때 우리는 흔히 Yes, I could 나 Yes, I can으로 대답하면 된다고 생각하는데, 실제 생활에서 그 질문은 제안이나, 요청, 가능성을 묻는 것이기에 그에 맞춰서 자유롭게 대답한다.

MP3 019-3

3. Will you ~ ? vs. Would you ~ ? ← 정중해 보이는 직접 의문문 ← 직접 의문문

의문문에서 조동사 will/would를 사용하는 경우는 대체로 부탁이나 요청 request, 제안suggest을 할 때이다. 이런 청유형 의문문에서 '정중함formality의 차 이'를 다음과 같이 정리할 수 있다.

정중함의 정도	조동사	예
정중하지 않음 ↓	can	**Can** you open the door? 문 좀 열어 줄래?
정중함 ↓	will	**Will** you prepare some tea for me? 나 마실 차 좀 만들어 줄 수 있을까?
정중함 ↓	could	**Could** you answer the phone call? 전화 좀 받아 주시겠어요?
정중함	would	**Would** you send me an email? 제게 이메일 좀 보내 주시겠어요?

Can you ~? 질문은 어감상 다소 딱딱하게 느껴지고, will, could, would의 경우 우리말의 청유형 표현 '좀'의 느낌이 들어가서 더 부드러운 질문처럼 보인다. Can인가 could인가, 아주 약간의 차이인데 어감에는 큰 차이가 있 다. Will, could, would의 경우, will도 정중한 표현이긴 하지만, would나 could가 좀 더 정중한 표현이다. 사람들이 많이 사용하는 청유형 표현은 이 렇게 could와 would로 둘 다 조동사 과거형이다.

Can you open the door?나 Could you open the door? 두 질문 모두 문을 열어 달라는 요청인데 어째서 '현재형can'은 예의를 차리지 않은 표현으로 느껴지고, could나 would 같은 조동사 과거형은 정중한 느낌을 주는 것일까? 동일한 메시지임에도 뉘앙스가 다른 이유가 무엇일까? 이런 의문에 대한 대답에 '과거형'에서 우리가 느끼는 '거리감' 때문이라는 설명이 지배적이다.

앞서서 직접 질문보다 간접 질문이 좀 더 부드럽고 예의를 차린 질문으로 간주된다고 설명한 바 있는데, 간접 질문 형식은 질문에 직접 다가가는 것이 아니라 에둘러 거리를 두면서 다가가는 것이다. 현재형can과 과거형could, would도 이와 같은 맥락이다. 코앞에 닥친 '현재'보다는 '과거'에 대해 우리는 거리감과 동시에 안전하다고 느낀다. Can you do it for me?라고 물으면 마치 상대방이 내 멱살을 잡고 지금 당장 할 수 있는지 묻는 것처럼 여겨진다. 반면에 Could you do it for me? 하면 그 일에 대해 심리적인 거리가 느껴지면서, 내가 지금 당장 하지 않아도 될 것만 같은 안전감을 준다.

그러면 과거형이 왜 '심리적 거리감'이나 '안전감'을 주는 것일까? 문법적으로 분석하면, Could you do it for me? 질문에는 생략된 숨은 메시지가 있다. 이는 의미상 Could you do it for me if it's not too much trouble to you?만약 너에게 큰 문제가 되지 않는다면, 나를 위해서 이것을 해 줄 수 있겠니?라는 조건절이 숨어 있기 때문이다.

Will로 시작하는 부탁/제안의 의문문 중에서 영어권 사람들이 일생에 한 번쯤 말해 보거나 들어 봤을 질문을 소개한다.

Thomas   **Will you marry me?**
나랑 결혼해 줄래?

Meriam   **Absolutely! Yes, of course!**
당연하지! 결혼할게.

그런데 다음 두 질문에는 어떤 차이가 있을까?

a **Will** you marry me?

b **Would** you marry me?

두 가지 모두 '정중한 제안'의 표현인데 뉘앙스에 미세한 차이가 있다. Will you marry me?는 '나와 결혼해 줄래?'라고 지금 당장 이 자리에서 '청혼'하는 상황이다. 그런데 Would you marry me?는 조건절이 생략된 듯한 느낌으로 애매하게 들린다. 다시 말해, 지금 당장 청혼을 한다기보다는 그럴 수도 있는지 묻는 것에 가깝다.

Would you marry me (if I were a millionaire)?
(내가 백만장자라면) 나와 결혼해 줄 거니?

Would you marry me (if I asked you)?
(내가 결혼하자고 말하면) 나하고 결혼해 줄래?

앞의 표에서 본 것과 같이, will과 would로 시작하는 청유형 질문은 두 가지 모두 정중한 표현으로 분류되지만, 대체로 will보다는 would가 좀 더 정중하게 들린다. 그래서 Will you marry me?와 같이 '확답'을 묻는 질문이 아니라면, Would you ~?로 질문하는 것이 더 정중하게 말하는 방법이다. Will you ~?는 가족이나 친구같이 격의 없는 사이에서 쓰이고, 예의를 차리는 관계에서 부탁이나 제안을 한다면 Would you ~? 쪽이 안전하다.

다음은 Will you ~?나 Would you ~?를 활용한 정중한 질문들이다.

1 **Will you kindly pass** me the report on the new project?
새 프로젝트 관련 보고서 좀 넘겨줄래요?

2 **Will you please let** me know the schedule for the team meeting?
팀 회의 일정을 알려 줄래요?

3 **Will you be** available for a quick discussion later this afternoon?
오늘 오후 늦게 잠시 논의할 시간이 있을까요?

4 **Will you be** attending the client presentation tomorrow morning?
내일 오전에 있는 고객 프레젠테이션에 참석할 거예요?

5 **Will you consider** joining the task force for the new project?
새 프로젝트를 위한 태스크 포스에 참가하는 거 생각해 볼래요?

6 **Would you help** me with this heavy box?
이 무거운 상자 드는 것 좀 도와주시겠어요?

7 **Would you be** able to share your insights on this matter?
이 문제에 대한 의견을 공유해 주시겠어요?

8 **Would you forward** me the email from the management team?
경영팀으로부터 받은 이메일을 저한테 전달해 주시겠어요?

9 **Would you consider** rescheduling the meeting to accommodate everyone's availability?
모두가 가능한 시간을 고려해서 회의 일정을 좀 변경해 주시겠어요?

10 **Would you kindly review** the financial report and provide your feedback?
재무 보고서를 검토하시고 의견을 주시겠어요?

다음은 영업 담당자 마이크가 Would you ~?를 써서 협력 관계를 맺을 가능성이 있는 다른 회사 직원과 나누는 대화이다.

Mike Thank you for meeting with me today. **Would you be** interested in exploring a partnership between our companies?
오늘 만나 주셔서 감사합니다. 우리 회사들 간의 협력 관계에 대하여 모색해 보는 건 어떨까요?

Emily Thank you for reaching out. Yes, we're definitely open to exploring potential partnerships. **Would you mind** elaborating on what kind of collaboration you have in mind?
연락 주셔서 감사합니다. 예, 저희도 잠재적 협력 관계 모색 가능성을 열어 두고 있습니다. 어떤 협력을 생각하고 계시는지 자세히 설명해 주시겠어요?

Mike We're looking for a company to help distribute our new product line. **Would you be** willing to take on this role?
저희는 자사 신제품 라인 유통에 협력할 회사를 찾고 있습니다. 귀사에서 이 역할을 해 주시겠습니까?

Emily That sounds intriguing. Before we proceed, **would you mind** sharing some more details about the products and their target market?
흥미롭네요. 진행하기 전에, 그 제품들과 대상 시장에 대한 좀 더 상세한 정보를 주시겠습니까?

Mike Certainly! I can provide you with a detailed product catalog and market analysis. **Would you like** to schedule another meeting to go over the specifics?

물론이죠! 제품의 상세 안내문과 시장 분석 정보를 제공해 드릴 수 있습니다. 자세한 사항을 논의하게 다음 회의 일정을 잡아도 될까요?

Emily That would be helpful. **Would you prefer** to have the meeting at our office or yours?

그러면 좋을 것 같습니다. 다음 회의는 저희 사무실에서 하는 게 좋으세요, 귀사에서 하는 게 좋으세요?

Mike Let's have it at your office. **Would next Thursday at 1:00 p.m. work** for you?

귀사에서 하기로 하지요. 다음 주 목요일 오후 1시 괜찮으시겠습니까?

Emily That works for us. **Would you like** me to invite our marketing team as well?

네, 좋습니다. 저희 마케팅팀도 초대할까요?

Mike That would be beneficial, Emily. **Would you also like** to discuss any financial aspects during the meeting?

그러면 좋을 것 같습니다, 에밀리 씨. 회의 중에 재정적인 측면도 논의하고 싶으십니까?

Emily Yes, that's important too. **Would you be** able to provide us with an estimate of the distribution costs beforehand?

네, 그것도 중요하지요. 사전에 유통 비용에 대한 견적을 제공해 주시겠습니까?

Mike Absolutely. I'll prepare the cost breakdown in advance. **Would you like** me to email it to you tomorrow?

그러죠. 제가 미리 비용 내역을 준비하겠습니다. 내일까지 이메일로 보내 드릴까요?

Emily That would be great. **Would you like** us to send you our company profile for your reference?

그래 주시면 좋겠습니다. 참고하실 수 있게 저희 회사 프로필을 보내 드릴까요?

Mike Yes, please. I believe that covers everything for now. Thank you for your time, Emily. **Would you like** me to confirm the meeting details via email?

네, 그렇게 해 주십시오. 지금은 이 정도로 충분할 것 같아요. 시간 내 주셔서 감사합니다, 에밀리 씨. 이메일로 회의 세부 사항을 확인해 드릴까요?

Emily Yes, please do. Thank you. Looking forward to our discussion.

예, 그렇게 해 주세요. 감사합니다. 다음 회의를 기다리겠습니다.

4. Please ← 정중해 보이는 직접 의문문 ← 직접 의문문   MP3 019-4

이제까지 배운 Yes/No, 5W+1H, 조동사를 통한 여러 가지 직접 의문문과 청유형 문장에서 두루 활용할 '마법의 표현'이라고 할 만한 것이 바로 please이다. Please를 웹스터 사전에서 찾아보면 다음 세 가지 의미가 나온다.

1 청유형 문장에서 격식을 차리거나 강조할 때 사용한다.

Please come in.
들어오세요.

2 공손하게 확인하거나 동의할 때도 사용한다.

A Would you like some tea?
차 좀 드시겠어요?

B **Please!** 네!

3 냉소적으로 비아냥대거나 반대할 때, 믿지 못하겠다는 표현으로 사용한다.

Do you believe what he said? Oh, **please**.
너 그 사람이 한 말을 믿는 거야? 맙소사.

Please를 사용한 질문은 대체로 누군가에게 부탁이나 제안을 하는 청유형 질문이다. 케임브리지 사전은 please가 쓰이는 '위치'에 따라 청유형 의문문의 뉘앙스에 미세한 차이가 있음을 지적한다. Please는 조동사 can, could, will, would를 동반한 청유형 의문문과 결합할 수 있는데, 의문문의 끝, 중간, 앞에 나올 때의 예를 살펴보자.

위치	사용	
문장 끝	청유형에서 가장 자주 쓰임	Could you do me a favor, **please**? 부탁 좀 들어주시겠어요? Would you say that again, **please**? 다시 말씀해 주시겠어요? Could you shut the window, **please**? 창문 좀 닫아 주시겠어요?

위치	사용	
문장 중간	청유 내용을 더욱 강조. please에 강세가 붙는다.	Could you **please** do me a favor? Would you **please** say that again? Could you **please** shut the window?
문장 앞	마치 명령을 하는 듯한 강한 청유의 뉘앙스 * 말을 배우기 시작한 어린 이들이 종종 사용한다.	**Please** could you do me a favor? **Please** would you say that again? **Please** could you shut the window?

그런데 아무리 마법 같은 힘을 가진 please도 사용할 때 기억해야 할 몇 가지 주의 사항이 있다.

1 **남발하지 않는다:** Please가 예의를 차리는 표현이긴 하지만, 평소에 가까이 지내는 사람들 사이에서는 please를 남발하지 않는 것이 좋다. 너무 자주 사용하면 오히려 무례하게 비처질 수 있으며 때로는 이를 생략하는 것이 더 자연스러울 수 있다.

2 **강압적인 느낌이 들지 않게:** 뭔가 요청하면서 please를 사용할 때, 너무 강제적이고 강압적인 느낌이 들지 않도록 한다. 누군가가 please를 외치며 내게 이것저것 해 달라고 지속적으로 요구한다면, 그의 please에 넌더리가 날 것이다.

3 **표정이나 제스처는 부드럽게:** 얼굴을 찡그리거나 목소리에 감정을 실어 신경질적으로 please를 말한다면 본래의 의미를 상실한다. 표정이나 제스처를 부드럽게 유지하는 것이 좋다.

4 **다른 표현도 적절히 사용:** Please 이외에 Excuse me, Would you mind, Could you, May 같은 예의를 차리는 다른 표현들을 적절히 사용한다.

다음 please를 활용한 대화를 살펴보고, 무엇이 대화를 성공적으로 만드는지, 혹은 실패하게 만드는지 생각해 보자.

Case 1

John **Excuse me**, Sarah. **Please, may I come in** for a moment?
저기, 사라. 잠시 들어가도 될까?

Sarah *Of course*, John. **Please, come in**. What can I help you with?
그럼, 존. 들어와. 내가 뭐 도와줄까?

John Thank you. I need your assistance with reviewing the project proposal. **Would you mind taking** a look at it?
고마워. 프로젝트 제안서를 검토하는 데 네 도움이 필요해서. 한번 봐 주겠어?

Sarah *Not at all*. I'd be happy to help. **Please hand it over**.
물론이지. 기꺼이 도와줄게. 이리 줘 봐.

John Here you go. **Please let me know** your feedback by tomorrow.
여기 있어. 내일까지 피드백 주면 정말 좋겠는데.

Sarah *Absolutely*. I'll get back to you by tomorrow afternoon. **Please, feel free to** ask if you have any other questions.
그래. 내일 오후까지 답해 줄게. 다른 궁금한 점 있으면 언제든지 물어봐.

John **Thanks**, Sarah. I really appreciate it.
고마워, 사라. 정말 고마워.

Case 2

Emma Hey, Alex. **Please, give me** that file. I need it now.
알렉스, 그 파일 좀 줄래? 나 지금 그거 필요해.

Alex Um, okay. Here it is. **Please, return it** when you're done.
응, 알았어. 여기 있어. 다 쓰면 돌려줘.

Emma Just hurry up. I don't have time for this.
좀 빨리빨리 해라. 나 지금 이럴 시간 없다고.

Alex **Please, be more considerate**, Emma. I'm trying to help you.
엠마, 좀 배려해 주면 안 될까? 내가 너 도와주려는 거잖아.

Emma Whatever. **Just please get lost** when you're done.
무슨 상관이래. 다 마치는 대로 꺼져 주기 바래.

〈Case 1〉에서 사이 좋아 보이는 사라와 존은 공손하게 부탁하는 말과 그에 화답하는 말을 물 흐르듯이 편안하게 주고받는다. 반면에 〈Case 2〉의 엠마와 알렉스는 서로 화합하지 못하는 모습이고, 특히 엠마는 please를 쓰면서 으르렁거리고 무례하게 행동한다. 똑같은 표현도 그 사람의 말투나 표정, 제스처에 따라 그 효과가 커지거나 줄어든다는 것을 잘 보여 주는 예이다.

5. May I ~? ← 정중해 보이는 직접 의문문 ← 직접 의문문   `MP3 019-5`

조동사 may가 의문문에 쓰일 때는 주로 '승인'이나 '허락'을 청하는 청유형이다. 청유형이므로 please와 함께 쓸 수 있다.

1. Q Excuse me, **may I ask** you a question?
   실례지만, 뭐 좀 여쭤봐도 될까요?

   A Sure, what's your question?
   물론이죠. 질문이 뭔가요?

2. Q **May I come in**?
   들어가도 될까요?

   A Yes, you may. Come in, please.
   네. 어서 들어오셔요.

3. Q **May I borrow** your umbrella?
   우산 좀 빌려 써도 될까요?

   A Yes, of course! Here you go.
   물론이죠! 여기 있습니다.

4. Q **May I have a look at** your notes from the meeting?
   회의 메모 좀 봐도 될까요?

   A Certainly! Let me share them with you.
   물론이죠! 자, 여기 있어요.

5. Q **May I use** your computer for a moment?
   당신 컴퓨터를 잠깐 써도 될까요?

   A I'm sorry, but I'm currently using it. How about using the one in the next cubicle?
   죄송하지만, 제가 지금 사용하고 있어서요. 옆 칸에 있는 걸 사용하시면 어떨까요?

이제 May I ~?를 활용한 두 직원의 대화를 확인해 보자.

Miranda Good morning, everyone. **May I begin** the meeting?
여러분, 안녕하세요. 회의를 시작해도 될까요?

Staff Good morning, Miranda. Yes, please go ahead.
안녕하세요, 미란다. 네, 시작하세요.

Miranda **May I have** everyone's attention, please? Today, we'll be discussing the new project proposal. **May I distribute** the copies of the proposal to all of you?
모두 주목해 주시겠어요? 오늘은 새로운 프로젝트 제안서에 대해 논의하고자 합니다. 제안서 사본을 모두에게 배포해도 될까요?

Staff Yes, please do.
네, 부탁드립니다.

Miranda **May I remind** everyone to turn off your cell phones or put them on silent?
모두 핸드폰을 끄거나 무음으로 해 주시겠습니까?

Staff Sure. We'll do that.
네. 그렇게 하겠습니다.

Miranda Thank you. **May I propose** a brief overview of the project to begin the discussion?
감사합니다. 토론을 시작하기 위해 프로젝트에 대해 간단히 설명해도 되겠습니까?

Staff Absolutely, go ahead.
그럼요. 계속하세요.

Miranda **May I first ask** if anyone has any questions or concerns about the proposal?
우선 여러분 가운데 이 제안서에 질문이나 우려되는 점이 있는지 여쭤봐도 될까요?

Staff Yes, Miranda. **May I inquire** about the budget allocation for this project?
네. 이 프로젝트의 예산 배정에 대해 질문해도 되겠습니까?

Miranda Great question. **May I clarify** that we've allocated $50,000 for the initial phase?
아주 좋은 질문입니다. 시작 단계에 5만 달러를 배정했습니다.

Staff Thank you for the clarification.
정확히 알려 주셔서 감사합니다.

지금까지 살펴본 각 조동사가 얼마나 격식을 차린 표현인지 표시하면 다음
과 같다.

can	will	could, would	may
not polite	polite	more polite	most polite

Can I ~?가 가장 격식을 안 차린 질문이고, May I ~?가 가장 정중한 질문
방법이다. 그런데 여기서 주의해야 할 것이 있다. 우리가 대화를 주고받을
때는 음성의 높낮이, 말하는 사람의 표정, 제스처, 전반적인 태도나 인상까
지 모두 포함하여 의사를 전달한다. 그러므로 아무리 정중한 표현을 써도
표정이나 태도가 냉소적이거나 오만하면 상대방이 전혀 정중하게 받아들
이지 않을 것이다. 또 격식을 차리지 않은 표현을 사용하더라도 그 사람의
말하는 눈빛이나 표정 혹은 태도에 '예의'가 배어 있으면, 상대방에게 말로
전달하지 못했던 내 마음을 정확히 전달할 수도 있다. 그러므로 영어 말하
기에 자신이 없더라도 부드러운 표정과 긍정적인 제스처나 자세를 유지하
는 것이 중요하다.

청유형 질문에 적절한 긍정적인 답변들

MP3 019-6

May I ~? 질문에 가장 전형적인 대답은 Yes, you may. 혹은 No, you may not.이지만 앞의 예문에서 보듯이 상황에 맞게 적절히 선택하여 답하면 된다. 다음은 청유형 질문에 긍정적인 답을 할 때 쓸 수 있는 표현이다.

청유에 동의할 때
1. Sure, no problem!
2. Absolutely!
3. Of course!
4. Certainly!
5. Yes, I'd be happy to!

청원에 허락할 때
1. Yes, you may.
2. You are welcome to do so.
3. That's perfectly fine.
4. Feel free to go ahead.
5. By all means.

도움 요청에 긍정적으로 대답할 때
1. I can help with that.
2. Let me assist you.
3. I'd be glad to lend a hand.
4. I'm here to support you.
5. I can certainly help out.

제안 사항에 동의할 때
1. That's a great idea!
2. I think that's an excellent plan.
3. I agree, let's go with that.
4. Your suggestion makes sense.
5. I'm on board with that.

부탁한 것에 대해 확인해 줄 때
1. Yes, that's fine.
2. That's acceptable.
3. No worries, I can do that.
4. It's okay, I can manage it.
5. Consider it done.

청유형 질문에 적절한 부정적인 답변들

다음은 청유형 질문에 부정적으로 대답하는 예문들이다. 부탁을 거절하는 것은 누구에게나 쉽지 않다. 누구에게나 쉽지 않은 '거절'을 어떻게 하면 매끈하게 잘 해낼 수 있을까? 이런 상황에 사용하기 좋은 표현을 미리 익혀두면 도움이 된다.

부탁을 정중하게 거절할 때

1. I'm afraid I can't do that.
   송구스럽게도 저는 할 수 없습니다.

2. I'm sorry, but I can't comply with that request.
   죄송합니다만, 저는 요청하신 일을 해 드릴 수가 없습니다.

3. I appreciate the offer, but I must decline.
   제안은 감사하지만, 사양할 수밖에 없습니다.

4. Unfortunately, that's not possible at the moment.
   안타깝게도, 현재로서는 불가능한 일입니다.

5. I'm sorry, I have to say no.
   죄송합니다만, 거절해야겠네요.

확실한 거절 의사로 설명을 덧붙일 때

1. I have a prior commitment that day, so I won't be able to make it.
   그날 다른 선약이 있어서 할 수가 없습니다.

2. Due to my workload, I can't take on any additional tasks right now.
   제 업무량 때문에, 지금 다른 업무를 추가로 맡을 수가 없습니다.

3. I have already made plans for that time.
   그 시간에는 이미 다른 일이 계획되어 있습니다.

4. I'm not qualified to fulfill that request.
   저는 요청하신 내용을 처리할 자격이 없습니다.

거절에 대한 유감을 표시할 때

1. I'm sorry to disappoint you, but I can't fulfill your request.
   실망시켜서 죄송합니다만, 저는 당신의 요청을 처리해 드릴 수가 없습니다.

2. I regret that I'm unable to assist you with that.
   그 문제로 도움이 되지 못하여 유감스럽게 생각합니다.

3. I wish I could help, but unfortunately, I can't.
   정말 도와드리고 싶지만, 안타깝게도 도와드릴 수가 없습니다.

도움 요청에 사과하며 거절할 때

1. I'm sorry, but I can't help with that.
   죄송하지만, 그건 도와드릴 수 없습니다.

2. I apologize, but I can't offer the assistance you need.
   죄송합니다만, 저는 필요하신 도움을 제공해 드릴 수가 없습니다.

3. I'm sorry, I wish I could, but it's not possible.
   죄송합니다. 제가 할 수 있으면 좋겠는데, 불가능합니다.

4. I regret to inform you that I can't grant your request.
   이렇게 말씀드려서 죄송하지만, 저는 요청에 응해 드릴 수가 없습니다.

5. Unfortunately, I'm unable to do that.
   안타깝게도, 저는 그것을 할 수가 없습니다.

거절과 함께 대안을 제시할 때

1. I can't do that, but maybe Issac can help you with it.
   저는 못 하지만, 아이작이 혹시 도울 수 있을지도 모르겠습니다.

2. While I can't accommodate the request, perhaps we can find another solution together.
   제가 요청하신 것을 해 드릴 수 없지만, 함께 다른 해결책을 찾아볼 수 있지 않을까요?

3. I can't join you on that date, but how about rescheduling for another time?
   그날 참석할 수는 없지만, 다른 시간으로 스케줄을 잡아 보면 어떨까요?

4. I'm not available during the morning, but I can meet you in the afternoon.
   저는 오전에는 힘들지만, 오후에는 당신을 만날 수 있습니다.

CHAPTER 2

에둘러 묻는다
: 간접 의문문

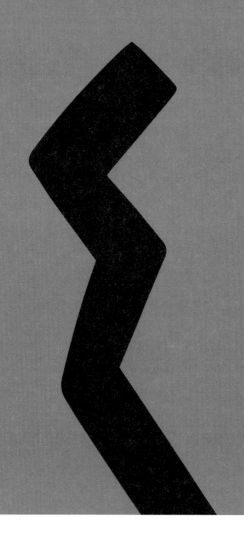

간접 의문문이란?

MP3 020

누군가 지각했거나 모임에 늦게 나타난 상황을 상상해 보자. 그에게 왜 늦었는지 묻는 방법에는 여러 가지가 있다.

- **Why are you late?** 왜 늦었어?
- **Could you tell me why you are late?** 왜 늦었는지 말해 줄래?
- **Could you tell me what kept you late?** 무슨 일로 늦었는지 말해 줄래?

이 세 가지 질문은 모두 똑같이 '늦은 이유'를 묻는다. 첫 번째 질문은 짧고 선명한 대신 다소 딱딱한 느낌이다. 물론 미소를 지으며 걱정하는 표정으로 Why are you late?라고 물을 수도 있다. 그러나 대체로 Why are you late?에는 이미 상대방에게 골이 난 뉘앙스가 들어 있다. 두 번째 질문은 직접 질문보다는 한결 부드럽지만 여전히 '네가 늦었다'는 내용을 담고 있다. 이에 비해 세 번째 질문은 …what kept you late로 지각의 책임을 다른 것으로 돌린다. 말하자면 '네가 늦은 것이 아니라 무언가 너를 늦도록 붙잡고 있었다.'라는 뉘앙스이다. 지각한 상대방을 비난하기보다 그를 늦도록 붙잡고 있는 '무엇'에 그 책임을 돌린다.

한국어에서 "왜 오셨어요?"와 "어떻게/무슨 일로 오셨어요?"의 질문 내용은 동일하다. 상대방이 여기 나타난 이유를 묻는 것이지만 "왜 오셨어요?"라고 물으면 무례하게 느껴진다. 그래서 '왜'라는 질문보다는 '무슨 일로, 어떻게'라는 간접적인 표현을 사용한다. 영어도 비슷하다.

Why did you come here? 너 여기 왜 왔어?

What brought you here? 무엇이 너를 이리로 불러왔어? (어쩐 일로 온 거야?)

이처럼 직접 질문의 경우 질문하는 바가 분명한 반면, 상황에 따라서는 '비난'하거나 '공격'용으로 쓰이기도 한다. 그래서 직접 질문은 '칼' 같은 느낌이다. 이에 비해 간접 질문은 '덜' 공격적이다. 좀 더 부드럽고 상대를 배려하고 교양 있고 예의를 갖추는 것처럼 느껴진다. 질문을 받는 사람이 심리적인 여유와 거리를 유지할 수 있다. 그러한 이유로 언어 구조가 다르지만, 한국어 사용자와 영어 사용자 모두 직접 질문보다는 간접 질문의 형태를 선호한다. 혹은 직접 질문을 짧게 한 후에, 오해를 사지 않게 부가적인 설명을 곁들일 수도 있다.

Why are you so late? I was so worried about you. Are you doing alright? 너 왜 이렇게 늦었어? 내가 걱정을 많이 했잖아. 괜찮은 거지?

이렇게 질문 뒤에 부가적인 말이나 질문을 곁들인다면 짧고 직접적인 질문이 전하는 날카로움을 부드럽게 변화시킬 수 있다. 다음 대조표를 보자.

직접 질문	간접 질문
Are you doing fine? 너 괜찮아?	I wonder if you are doing fine. 네가 괜찮은지 궁금해.
What time does the concert start? 음악회는 몇 시에 시작하지?	I would like to know what time the concert starts. 음악회가 몇 시에 시작하는지 알고 싶어.
Did you receive the package? 그 소포 받았어?	I am curious if you received the package. 네가 그 소포를 받았는지 궁금해.
Why did you choose that option? 왜 그것을 선택했어?	I am wondering what made you choose that option. 무엇 때문에 네가 그것을 선택했는지 궁금해.
Where is the nearest parking lot? 가장 가까운 주차장이 어디에 있지?	I am not sure where the nearest parking lot is. 가장 가까운 주차장이 어디에 있는지 잘 모르겠네.

대조표에서 보듯이, 직접 의문문은 짧고 간결하며 의문부호로 끝난다. 반면, 간접 의문문은 상대방이나 상황에 호기심이나 궁금증을 표현하며 에둘

러 물어본다. 간접 의문문 역시 의문사를 사용하긴 하지만 물음표를 사용하지 않을 때가 많다. 간접 의문문에서는 I wonder if, I would like to know, I'm curious if, I am wondering, I am not sure처럼 앞에 에둘러 표현하는 말이 나오고 질문 내용이 뒤에 나온다. 그러면 직접 질문과 간접 질문에는 어떤 장점과 단점이 있을까? 아래 표를 통해 확인해 보자.

	직접 질문	간접 질문
장점	• 질문의 요지가 선명하다. • 목적이 분명하다. • 원하는 정보를 얻는 데 용이하다. • 위급 상황에서 신속하게 정보를 주고받을 수 있다.	• 정중하고 예의를 차린다. • 호기심, 관심사를 표현한다. • 교양 있고, 세련된 사람이라는 인상을 준다.
단점	• 공격적으로 보일 수 있다. • 무례해 보일 수 있다. • 감정이 드러날 수 있다.	• 질문이 간접적이라 답변이 애매할 수 있다. • 직접 질문만큼 명확한 답을 얻기 어렵다. • 여러 가지 표현법을 알아야 한다.

이렇게 사람과 사람 간의 관계를 훈훈하게 만드는 간접 질문은 크게 두 가지로 나뉜다.

직접 질문	Where is James?
물음표가 있는 간접 질문	Do you know where James is?
물음표가 없는 간접 질문	I wonder where James is.

친구가 제임스를 찾으며 내게 묻는다, "제임스 어디 있니?" 이것이 직접 의문문이다. 친구가 "제임스 어디 있는지 너 아니?" 이렇게 묻는 것이 물음표를 사용한 간접 의문문이다. 친구가 내 앞에서 혼잣말하듯, 혹은 나를 빤히 쳐다보며 "제임스가 어디 있는지 알 수가 없네."라고 한다면 대놓고 묻는 것은 아니지만 분명히 내게 묻는 것이다.

다음 표는 직접 질문을 조금 더 부드럽게 묻는 간접 질문의 예이다. 동일한 뜻이지만 뉘앙스에서 차이가 난다.

직접 질문	물음표가 있는 간접 질문	물음표가 없는 간접 질문
Where is the nearest grocery store? 가장 가까운 식품점이 어디지?	**Could you tell me where** the nearest grocery store is? 가장 가까운 식품점이 어디인지 알려 줄래?	**I wonder where** the nearest grocery store is. 가장 가까운 식품점이 어디인지 궁금하네.
How many languages can you speak? 너는 몇 개 언어를 할 수 있어?	**Would you mind sharing how many** languages you can speak? 네가 몇 개 언어를 할 수 있는지 알려 줄래?	**I'm curious about how many** languages you can speak. 네가 몇 개 언어를 할 수 있는지 궁금해.
What time does the last train depart? 마지막 열차는 몇 시에 출발해?	**Do you have any idea** what time the last train departs? 마지막 열차가 몇 시에 출발하는지 아니?	**I wonder** what time the last train departs. Let's find out. 마지막 열차가 몇 시에 출발하는지 궁금하네. 한번 찾아보자.
Who won the research essay writing competition? 연구 에세이 쓰기 대회에서 누가 우승했지?	**Do you know who** won the research essay writing competition? 연구 에세이 쓰기 대회에서 누가 우승했는지 아니?	**I wonder who** won the research essay writing competition. Any guesses? 연구 에세이 쓰기 대회에서 누가 우승했는지 모르겠네. 뭐 짐작 가는 것 없니?
Why did they cancel the event? 왜 그 사람들이 행사를 취소했지?	**Can you explain why** they canceled the event? 그 사람들이 왜 행사를 취소했는지 설명해 줄 수 있니?	**I'm curious about why** they canceled the event. Any thoughts? 그 사람들이 왜 행사를 취소했는지 궁금하네. 어떻게 생각해?
When will the new product be launched? 신제품이 언제 출시될까?	**Can you tell me when** the new product will be launched? 신제품이 언제 출시될지 말해 줄 수 있니?	**I wonder when** the new product will be launched. 신제품이 언제 출시될지 궁금하네.
Where did you get that amazing jacket? 그 근사한 재킷은 어디서 산 거야?	**Could you please tell me where** you got that amazing jacket? 그 근사한 재킷을 어디서 샀는지 말해 줄래?	**I wonder where** you got that amazing jacket. 네가 그 근사한 재킷을 어디서 샀는지 궁금해.

직접 질문	물음표가 있는 간접 질문	물음표가 없는 간접 질문
How do you prepare for important presentations? 너는 중요한 발표 준비를 어떻게 해?	**Would you mind sharing how** you prepare for important presentations? 네가 중요한 발표 준비를 어떻게 하는지 알려 줄 수 있을까?	**I'm curious about how** you prepare for important presentations. 네가 중요한 발표 준비를 어떻게 하는지 궁금해.

일상적인 대화는 많은 부분이 간접 질문으로 이루어진다. 직접적으로 물어서 상대방을 난처하게 하거나 감정을 상하게 하기보다는, 서로 예의를 차려 에둘러 묻는 방식으로 접근해 소통을 원만하게 이끌기 위해서다.

영어가 서툰 외국어 학습자로서 짧게 직접 의문문으로 질문하는 것도 쉽지 않은데, 더 나아가 에둘러서 간접적으로 넌지시 질문을 던지는 일이 어렵게 느껴질 수도 있다. 이럴 때는 욕심 부리지 말고, 자신이 할 수 있는 간단하고 짧은 직접 질문이라도 던져서 필요한 정보를 얻어내야 한다. 그렇지만 이런 경우에도 최소한 사람들이 어떤 식으로 에둘러서 질문을 하는지 그 표현 형식에 대해서 이해할 필요는 있다. 그래야만, 상대방이 뭔가 말을 할 때 그것이 나를 향하여 간접적으로 에둘러서 질문하는 것인지 아닌지 분별을 하고, 그에 맞는 답을 할 수 있기 때문이다.

예컨대, 누군가가 I wonder where you bought that brooch. That looks so cute!네가 그 브로치를 어디에서 샀는지 궁금하네. 그것 참 예쁘다!라고 말했다면 이 말에는 "그 브로치 어디서 샀어?"라는 질문이 숨어 있다. 나는 Oh, thank you. It's a gift from my mom. She bought it when she was traveling in Vietnam.아, 고마워. 이거 우리 엄마가 주신 선물인데, 엄마가 베트남 여행하실 때 사신 거야. 혹은 Oh, do you like it? I bought it at Macys last weekend. It's on sale now.이거 맘에 들어? 메이시 백화점에서 지난 주말에 샀지. 지금 할인 중이야. 이런 식으로 대답을 해 주면, 즐거운 대화가 이어질 수 있다.

UNIT 2

간접 의문문 만들기

MP3 021

1. 물음표가 있는 간접 의문문

MP3 021-1

(1) Would/Could/Will/Can you tell me + 의문사 + 주어 + 동사 ← 물음표가
있는 간접 의문문 ← 간접 의문문

다음 직접 의문문을 Would you tell me ~?를 활용해 간접 의문문으로 옮겨
보자.

직접 의문문	간접 의문문
Why is the sky blue? 하늘은 왜 파란가요?	**Would you tell me why** the sky is blue? 하늘이 왜 파란지 말해 줄래요?
What is the cause of the disaster? 무엇이 그 재앙의 원인인가요?	**Would you tell me what** the cause of the disaster is? 무엇이 재앙의 원인인지 말해 줄래요?
Who is the president of Korea? 한국 대통령이 누구죠?	**Would you tell me who** the president of Korea is? 한국 대통령이 누구인지 말해 줄래요?
Where is the nearest ATM? 가장 가까운 현금 지급기가 어디에 있죠?	**Would you tell me where** the nearest ATM is? 가장 가까운 현금 지급기가 어디에 있는지 말해 줄래요?
How is the weather outside? 바깥 날씨는 어떤가요?	**Would you tell me how** the weather is outside? 바깥 날씨가 어떤지 말해 줄래요?
When is the due date for the project? 이 프로젝트 마감이 언제죠?	**Would you tell me when** the due date for the project is? 이 프로젝트 마감이 언제인지 말해 줄래요?

다음은 Would you tell me ~? 질문이 일상생활에서 활용되는 상황이다.

Mia	Excuse me, **would you tell me where** the nearest restroom is? 실례지만, 여기서 가장 가까운 화장실이 어디에 있는지 알려 주실래요?
Sebastian	Sure, the restroom is just around the corner. 네, 화장실은 이 코너를 돌면 바로 있어요.
Mia	Thanks! **Would you tell me when** this park closes in the evening? 고맙습니다! 이 공원은 저녁에 언제 닫는지요?
Sebastian	The park closes at 9 p.m. every day. 공원은 매일 저녁 9시에 닫습니다.
Mia	Good to know! **Would you tell me what time** the next outdoor yoga session starts? 그렇군요! 다음 번 야외 요가 교실은 몇 시에 열리는지 알려 주시겠어요?
Sebastian	The next outdoor yoga session is at 10 a.m. near the gazebo. 다음 야외 요가 교실은 정자 옆에서 오전 10시에 열립니다.
Mia	Oh, that sounds great! **Would you tell me why** this park is so popular among locals? 아, 좋네요! 이 공원이 지역 주민들에게 왜 그렇게 인기 있는지 말씀해 주시겠어요?
Sebastian	This park has various recreational activities, and regular community events, making it a good spot for locals to relax and socialize. 이 공원은 여러 가지 놀이 활동과 정기적인 지역 행사가 있어서, 지역 주민들이 휴식을 취하고 사람들과 어울리기 좋은 장소가 되고 있죠.
Mia	That makes sense. **Would you tell me how often** they hold the community events here? 그렇겠네요. 여기서 지역 행사가 얼마나 자주 개최되는지 말씀해 주시겠어요?
Sebastian	They host community events twice a month, usually on weekends. 한 달에 두 번, 주로 주말에 지역 행사를 개최하고 있어요.
Mia	That's nice! **Would you tell me who** I should contact if I want to participate in one of the events? 좋은데요! 제가 그 행사에 참여하려면 누구에게 연락해야 하는지 알려 주시겠어요?
Sebastian	You can find the contact information for the event organizers on the park's website. 행사 주최자에 대한 연락처는 공원 홈페이지에 나와 있어요.

Mia Great! **Would you tell me if** there are any restrictions on bringing pets into the park?

그거 아주 좋군요! 공원에 반려동물을 데려오는 것에 대한 제한 규정이 있을까요?

Sebastian Yes, pets are allowed in the park, but they must be kept on a leash at all times.

네, 공원에 반려동물 동반은 허용되지만, 항상 꼭 목줄을 착용해야 합니다.

Mia Perfect! Thanks again for your assistance. I appreciate it.

좋아요! 다시 한번 도와주셔서 감사합니다. 제게 정말 도움이 되었습니다.

Sebastian You're welcome! Enjoy your time at the park!

별말씀을요! 공원에서 즐거운 시간 보내세요!

EM's Tips

문법적으로 간접 의문문의 어순은 Would you tell me 이후에 [의문사 + 주어 + 동사] 순서로 와야 한다. 토플 시험이나 학교 영어 시험에서 간접 의문문 관련 시험이 나온다면 정확히 문법에 맞는 문장을 고르거나 써야 한다. 그런데 현실에서 원어민들이 간접 의문문 형식으로 질문할 때는 이런 문법 사항이 엄격하게 지켜지지 않기도 한다. 많은 사람들이 간접 의문문 도입 표현Would you tell me과 직접 의문문Why is the sky blue?을 그대로 붙여서 사용한다.

Would you tell me **why the sky is blue**? 문법적으로 옳은 문장

Would you tell me **why is the sky blue**? 문법적으로 틀리지만 많이 사용하는 말

(2) Would/Could/Will/Can you tell me + if/whether ← 물음표가 있는 간접

의문문 ← 간접 의문문

의문사(who, when, where, what, why, how)로 시작하지 않는 직접 의문문은 if나 whether를 사용해 간접 의문문으로 만들 수 있다. if가 '~인지'라는 뜻이고, whether는 '~인지 아닌지whether or not', '이것 아니면 저것whether A or B'의 뜻이라는 미세한 차이가 있지만, 일상생활에서 대화할 때는 차이에 구애받지 않고 사용해도 된다. 또한 의문문 도입 어구 뒤에 이어지는 절은 평서문인 [주어 + 동사] 형식을 그대로 유지한다.

직접 의문문	간접 의문문
Is he the U.S. president? 그 사람이 미국 대통령이야?	**Would you tell me if/whether he is** the U.S. president? 그가 미국 대통령인지 (아닌지) 말해 줄래?
Is it rainy outside? 밖에 비 오니?	**Would you tell me if/whether it is** rainy outside? 밖에 비가 오는지 (안 오는지) 말해 줄래?
Can he resolve political issues? 그가 정치적 안건들을 해결할 수 있을까?	**Would you tell me if/whether he can** resolve political issues? 그가 정치적 안건들을 해결할 수 있을지 (없을지) 말해 줄래?
Does she like her new position? 그 여자가 새로운 직위를 마음에 들어 해?	**Would you tell me if/whether she likes** her new position? 그 여자가 새로운 직위를 마음에 들어 하는지 (아닌지) 말해 줄래?
Do you plan to transfer to a new program? 너는 새 프로그램으로 옮길 계획이야?	**Would you tell me if/whether you plan** to transfer to a new program? 네가 새 프로그램으로 옮길 계획인지 (아닌지) 말해 줄래?
Are they exchange students from Japan? 저들이 일본에서 온 교환 학생들인가?	**Would you tell me if/whether they are** exchange students from Japan? 저들이 일본에서 온 교환 학생들인지 (아닌지) 말해 줄래?

다음 대화에서 샐리는 Could you tell me if ~?를 이용해 질문을 하고 있다.

Sally　Jason! **Could you tell me if** the library is open on weekends?
제이슨! 너 도서관이 주말에도 여는지 알려 줄 수 있어?

Jason　Yes, the library is open on Saturdays and Sundays, but with reduced hours.
응, 도서관이 토요일과 일요일에 여는데, 시간이 단축되지.

Sally　That's helpful to know! **Could you tell me if** there's a quiet study area in the library?
아 그렇구나! 도서관에 조용하게 공부할 만한 장소가 있을까?

Jason　Of course! The third floor of the library is designated as a quiet study area.
그럼! 도서관 3층이 조용한 학습 공간으로 지정되어 있어.

Sally　Thank you! **Could you tell me if** the college offers any extracurricular clubs?
고마워! 대학에서 방과후 클럽 활동도 제공하는지 말해 줄래?

Jason　Yes, the college has various clubs for different interests, including sports, arts, and academic subjects.
응, 대학에서 스포츠, 예술, 학문적 주제 등 여러 가지 관심 분야에 관한 다양한 클럽 활동을 제공하고 있어.

Sally　Wonderful! **Could you tell me if** there's a tutoring center on campus?
잘됐다! 대학에 개인 지도 센터도 있을까?

Jason　Yes, we have a tutoring center in the academic building, where you can get help in various subjects.
응, 학술관에 개인 지도 센터가 있는데, 거기서 다양한 과목에서 도움을 받을 수 있어.

Sally　**Could you tell me if** the college has a writing center to help with academic writing?
대학에 학생들의 글쓰기를 돕는 글쓰기 센터도 있을까?

Jason　Yes, there's a writing center where you can get assistance with your essays and papers.
응, 에세이와 보고서 쓰기에 도움을 받을 수 있는 글쓰기 센터도 있어.

Sally　That's fantastic! Thanks again for your help.
굉장하구나! 도와줘서 다시 한번 고마워.

Jason　You're welcome! If you have any more questions or need further assistance, feel free to ask.
천만에! 더 물어볼 게 있거나 도움이 필요하면, 얼마든지 물어봐.

(3) **Do you know + 의문사 + 주어 + 동사** ← 물음표가 있는 간접 의문문 ← 간접 의문문

MP3 021-3

Do you know도 자주 쓰이는 간접 의문문 도입 어구이다. 다음은 Would/Could/Will/Can you tell me에서 쓰인 예문들을 그대로 가져와 변형시킨 문장들이다.

직접 의문문	간접 의문문
What is the cause of the disaster? 무엇이 그 재앙의 원인인가요?	**Do you know what** the cause of the disaster is? 무엇이 그 재앙의 원인인지 아세요?
Who is the president of Korea? 한국 대통령이 누구죠?	**Do you know who** the president of Korea is? 한국 대통령이 누구인지 아세요?
Where is the nearest ATM? 가장 가까운 현금 지급기가 어디에 있죠?	**Do you know where** the nearest ATM is? 가장 가까운 현금 지급기가 어디에 있는지 아세요?
How is the weather outside? 바깥 날씨는 어떤가요?	**Do you know how** the weather is outside? 바깥 날씨가 어떤지 아세요?
When is the due date for the project? 이 프로젝트 마감이 언제죠?	**Do you know when** the due date for the project is? 이 프로젝트 마감이 언제인지 아세요?

다음 대화에서 Do you know를 이용한 다양한 질문을 확인해 보자.

Jane Aiping! **Do you know when** the boarding for our flight to Seoul will begin?
아이핑! 우리 서울행 비행기 탑승이 언제 시작되는지 알아?

Aiping Yes, the boarding for our flight will begin in approximately 30 minutes at Gate 15.
응, 우리 비행기 탑승은 약 30분 후에 15번 게이트에서 시작할 거야.

Jane That's good to know! **Do you know where** the nearest currency exchange counter is?
그렇구나! 여기서 가장 가까운 환전소가 어디에 있는지 알아?

Aiping Sure! It is located just around the corner, near the information desk.
그럼! 코너를 돌면 안내 데스크 옆에 있어.

Jane Thank you! **Do you know how many** pieces of carry-on luggage are allowed on our flight?
고마워! 비행기 탑승할 때 가방을 몇 개까지 가져갈 수 있는지 알아?

Aiping Each passenger is allowed one piece of carry-on luggage and a personal item, like a purse or laptop bag.
기내 탑승용 가방 하나랑 핸드백이나 노트북 가방 같은 개인용 소지품이 승객 한 명당 한 개씩 허용돼.

Jane **Do you know why** there seems to be a delay in the flight schedule?
비행기 시간이 조금 늦어지는 것 같은데 왜 그런 거야?

Aiping I heard that there's a slight delay due to thunderstorm, but the flight will depart shortly.
폭우로 인해서 약간 지연된다고 들었는데, 곧 출발할 거야.

Jane That's good to know! Thanks for answering all my questions, Aiping.
그렇구나! 내 질문에 일일이 답해 줘서 고마워, 아이핑.

Aiping You're welcome.
별말씀을.

(4) Do you think + 주어 + 동사 ← 물음표가 있는 간접 의문문 ← 간접 의문문

Do you think 역시 Would you tell me, Do you know와 마찬가지로 뒤에 평서문이 따른다.

직접 의문문	Do you think 간접 의문문
Could you give me a ride to the airport? 공항까지 나 좀 차로 데려다줄 수 있어요? * 청유형 의문문으로, 데려다 달라고 부탁한다.	**Do you think you could** give me a ride to the airport? 나 좀 공항까지 차로 데려다줄 수 있겠어요? * Could you로 묻는 것보다 좀 더 공손한 느낌이다.
Will you travel to New York after the business meeting? 업무 회의 후에 뉴욕으로 이동할 건가요?	**Do you think you will** travel to New York after the business meeting? 업무 회의 후에 뉴욕으로 이동할 생각이세요?
Should we talk to Tom or Mary? 우리가 톰이나 메리에게 말해야 할까요?	**Do you think we should** talk to Tom or Mary? 우리가 톰이나 메리에게 말을 해야 한다고 생각하세요?
Can you settle the conflict between the two parties? 당신이 양쪽 갈등을 해결할 수 있나요?	**Do you think you can** settle the conflict between the two parties? 당신이 양쪽 갈등을 해결할 수 있을 거라고 생각하세요?
Do you like to cook for your family? 가족을 위해 요리하는 것을 좋아하세요?	**Do you think you like** to cook for your family? 가족을 위해 요리하는 걸 좋아하는 것 같으세요?
Could you do me a favor? 부탁 좀 들어줄 수 있나요?	**Do you think you could** do me a favor? 부탁 좀 들어줄 수 있을까요?

Do you think로 시작되는 유형별 질문의 예는 다음과 같다.

의견을 묻는 질문	예측에 관한 질문
Do you think the new movie is worth watching? 새 영화가 볼 만한 가치가 있다고 생각하세요? **Do you think** the government's decision was justified? 정부의 결정이 정당했다고 생각하세요? **Do you think** the team will win the championship? 그 팀이 우승할 거라고 생각하세요?	**Do you think** it will rain tomorrow? 내일 비가 올 것 같아요? **Do you think** they might arrive late to the party? 그들이 파티에 늦게 도착할 것 같아요? **Do you think** the prices could go down next month? 가격이 다음 달에 하락할 것 같아요?
성찰적 질문	**가정적 질문**
Do you think you made the right choice? 자신이 올바른 선택을 했다고 생각하십니까? **Do you think** you could have handled the situation differently? 당신이라면 그 상황을 다르게 처리할 수도 있었겠다고 생각하십니까? **Do you think** you've learned from your past mistakes? 과거의 실수로부터 뭔가를 배웠다고 생각하십니까?	**Do you think** you would travel to space if given the opportunity? 기회만 주어진다면 우주로 여행할 것이라 생각하세요? **Do you think** you'd enjoy living in a different country? 당신은 다른 나라에서 사는 것이 즐거울 거라고 생각하나요? **Do you think** you could survive on a deserted island? 당신은 무인도에서 생존할 수 있다고 생각하나요?
탐구적 질문	**의구심을 표현하는 질문**
Do you think they know about the surprise party? 그들이 그 깜짝 파티에 대해 알고 있다고 생각하세요? **Do you think** she's aware of the deadline extension? 그녀가 제출 기한이 연장되었다는 사실을 알고 있다고 생각하십니까? **Do you think** the neighbors are aware of the noise they're making? 당신은 이웃들이 자신들이 만드는 소음을 인지하고 있다고 생각하십니까?	**Do you think** it's possible to find a solution to this problem? 이 문제에 대한 해법을 찾는 게 가능하다고 생각하십니까? **Do you think** we can trust their intentions? 우리가 그들의 의도를 신뢰할 수 있다고 생각하십니까? **Do you think** he'll be able to finish the project on time? 그가 그 프로젝트를 제시간에 끝낼 수 있다고 생각하시는 겁니까?

이상에서 본 바와 같이 Do you think를 활용한 질문은 의견이나 예측, 가능성의 탐색, 성찰 등 여러 가지 상황에서 쓰이며 다양하고 유연한 답을 불러올 수 있다.

(5) Do you have any idea (on) + 의문사 + 주어 +동사 ←─ 물음표가 있는 간접 의문문
←─ 간접 의문문

MP3 021-5

Do you have any idea ~?는 뭔가 아이디어가 있는지 묻는 질문으로 Do you know ~?와 같은 맥락이다. Do you know ~? 질문 자체가 직접적이라면 Do you have any idea ~?는 에둘러 말하는 뉘앙스라서 더 부드러운 질문처럼 들린다.

Do you have any idea?
무슨 좋은 생각 있어?
(직접 의문문)

Do you have any idea how I can solve the problem?
내가 이 문제를 어떻게 풀지 무슨 좋은 생각 있어?
(물음표가 있는 간접 의문문)

How can I solve the problem?
내가 이 문제를 어떻게 풀 수 있을까?
(직접 의문문)

직접 의문문	Do you have any idea 간접 의문문
Who are you talking to now? 너 지금 누구한테 말하고 있는 거니?	**Do you have any idea who you are** talking to now? 너 지금 누구한테 말하고 있는지 아니?
What is the cause of global climate warming? 지구 온난화의 원인이 뭐지?	**Do you have any idea what** the cause of global climate warming **is**? 지구 온난화의 원인이 뭔지 아니?
Where should they go to get away from all the troubles? 이 모든 문제에서 벗어나려면 그들은 어디로 가야 하지?	**Do you have any idea where they should** go to get away from all the troubles? 이 모든 문제에서 벗어나려면 그들이 어디로 가야 하는지 아니?
When will the conflict among them be resolved? 그들 사이의 갈등은 언제 해결될까?	**Do you have any idea when the conflict among them will** be resolved? 그들 사이의 갈등이 언제 해결될지 아니?
Why is it happening to us? 왜 이런 일이 우리에게 일어나는 거지?	**Do you have any idea why it is** happening to us? 왜 이런 일이 우리에게 일어나는지 아니?
How can I make this plan feasible? 이 계획을 어떻게 하면 실현 가능하게 만들 수 있을까?	**Do you have any idea how I can** make this plan feasible? 이 계획을 어떻게 하면 실현 가능하게 만들 수 있는지 아니?

다음은 Do you have any idea 표현과 '의문사'를 조합한 여러 가지 질문들이다.

- **Do you have any idea how** we can solve this complex math problem?
  우리가 이 복잡한 수학 문제를 어떻게 풀어야 할지 뭐 생각나는 것 없어요?

- **Do you have any idea where** I might have left my keys?
  내가 열쇠를 어디에 놓았을지 뭐 생각나는 것 없어요?

- **Do you have any idea when** the new software update will be released?
  새로운 소프트웨어 업데이트가 언제 출시될지 아세요?

- **Do you have any idea why** the website is not loading properly?
  그 웹사이트가 왜 제대로 로딩이 안 되는지 뭐 아는 것 없어요?

- **Do you have any idea who** could be responsible for the missing items?
  그 분실된 품목에 대한 책임이 누구한테 있는지 뭐 아는 것 없어요?

- **Do you have any idea what time** the concert will start?
  음악회가 몇 시에 시작하는지 아시나요?

- **Do you have any idea how to** improve the company's sales performance?
  회사의 영업 실적을 어떻게 늘릴지 뭐 좋은 생각 있어요?

- **Do you have any idea where** we can find a good Italian restaurant in this area?
  이 지역 어디에서 괜찮은 이탈리아 식당을 찾을 수 있을지 뭐 생각나는 것 없어요?

- **Do you have any idea why** the meeting was rescheduled at the last minute?
  그 회의 일정이 왜 마지막 순간에 조정됐는지 뭐 아는 것 없어요?

- **Do you have any idea who** the guest speaker will be at the conference?
  컨퍼런스에서 누가 초청 연사가 될지 뭐 아는 것 없어요?

Do you have any idea로 시작되는 질문들은 상대방으로부터 정보나 해법을 구하거나, 상황에 대한 이해도를 높이려는 의도가 있어서 상대방이 '사고'를 하도록 유도한다. 그래서 다양하고 창의적인 의견이나 답이 나올 수도 있다. 다음 열쇠를 잃어버린 제인과 친구 아이핑의 대화를 보자.

Jane Hey Aiping, have you seen my keys? I can't find them anywhere!
아이핑, 내 열쇠 봤어? 열쇠들을 어디서도 찾을 수가 없네!

Aiping Oh no, really? **Do you have any idea where** you might have left them?
아이고, 정말? 어디에다 두었을지 뭐 생각나는 것 없어?

Jane I'm not sure, but I had them in my bag when I entered the office. I checked my desk, but they're not there.
확실치는 않은데, 내가 사무실에 들어왔을 때는 내 가방 안에 있었거든. 책상을 확인해 봤는데 거기에 없더라고.

Aiping (Suggesting) **Do you have any idea if** you might have left them in the cafeteria during lunch?
(제안하기) 점심시간에 혹시 식당에 놓고 나왔을지 뭐 생각나는 것 없어?

Jane Hmm, I don't remember going to the cafeteria today. But now that you mention it, I did go to the restroom after lunch. **Do you have any idea if** I could have dropped them there?
음, 오늘은 식당에 가지 않았어. 하지만 네가 그렇게 말하니까 생각난 건데, 점심 식사 후에 화장실에 갔었어. 내가 거기서 열쇠를 떨어뜨렸을까?

Aiping (Trying to help) It's possible. **Do you have any idea what time** it was when you last had them?
(도움을 주려고) 그럴 수도 있지. 네가 마지막으로 열쇠를 갖고 있던 때가 몇 시인지 생각나는 것 없어?

Jane I think it was around 1 p.m.
내 생각에 오후 한 시쯤이었던 것 같아.

Aiping Alright, let's retrace your steps. (Offering assistance) **Do you have any idea if** you stopped anywhere else after the restroom?
좋아, 그러면 네 동선을 추적해 보자. (도움 제시) 화장실 다녀와서 네가 어디에 들렀는지 뭐 생각나는 것 없어?

Jane I don't think so. I headed straight back to my desk after that. But wait, **do you have any idea if** the office reception keeps a lost and found box?
그런 적 없는 것 같아. 그 후에 곧바로 내 책상으로 향했으니까. 근데 잠깐, 혹시 회사 안내 데스크에 분실물 보관함이 있나?

Aiping Yes, they do. It's near the security desk. Should we go check there?
맞다, 그렇네. 보안 데스크 근처에 있어. 우리 가서 확인해 볼까?

Jane Yes, let's go right away. Thank you for helping me with this! **Do you have any idea what** I would do without you?
그래, 바로 가자. 도와줘서 고마워! 너 없이 내가 어떻게 살까?

Aiping No worries, Jane. **Do you have any idea if** you have a spare set of keys at home, just in case?
별말씀. 만약의 상황에 대비해 집에 여분의 열쇠는 있는 거야?

Jane Yes, I do. I'll definitely need them now. Thank you for reminding me!
응, 갖고 있어. 지금 확실히 그것들이 필요하네. 상기시켜 줘서 고마워!

(6) Do you mind if + 주어 + 동사 / Do you mind + 동사ing ←— 물음표가 있는

간접 의문문 ←— 간접 의문문   MP3 021-6

 영어권에서 자주 쓰이는 간접 의문문 중 빠뜨려서는 안 되는 것이 바로 다음 표현이다.

- Mind if ~

- Do you mind if ~

- Would you mind if ~

대표적인 것이 [Do you mind if I + 동사] 형식인데, Mind if ~는 구어체로 짧게 쓰이는 예이고, Would you mind if ~는 동사 Do보다 더 부드럽고 공손한 표현이다. 여기서 mind는 이 단어가 갖는 여러 의미 중에서 dislike좋아하지 않는다의 뜻이다. 그래서 I **don't mind** working an extra hour.라고 말하면 '한 시간 더 일해도 상관없어/별 문제없어/기분 나쁘지 않아.'의 뜻이 된다. 딱히 환영하거나 원한다고 말할 수는 없지만, 그렇다고 기분 나쁘거나 짜증 나지도 않는다는 의미이다.

이렇듯 Do you mind if ~?는 상대방의 승인을 묻는 간접 질문의 한 형태인데, 다음 두 문장을 비교해 보자.

- Do you mind if **I open** the window?
  내가 창문 여는 것이 너는 싫으니? (내가 창문 좀 열어도 돼?)

- Do **you** mind open**ing** the window?
  네가 창문 여는 것이 싫으니? (창문 좀 열어 줄래?)

이 두 문장은 창문을 여는 주체가 서로 다르다는 점에 주의해야 한다. Do you mind opening the window?는 질문하는 사람이 상대방에게 "네가 창문 좀 열어 줄래?" 하고 부탁하는 것이다. 겉으로는 질문 형식을 띠지만 내용은 무엇을 하라고 지시하는 것이다. Do you mind if ~?의 여러 가지 사용 예를 살펴보면서 익혀 보자.

1) Do you mind if 주어 + 동사 ~?의 예시 질문과 답변

1. Q **Do you mind if I borrow** your laptop? Mine is not working properly.
   당신 노트북 좀 빌려도 될까요? 제 것이 제대로 작동하지 않아서요.

   A *Of course not*. Feel free to use it.
   그럼요. 마음껏 쓰세요.

2. Q **Do you mind if I take** a photo with you? You look fabulous today.
   당신과 사진 찍어도 될까요? 오늘 정말 멋져 보여요.

   A *Not at all!* Let's take a selfie together.
   물론이죠! 함께 셀카 찍어요.

3. Q **Do you mind if I open** the window? It's getting quite warm in here.
   창문을 열어도 될까요? 이 안이 꽤 더워지고 있어요.

   A *No problem.* Go ahead and let some fresh air in.
   그럼요. 편하신 대로 환기하세요.

4. Q **Do you mind if I leave** the party a bit early? I have an early morning tomorrow.
   파티장을 조금 일찍 떠나도 될까요? 내일 일찍 일어나야 해서요.

   A *Sure, go ahead.* Thanks for coming!
   그러세요. 와 주셔서 감사합니다!

5. Q **Do you mind if I use** your charger? My phone's battery is almost dead.
   당신 충전기를 써도 될까요? 제 폰 배터리가 거의 다 됐어요.

   A *Not at all.* Here you go, feel free to use it.
   그럼요. 여기요. 마음껏 쓰세요.

2) Do you mind -ing?의 예시 질문과 답변

1. Q **Do you mind turning down** the volume a bit? It's hard to concentrate.
   소리를 조금 줄여 주시겠어요? 집중하기가 어려워요.

   A I apologize. I'll lower it immediately.
   죄송해요. 바로 소리 낮출게요.

2. Q **Do you mind helping** me with this project?
   Your expertise would be valuable.
   이 프로젝트 좀 도와주시겠어요? 당신의 전문 지식이 큰 도움이 될 거예요.

   A I'd be glad to help. Let's get started.
   기꺼이 도와드리죠. 시작해 봅시다.

3. Q **Do you mind not using** your phone during the meeting?
   It's a bit distracting.
   회의 중에는 전화 사용을 멈춰 주시겠어요? 조금 방해가 되서요.

   A Oh, sorry about that. I'll put it on silent.
   아, 죄송해요. 무음 모드로 해 둘게요.

4. Q **Do you mind taking the lead** on this presentation?
   I trust your public speaking skills.
   이 프레젠테이션을 이끌어 주시겠습니까? 당신의 발표력을 믿습니다.

   A I'd be honored to take the lead. Thank you for the opportunity.
   이끌게 돼서 영광입니다. 기회를 주셔서 감사합니다.

5. Q **Do you mind handling** the arrangements for the team outing? You're great at organizing.
   팀 외근 일정 조율을 진행해 주시겠습니까? 조직력이 탁월하시잖아요.

   A *Not at all.* I'll start planning the details right away.
   그렇게 하지요. 바로 세부 계획을 짜겠습니다.

   * Do you mind ~?는 직역하면 '~하는 것이 언짢으세요?'(실제 의미로는 정중한 부탁)이기 때문에 이에 대한 대답인 No, not at all!전혀 아닙니다! 형태가 되고, 의역하면 '물론입니다. 그렇습니다.'가 된다.

1. Do you mind 질문에 어떻게 답해야 할까?

Do you mind if ~?로 물어볼 때, '긍정'의 뜻으로 No, not at all!이라고 해도 되지만, 의미를 새겨서 '승인'하는 뜻으로 Sure!라고 해도 된다. 문법 책에서는 부정으로 답해야 한다고 설명하지만, 실생활에서 사람들은 아무렇지 않게 Sure! Come on in!으로 대답하기도 한다. 이런 상황이면 부정으로 대답해도, 긍정으로 대답해도 똑같은 뜻이 되니까 어리둥절할 수도 있다. 사실 원어민도 이렇게 헷갈리는 영어를 사용할 때는 농담으로 What do you mean? Yes or no?라고 되묻기도 한다.

Do you mind -ing? 질문에 "물론이죠."라고 긍정적인 답을 할 때 아래 표와 같은 표현들을 활용할 수 있다. 표에서 왼쪽 다섯 가지 예는 문법에 따라서 No, I do not mind 패턴을 그대로 따른 것이다. 오른쪽 다섯 가지 표현은 상대방의 예절 바른 제안이나 부탁을 의역하여 받아들이고 그에 대해 긍정하는 식이다. 문법적으로만 보면 '부정에 대한 부정'이 긍정이 되는 것이고, 의미론적으로 보면 '부탁'에 '긍정'해 주기 때문에 나타나는 현상이다.

Do you mind -ing? 질문에 할 수 있는 긍정적인 답변

문법적으로 긍정적인 대답	의미론적으로 의미에 대한 긍정적인 대답
Do you mind ~?너 ~가 맘이 상하니?에 "아니, 절대 안 상해."라고 대답하는 방법 • No, I don't mind. • No, that's okay. • No, go ahead. • Of course not. • No problem.	Do you mind ~?를 의역해 '~해도 될까?'라고 조심스레 묻거나 부탁하는 상대에게 "그럼!" 하고 '승인'하는 방법 • Sure, I can do that. • Yes, I can do that for you. • Sure, I'm happy to help. • That's perfectly fine with me. • Yes, I'm okay with that.

2. Do you mind 질문에 please를 붙여도 될까?

기본적으로 Do you mind ~? 질문형은 상대방의 '승인, 허락'을 묻는 정중한 질문이므로 질문 끝에 please를 붙여도 좋고, 안 붙여도 크게 문제는 안 된다.

(7) Would you mind if + 주어 + 과거 동사 / Would you mind + 동사ing

← 물음표가 있는 간접 의문문 ← 간접 의문문 만들기 　　　　　　　MP3 021-7

Do you mind 질문과 Would you mind 질문은 의미상 크게 차이가 있지는 않으며, 두 가지 모두 상대방의 승인을 묻는다. 단, Would you mind가 좀 더 공손한 뉘앙스를 띤다. 이와 관련된 내용은 can과 could의 차이에서 설명하였다. 의미상 차이 외에 Would you mind의 경우, 주어 뒤에 따라오는 동사를 '과거형'으로 사용한다는 것에 주목할 만하다.

다음에 오는 첫 번째 예문, Would you mind if I borrowed your car for the day?에서 if I borrowed your car라고 과거형으로 말하지만, 과거에 대해 묻는 것이 아니라 '혹시 내가 네 차를 빌린다면, 네 마음이 언짢겠니?'라는 가정의 의미를 내포하는 것으로 현재 차를 빌리고 싶다는 뜻이다.

Would you mind if를 활용한 질문과 긍정적/부정적인 답변의 예를 살펴보자. '승인'의 경우 동일한 뜻의 두 가지 상반되어 보이는 예를 볼 수 있다.

1. Q **Would you mind if I** borrowed your car for the day?
   하루 동안 당신 차를 빌려도 될까요?

   승인 **No, not at all.** You can borrow it.
   그럼요. 빌리셔도 돼요.

   승인 **Sure!** Feel free to use it.
   그럼요! 마음껏 사용하세요.

   거절 **I'm sorry, but** I'd rather you didn't use my car.
   죄송한데, 제 차를 안 쓰셨으면 해요.

2. Q **Would you mind if I** turned off the TV? It's too loud.
   TV 좀 꺼도 될까요? 너무 시끄러워서요.

   승인 **No problem.** Go ahead and turn it off.
   문제없어요. 어서 끄세요.

   승인 **Of course.** Go ahead and turn it off.
   그럼요. 어서 끄세요.

   거절 **Actually, I'd prefer if you didn't** turn it off right now.
   사실, 지금은 안 끄면 좋겠어요.

3. Q **Would you mind if I** used your laptop for a moment?
잠시 당신 노트북 좀 사용해도 될까요?

> `승인` **Of course not.** Feel free to use it.
> 그럼요. 마음껏 사용하세요.

> `승인` **Sure.** Feel free to use it.
> 그럼요. 마음껏 사용하세요.

> `거절` **I'm sorry, but I'd rather you didn't** use my laptop.
> 죄송하지만, 제 노트북 사용은 자제해 주시면 좋겠어요.

4. Q **Would you mind if I** brought my friend to the party?
제 친구를 파티에 데려와도 될까요?

> `승인` **Not at all!** Your friend is welcome to join us.
> 그럼요! 당신 친구가 우리와 함께해도 좋아요.

> `승인` **Of course!** I welcome your friend to the party.
> 물론이죠! 친구가 파티에 오는 것을 환영합니다.

> `거절` **I'd prefer if you didn't** bring your friend this time.
> 이번에는 친구를 데려오지 않았으면 해요.

5. Q **Would you mind if I** took a day off next week?
다음 주에 하루 휴가를 내도 될까요?

> `승인` **No problem.** You can take the day off.
> 문제없어요. 휴가 내셔도 돼요.

> `승인` **Sure.** Feel free to take the day off next week.
> 그럼요. 다음 주에 자유롭게 휴가를 내셔도 돼요.

> `거절` **I'm sorry, but I'd rather you didn't** take a day off next week.
> 미안하지만, 다음 주에 휴가는 내지 않았으면 해요.

Would you mind if ~?에서 동사의 과거형을 사용하는 이유는 뭘까? 이 문장이 기본적으로 '가정법 과거'에 해당되기 때문으로 볼 수 있다. 가정법 과거의 기본 형식은 다음과 같으며, 의미상으로 '현재 사실과 다른/동떨어진/반대'의 상황을 '가정'한다.

If I were a bird, I would fly to you.

If + 주어 + were/과거 동사 + 보어(명사),   주어 + would + 동사원형

'내가 새라면 당신에게 날아가겠다.'라는 말을 들여다보면, '나는 새가 아니라서 현재 당신에게 날아갈 수 없다.'는 뜻이기도 하다. 현재의 내 상황과 내가 상상하거나 가정하는 상황 사이에 괴리가 있다. 그래서 흔히 가정법 과거를 현재 사실의 반대라고 짧게 설명한다. 정중한 질문형 Would you mind if는 바로 이 가정법 과거 패턴을 그대로 활용한 것이다.

Would you mind if we went out for swimming?
우리가 수영하러 나가도 될까요?

이 문장을 가정법 과거 형식으로 배열해 보자.

If we **went** out for swimming, would you mind?
만약에 우리가 수영하러 나간다면, 너는 싫어할 거니?

이 문장을 보면, 우리는 아직 수영하러 밖으로 나간 것이 아니고 현재 어딘가 실내에 있다는 것을 알 수 있다. 그렇다면 왜 아직 수영하러 밖에 나가지도 않았는데 동사 과거형을 쓴 걸까? 바로 현재 사실이 아닌 어떤 상황을 가정하기 위해서가 그 이유이다. 다음 상황에서 Would you mind로 시작하는 질문과 답변을 함께 확인해 보자.

Case 1

Emily
Hi Jake, **would you mind if I brought** my dog, Max, along to the party tonight? He's really well-behaved.
안녕, 제이크, 오늘 저녁 파티에 우리 강아지 맥스를 데려와도 될까요? 걔가 정말 얌전해요.

Jake
I'm sorry, Emily, but there's someone in my family with a dog allergy, so it would be difficult to bring Max to the party.
미안하지만, 에밀리, 제 가족 중에 개털 알레르기가 있는 분이 있어서, 맥스를 데리고 오는 건 어렵겠어요.

Emily
No problem, I completely understand. It's better to be considerate of your family's health.
알겠어요, 충분히 이해해요. 가족들의 건강을 생각하시는 건 당연하죠.

Jake
Thanks for understanding, Emily. On a different note,

---

would you mind helping me set up the decorations for the party?

이해해 주셔서 고마워요, 에밀리, 이건 딴 얘긴데, 파티 장식 꾸미는 것 좀 도와주시겠어요?

Emily   **Of course not**, I'd be happy to help with the decorations.

그럼요, 장식 꾸미는 거 기꺼이 도와 드려야죠.

Jake   Great! I appreciate your help.

좋아요! 도와주신다니 감사해요.

Case 2

Sophia   Michael, **would you mind if I opened** the window? It's getting a bit stuffy in here.

마이클, 제가 창문 좀 열어도 될까요? 여기가 조금 답답해져서요.

Michael   **Not at all**, go ahead and open it. Fresh air would be nice.

그럼요, 열어도 돼요, 상쾌한 공기가 들어오면 좋을 거예요.

Case 3

Lois   Steve, **would you mind watching** my bag for a moment while I use the restroom?

스티브, 잠시 화장실 가는 동안 제 가방 좀 봐 주실래요?

Steve   **Of course not**, I'll keep an eye on it for you.

그러죠, 제가 봐 드릴게요.

Case 4

Chandler   Eunice, **would you mind lowering** your voice a bit? We're in a library.

유니스, 목소리 좀 낮춰 주시겠어요? 우리 지금 도서관에 있잖아요.

Eunice   **Oh, I'm sorry.** I didn't realize it was too loud.

오, 미안해요, 제 목소리가 그렇게 큰 줄 몰랐어요.

2. 물음표가 없는 간접 의문문

(1) I wonder + wh-의문사 + 주어 + 동사 ← 물음표가 없는 간접 의문문
← 간접 의문문 만들기

MP3 021-8

직접 의문문	Who is he? 그 사람이 누구지?
간접 의문문 (물음표 있음)	Do you know who he is? 그 사람이 누군지 너 아니?
간접 의문문 (물음표 없음)	I wonder who he is. 그 사람이 누군지 모르겠네. * "도대체 그 사람이 누구지?" 하는 질문을 직접 하지 않고 넌지시 상대방이 들으라고 하거나 자문한다.

위의 표에서 직접 의문문 Who is he?에 Do you know나 I wonder나는 의문을 갖네라는 간접 의문형 표현이 들어가고 who he is?(의문사-주어-be동사) 형태로 어순이 바뀌었다. 물음표가 없는 의문문은, 의미는 '질문'인데 형태는 평서문이라서 물음표를 붙이지 않는다. 다음은 직접 의문문을 [I wonder + wh-의문사 + 주어 + 동사]의 간접 의문문 형태로 바꾼 것이다.

직접 의문문	I wonder + wh-의문사 간접 의문문
Who is your favorite singer? 네가 가장 좋아하는 가수는 누구야?	**I wonder who** your favorite singer **is**. 네가 가장 좋아하는 가수가 누구인지 궁금해.
Why is the boss in a bad mood? 왜 보스가 기분이 언짢은 거야?	**I wonder why** the boss **is** in a bad mood. 보스 기분이 왜 언짢은지 궁금해.
How often do I need to work out for health? 건강을 위해 얼마나 자주 운동을 해야 하지?	**I wonder how often** I **need** to work out for heath. 건강을 위해 얼마나 자주 운동을 해야 하는지 궁금해.
What is the cause of the wildfire in Australia? 호주에서 발생한 산불의 원인이 뭐지?	**I wonder what** the cause of the wildfire in Australia **is**. 호주에서 발생한 산불의 원인이 뭔지 궁금해.

직접 의문문	I wonder + wh-의문사 간접 의문문
Where can I find the tallest building in Korea? 한국에서 가장 높은 빌딩을 어디에서 찾을 수 있지?	**I wonder where I can** find the tallest building in Korea. 한국에서 가장 높은 빌딩을 어디에서 찾을 수 있을지 궁금해.
When is our next summit meeting scheduled? 우리 다음 정상회담은 언제로 잡혀 있지?	**I wonder when** our next summit meeting **is** scheduled. 우리 다음 정상회담이 언제로 잡혀 있는지 궁금해.

다음은 I wonder + wh-question육하원칙 질문의 사례들이다.

1 **I wonder who** the guest speaker at the conference will be tomorrow.
내일 컨퍼런스에 누가 초청 연사일지 궁금하네요.

2 **I wonder how** we can improve customer satisfaction levels for our product.
우리 제품의 고객 만족도를 어떻게 개선할 수 있을지 궁금합니다.

3 **I wonder what strategies** our competitors are using to attract new clients.
우리 경쟁사들이 신규 고객 유치를 위해 어떤 전략을 쓰는지 궁금해요.

4 **I wonder when** the next board meeting will take place.
다음 이사회 회의가 언제 열릴지 궁금해요.

5 **I wonder where** the files for the new project are stored on the server.
새 프로젝트 파일이 서버 어디에 저장되어 있는지 궁금해요.

6 **I wonder why** the sales figures for this quarter have declined.
왜 이번 분기 판매 실적이 감소했는지 궁금합니다.

다음 대화에서 I wonder + wh-의문사가 포함된 간접 의문문이 어떻게 활용되는지 들여다보자.

Steve **I wonder who** the keynote speaker is for tomorrow's opening session.
내일 개회 세션에 기조 연설자로 누가 오시는지 궁금해요.

Jane I heard it's Professor Leigh from the Business School. She's known for her expertise in international marketing.
경영대학의 리 교수님이라 들었어요. 해외 마케팅 분야에서 전문가로 유명하답니다.

Steve **I wonder when** the workshop on marketing trends will be held.
마케팅 트렌드 워크숍은 언제 열리는지 궁금해요.

Jane According to the schedule, it's scheduled for 2:00 p.m. in Room B.
일정표에 따르면, 오후 2시에 B실에서 열릴 예정이에요.

Steve **I wonder why** some of the attendees haven't confirmed their registration yet.
일부 참가자들이 왜 아직 등록을 확인하지 않았는지 궁금하네요.

Jane I think the registration deadline was extended due to technical issues with the online platform.
등록 마감 기한이 온라인 플랫폼의 기술적인 문제로 인해 연장되었던 것 같아요.

Steve **I wonder where** we can cut costs to improve profitability.
수익성 개선을 위해 어디서 비용을 줄일 수 있는지 궁금해요.

Jane The report suggests that optimizing the supply chain and renegotiating vendor contracts could help reduce expenses.
보고서에 따르면, 공급망 최적화와 공급업체와의 계약 재협상이 비용 절감에 도움이 될 거라고 해요.

Steve **I wonder how** we can ensure smooth transportation for all participants.
모든 참가자들에게 원활한 이동 수단을 어떻게 보장할 것인지 궁금해요.

Jane We can arrange shuttle services between the conference venue and major hotels in the area to ensure convenience.
지역 내 주요 호텔과 컨퍼런스 장소 간 셔틀 서비스를 마련해 편의를 제공할 수 있어요.

Steve **I wonder what** the capacity of the main hall is.
메인 홀의 수용 인원이 얼마인지 궁금해요.

Jane The main hall can accommodate up to 500 attendees comfortably.
메인 홀은 최대 500명의 참가자를 편안하게 수용할 수 있어요.

(2) I wonder if/whether + 주어 + 동사 ← 물음표가 없는 간접 의문문 ← 간접 의문문

간접 의문문에는 '누가, 언제, 어디서, 무엇을, 어떻게, 왜'를 묻는 것 외에 무엇을 했는지 안 했는지, 갔는지 안 갔는지, 맞는지 틀리는지가 궁금해 묻는 것도 있다. 다음 예를 보자.

직접 의문문	**Can he swim?** 그 사람 수영할 줄 알아?
간접 의문문 (물음표 있음)	**Could you tell me if he can swim?** 그 사람이 수영할 줄 아는지 말해 줄래?
간접 의문문 (물음표 없음)	**I wonder if he can swim.** 그 사람이 수영할 줄 아는지 모르겠네.

직접 의문문 Can he swim?과 간접 의문문 Could you tell me if he can swim?은 '의문문'이라는 이름에 걸맞게 물음표로 문장이 끝난다. I wonder if he can swim.그 사람이 수영할 줄 아는지 모르겠네.은 평서문 형식을 띠고, 물음표도 없다. 그럼에도 우리는 이것을 '질문'으로 받아들인다. 누군가 I wonder if Steve can swim…스티브가 수영할 수 있는지 모르겠네…이라고 말한다면, 나는 본능적으로 이것을 '질문'으로 받아들이고 I know that he enjoys swimming all through the summer!스티브가 여름 내내 수영을 즐긴다는 걸 나는 알고 있지!라고 답할 것이다. 스티브가 수영할 줄 안다는 답변이다.

이처럼 I wonder ~로 시작하는 의문문은, 의미상으로는 '질문'이지만 형태상으로는 평서문이므로 평서문의 구조를 따른다. 또 I wonder if/whether로 시작하는 의문문은 상대에게 정보나 의견을 묻거나 무언가 할 수 있는지 청유할 때 쓴다. 다음 예문을 보자.

직접 의문문	I wonder if ~ 간접 의문문
Could you lend me some money? 나한테 돈 좀 빌려줄 수 있니?	**I wonder if you could** lend me some money. 나한테 돈 좀 빌려줄 수 있을지 모르겠네.
Would you do me a favor? 부탁 좀 들어줄래?	**I wonder if you would** do me a favor. 내 부탁 좀 들어줄 수 있을지 모르겠네.
Would you like to go to the movies with me? 나랑 영화 보러 갈래?	**I wonder if you would** like to go to the movies with me. 네가 나랑 영화 보러 갈지 모르겠네.
Is he married? 그 남자 유부남이니?	**I wonder if he is** married. 그 남자, 유부남인지 모르겠네.
Can we meet on Thursday next week? 다음 주 목요일에 우리 만날 수 있을까?	**I wonder if we can** meet on Thursday next week. 우리가 다음 주 목요일에 만날 수 있을지 모르겠네.
Is it possible to send it out by express mail? 이것을 속달로 보낼 수 있을까요?	**I wonder if it is** possible to send it out by express mail. 이것을 속달로 보낼 수 있을지 모르겠네요.
Do you speak English? 영어 하니?	**I wonder if you speak** English. 네가 영어를 하는지 모르겠네.

다음은 I wonder if ~를 활용한 질문과 답의 예이다.

Q **I wonder if** the research paper has been peer-reviewed.
연구 논문이 동료 평가를 거쳤는지 궁금해요.

A Yes, it has undergone rigorous peer-review and received positive feedback.
네, 엄격한 동료 평가를 거쳤고, 긍정적인 피드백을 받았어요.

Q **I wonder if** the professor will extend the deadline for the assignment.
교수님이 과제 마감일을 연장할지 모르겠네요.

A No, the professor mentioned that the deadline is fixed and won't be extended.
아니요, 교수님께서 마감일은 확정되어서 연장되지 않을 거라고 말씀하셨어요.

Q **I wonder if** the university offers scholarships for international students.
대학교에서 해외 학생들을 위한 장학금을 제공하는지 궁금해요.

A Yes, there are various scholarships available for eligible international students.
네, 자격을 갖춘 해외 학생들을 위한 다양한 장학금이 있어요.

Q **I wonder if** the conference presentation has been scheduled yet.
학회 발표 일정이 잡혔는지 궁금해요.

A Not yet, the conference organizers will notify us about the schedule later.
아직이요, 학회 주최자가 나중에 일정을 알려 줄 거예요.

Q **I wonder if** the library has access to the latest academic journals.
도서관에서 최신 학술 저널에 접근할 수 있는지 모르겠네요.

A Yes, the library provides access to a wide range of up-to-date academic journals.
네, 도서관에서 다양한 최신 학술 저널에 접근할 수 있어요.

I wonder 대신 I am wondering도 종종 쓰이는데, I am wondering으로 표현할 때는 궁금해하는 것에 '시간성'이 부여된다. 직선적으로 '궁금한 사항'을 말하고 싶으면 I wonder ~로, '지금 현재 이 문제가 궁금하다'라고 강조하고 싶으면 I am wondering ~로 표현한다. 의미상 큰 차이는 없다.

1 **I am wondering if** technology advancements will eventually replace traditional classrooms and teachers.
기술 발전이 결국 전통적인 교실과 교사를 대체하게 될지 궁금합니다.

2 **I am wondering if** learning a musical instrument can enhance cognitive abilities and academic performance.
악기를 배우는 것이 인지 능력과 학업 성적을 향상시킬 수 있는지 궁금합니다.

3 **I am wondering who** invented the concept of time and **how** it has evolved throughout history.
누가 시간의 개념을 발명했고, 역사 전반에 걸쳐 어떻게 진화해 왔는지 궁금합니다.

4 **I am wondering what factors** contribute to the rise of creative thinking and **how** we can nurture it in education.
창의적 사고의 증가에 기여하는 요소가 무엇이며, 교육에서 이를 어떻게 기를 수 있는지 궁금합니다.

5 **I am wondering when** the first computer was invented and **where** it took place.
최초의 컴퓨터가 언제 발명되었고, 어디에서 발생한 것인지 궁금합니다.

(3) 기타 ← 물음표가 없는 간접 의문문 ← 간접 의문문 | MP3 021-10 |

I would like to know 의문문

문장 구조상 'I wonder 의문문'에서 I wonder 대신 I would like to know를 사용해도 크게 차이가 나지 않는다. 미세한 뉘앙스 차이라면 I would like to know가 좀 더 직접적인 질문에 가깝다. 그러므로 예의를 차려야 하는 상황에서는 I wonder로 질문하고, 가까운 친구 사이나 격식을 차리지 않아도 되는 상황, 좀 더 직접적으로 답을 구하는 상황이라면 I would like to know ~로 질문한다.

I would like to know 의문사	**I would like to know when** the bus arrives. 버스가 언제 도착하는지 알고 싶어. * 버스가 언제 도착하는지 말해 주면 좋겠어.
I would like to know if	**I would like to know if** you could identify some clues. 네가 뭔가 실마리를 찾을 수 있을지 알고 싶어. * 실마리를 찾아줄 수 있는지 청유형으로 묻는다.

1 **I would like to know how** the theory of relativity revolutionized our understanding of the universe.
상대성 이론이 우주에 대한 우리의 이해를 어떻게 혁신했는지 알고 싶습니다.

2 **I would like to know what steps** are being taken to combat deforestation and its impact on global ecosystems.
산림 벌채와 그것이 전 세계 생태계에 미치는 영향에 맞서기 위해 어떤 조치들이 취해지고 있는지 알고 싶습니다.

3 **I would like to know when and where** the concept of human rights was first established, and **how** it has evolved over time.
인권 개념이 언제 어디에서 처음 정립되었고, 시간이 지나면서 어떻게 발전해 왔는지 알고 싶습니다.

4 **I would like to know if** access to education can help break the cycle of poverty.
교육에 접근하는 것이 빈곤의 순환을 깨는 데 도움이 되는지 알고 싶습니다.

5 **I would like to know if** there are long-term effects of excessive screen time on children's development.
과도한 스크린 시간이 아이들의 발달에 장기적 영향을 미치는지 알고 싶습니다.

I don't know 의문문

I don't know 의문문 역시 I would like to know나 I wonder와 문장 구조는 동일하다. 의미상의 미세한 차이라면, I would like to know ~가 좀 더 일반적인 질문으로 호기심에 기반한다는 인상을 주는 반면, I don't know ~ 의문문은 화자가 해당 내용에 대한 정보가 '부족'하고, 더 즉각적인 '정보'나 '답'을 요구한다는 것이다. I don't know ~ 질문이 '즉답'을 요구하는 데는 효과적이지만, 반복적으로 사용하면, 스스로 답을 못 찾고 남에게 의존하는 사람이라는 부정적인 인상을 줄 수도 있으므로 조심스럽게 사용할 것을 권한다.

I don't know 의문사	**I don't know how** he could climb up the ladder. 그가 사다리에 어떻게 올라갈 수 있었는지 알 수가 없군. * 독백 같지만, 대화 중이라면 듣는 사람이 뭔가 답을 해 주길 기대하는 것이다.
I don't know if	**I don't know if** he can climb up to the top of the tree. 그가 나무 꼭대기까지 올라갈 수 있을지 모르겠네.

1 **I don't know who** invited Mary to the party.
누가 메리를 파티에 초대했는지 모르겠어요.

2 **I don't know what time** the concert starts.
콘서트가 몇 시에 시작하는지 모르겠어요.

3 **I don't know when** the new movie will be released.
새 영화가 언제 개봉되는지 모르겠어요.

4 **I don't know where** the nearest bus stop is.
가장 가까운 버스 정류장이 어디인지 모르겠어요.

5 **I don't know why** the computer keeps freezing.
컴퓨터가 왜 자꾸 멈추는지 모르겠어요.

6 **I don't know if** she will be able to attend the meeting tomorrow due to her busy schedule.
바쁜 일정 때문에 그녀가 내일 회의에 참석할 수 있을지 모르겠어요.

7 **I don't know if** they have already received the package we sent last week.
그 사람들이 우리가 지난주에 보낸 소포를 이미 받았는지 모르겠어요.

EM's Tips 2

이 장에서는 간접 의문문을 소개하면서 '물음표'를 취하는 의문문과, 물음표 없이 평서문으로 만드는 의문문의 종류와 그 예들을 살펴보았다. 물론 소개된 표현 외에도 I am curious about, I am not sure 등 평서문 형식으로 질문할 수 있는 표현은 많다. 그렇다면 물음표가 있는 질문과 I wonder, I would like to know, I don't know처럼 평서문 형태로 물음표 없이 질문하는 표현 사이에는 어떤 차이가 있을까? I wonder, I would like to know 같은 평서문 형식의 의문문은 주어가 '나'로 시작하는 만큼 질문의 내용이 좀 더 개인의 관심사나 호기심, 혹은 개인적으로 필요한 사실에 입각한 답변들을 요구하는 표현인 경우가 더 많다.

Could you tell me if Steve can swim? 스티브가 수영할 수 있는지 말해 줄래요?

I wonder if Steve can swim. 난 스티브가 수영할 수 있는지 궁금해.

Could you tell me로 시작하는 질문은 스티브가 수영할 수 있는가 없는가를 직접적으로 묻고, I wonder의 경우에는 직접 묻기보다 개인적인 궁금함이나 호기심을 표현한다. Could you tell me로 물으면 상대는 질문을 받았으니 답을 해야 하는 의무가 생기지만, I wonder로 물으면 혼잣말처럼 받아들여질 수도 있어서 상대가 느끼는 답변에 대한 의무감이 약한 편이다. 질문을 던지되 상대방에게 답변의 부담을 덜 주려는 듯한 의도가 느껴진다. 그런 이유로 '에둘러서 간접적으로 묻는 질문'을 우리는 예의 바르고 정중하다고 받아들인다. 반면, 즉각적인 답을 요구하는 질문은 마음의 부담을 주기 때문에 짧고, 정확한 질문일수록 '무례하다'는 인상을 줄 수도 있다.

앞서 설명한 바와 같이 직접 질문이나, 조금 에둘러 묻는 간접 질문이나 상황에 따라서 장단점이 있다. 우리는 상황에 맞춰 때로는 짧고 간단하게, 때로는 에둘러서 부담을 주지 않는 질문을 골라 하면 된다. 물론 '나는 영어가 짧아서 예의를 차릴 겨를이 없고, 정보가 필요하다.'고 판단되면, 최대한 친절한 몸짓과 표정과 예의를 차린 어조로 내가 할 수 있는 영어를 던지면 된다.

또 영어 학습자가 주의해야 할 것이 있다. 대체로 '물음표'가 들어간 형태의 질문에 대해서는 '대답'해야 한다고 알고 있다. 그런데 대화 상대가 I wonder if ~, I don't know whether ~라고 물음표 없이 혼잣말하듯 던지는 말도 상대방이 부담스럽지 않게 에둘러서 전달하는 질문이다. 따라서 '물음표'가 없다 하더라도 그것을 '질문'으로 받아들이고 이에 적절한 대답을 해 줘야 한다. 넌지시 에둘러 묻는 말에 아무 대답도 않고 멀뚱멀뚱 있거나 그냥 지나친다면 무뚝뚝하거나 무례한 모습으로 비칠 수도 있고, 대화 역시 자연스럽게 이어질 수 없다. 상대방의 간접 질문에 맞장구를 쳐 주거나 대답을 해 주는 것이 소통에 도움이 된다는 것을 명심하자.

CHAPTER 3

확정과 동의를 구한다
: 부가의문문

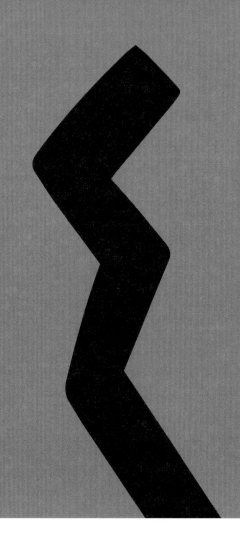

부가의문문이란?

MP3 022

It's such a wonderful day, **isn't it?** 오늘 날씨 참 좋지, 응?

This painting is fantastic, **isn't it?** 이 그림 작품 정말 근사하지, 그렇지?

He won't forget to call you, **will he?** 그가 너에게 전화 거는 것을 잊지는 않겠지, 그렇지?

They don't like spicy food, **do they?** 그들은 매운 음식을 안 좋아하죠, 그렇죠?

한국어든 영어든 질문 뒤에 꼬리를 붙여서 재차 물을 때가 있다. 새 옷을 사면 '상표tag'가 달려 오듯, 문장 뒤에 꼬리를 달았다고 해서 영어로 tag question이라고 하고, 한국어로는 '부가의문문'이라고 한다. 부가의문문을 만드는 방식은 간단하다. 평서문의 끝에 꼬리처럼 본동사와 반대의 뜻으로 동사와 주어를 붙여 주는 것이다.

부가의문문을 사용하는 이유는 대체로 다음과 같은 기능 때문이다.

1. Seeking confirmation 확인 및 동의 요청
2. Polite expression 공손한 표현
3. Enhancing communication 원활한 의사소통 강화
4. Rapport building 더 나은 관계 형성
5. Expression of uncertainty 불확실성 표현

Seeking confirmation 확인 및 동의 요청

부가의문문은 상대방에게 말한 내용을 확인하거나 동의를 요청하는 데 쓰인다.

1 **You've** already **discussed** the matter with the team, **haven't you?**
   팀원들과 그 문제를 이미 논의한 거죠, 그렇죠?

2 **She finished** the report on time, **didn't she?**
   그녀가 보고서를 정시에 마친 거 맞죠?

3 **He's not** available for a meeting today, **is he**?

그는 오늘 회의에 올 수 없다는 건가요?

4 **We're** still meeting at the usual location, **aren't we**?

우리 평소 만나던 장소에서 만나는 거죠, 맞죠?

Polite expression 공손한 표현

부가의문문은 말투를 부드럽게 하고, 직접적이거나 강요하는 느낌을 완화 시키기 위해 쓴다.

1 **I can** count on your support, **can't I**?

당신의 지원을 기대해도 되겠죠?

2 **You wouldn't** be able to lend me a hand, **would you**?

저 좀 도와주실 수 없을까요?

3 **You've had** the opportunity to review the proposal, **haven't you**?

제안서를 검토할 기회가 있으셨을까요?

4 Excuse me, **you wouldn't** mind passing me the document, **would you**?

죄송합니다만, 그 서류를 제게 건네주실 수 있을까요?

5 **You won't** forget to forward me the email, **will you**?

그 이메일 제게 전달하는 거 잊지 말아 주셔요, 네?

Enhancing communication 원활한 의사소통 강화

부가의문문을 사용해 상대방의 반응을 파악하고, 그에 따라 의사소통을 조 정할 수 있다.

1 **Let's** meet for lunch tomorrow, **shall we**?

내일 점심 식사 함께할까요?

2 **We've considered** all the options, **haven't we**?

우리가 모든 가능한 옵션을 고려한 거죠, 맞죠?

3 **This issue needs** to be addressed promptly, **right**?

이 사안은 즉시 처리되어야 하는 거죠, 그렇죠?

4 **The new policy has been** communicated to everyone, **hasn't it**?

새 정책이 모든 사람들에게 전달된 거죠, 그렇죠?

Rapport building 더 나은 관계 형성

부가의문문은 상대방이 대화에 참여하도록 유도하여 상대방과의 관계 형성을 도모할 수 있다.

1 **You've visited** this city before, **haven't you?**
전에 이 도시를 방문하신 적 있죠, 그렇죠?

2 **We've worked** together on a previous project, **right?**
우리 이전 프로젝트에서 함께 일한 적 있죠?

3 **The conference was** informative and engaging, **wasn't it?**
그 컨퍼런스는 정보도 많고 흥미로웠죠, 그렇죠?

4 **Let's** collaborate on this new initiative, **shall we?**
이 새로운 사업을 위해 함께 협력합시다, 그러실 거죠?

Expressions of uncertainty 불확실성 표현

부가의문문은 말하는 이가 정보의 정확성을 확신하지 못하거나 사실을 재확인하고 싶을 때 사용할 수 있다.

1 **The deadline is** tomorrow, **isn't it?**
마감 기한이 내일인가, 그런가요?

2 **She's not** arriving until later, **is she?**
그 여자는 나중에나 도착할 건가요?

3 **The outcome is** still uncertain, **isn't it?**
결과는 아직 분명하지 않지, 그렇지?

4 **He won't** mind if we borrow his laptop, **will he?**
우리가 그의 노트북을 빌려도 그는 신경 쓰지 않겠지?

5 **We're not** going to face any problems, **are we?**
우리 별 문제없겠지?

부가의문문은 상대방의 동의를 구하거나 사실 확인을 하거나 강조하기 위해 주어진 문장에 짧은 질문을 '부가적으로' 덧붙이는 것이다. 이렇게 상대방의 동의를 구하는 듯한 언어의 제스처 때문에 부가의문문이 직접 의문문보다 '공손하다'는 느낌을 준다. 간접적으로 에둘러서 묻거나, 부가의문문으로 장식을 하면 질문하는 상황이 훨씬 부드럽게 느껴진다. 누군가가 내게 질문할 때 공격당한다고 여길 수도 있는데, 이런 '간접 질문'이나 '부가 질문' 장치들이 상황을 부드럽게 이끈다. 그렇기에 영어에서 부가의문문은 효과적인 대화를 위해 필수적이며, 잘 활용하면 영어를 더 잘 구사하고 다양한 상황에서 타인과 소통하는 능력을 향상시킬 수 있다.

EM's Tips

영어가 제1 언어인 미국, 캐나다, 영국, 호주, 뉴질랜드 등에선 부가의문문의 구조와 기능은 동일하지만, 단어 선택과 억양 등 몇 가지 측면에서 다른 점이 있다.

억양

미국 영어: 부가의문문을 상승 억양으로 발음하는 경향이 있다. You're coming to the party, right?라고 할 때, right?의 끝을 올린다.

영국 영어: 미국 영어와 반대로 부가의문문이 하락하는 억양으로 발음된다. You're coming to the party, aren't you?라고 할 때, aren't you?의 인토네이션이 위에서 내려오며 끝난다.

단어

미국 영어: right가 일반적으로 쓰인다.

You've seen this movie before, right? 이 영화 전에 봤죠?

영국 영어: isn't it, aren't you, don't you, haven't you와 같은 일반적인 부가의문문이 자주 쓰인다.

You've seen this movie before, haven't you? 이 영화 전에 봤죠?

사용 빈도

부가의문문은 미국보다 영국에서 더 자주 쓰인다. 영국인들이 미국인보다 자주 부가의문문을 9배 더 사용한다는 이야기도 있다.

위의 내용은 일반적인 성향이며, 개인차도 크므로 참고 삼아 알아두자.

부가의문문 만들기

MP3 023

[주어 + 동사] 평서문에 부가의문문을 꼬리표처럼 붙일 때는, 이 역시 의문문이므로 '꼬리표'는 [동사 + 주어]로 순서가 바뀐다. 긍정문의 부가의문문은 [동사 + not + 주어]의 형식이고, 부정문의 부가의문문은 [동사 + 주어]의 형식이다.

긍정문의 부가의문문

It   is a cat, isn't it?

주어 + 동사   동사(is) + not + 주어

부정문의 부가의문문

You didn't   finish your assignment, did you?

주어 + 조동사 + not + 본동사   조동사 + 주어

긍정문의 부가의문문	부정문의 부가의문문
She is coming to the party, isn't she? 그녀는 파티에 올 거죠?	**She isn't** coming to the party, is she? 그녀는 파티에 오지 않을 거죠?
They have completed the project on time, haven't they? 그들은 프로젝트를 제시간에 완료했죠?	**They haven't finished** the project yet, have they? 그들은 아직 프로젝트를 끝내지 않았죠?
He excels in problem-solving, doesn't he? 그는 문제 해결에 뛰어나죠?	**He doesn't** excel in problem-solving, does he? 그는 문제 해결에 뛰어나지 않죠?
We will be attending the conference, won't we? 우리는 그 컨퍼런스에 참석하겠죠?	**We won't** be attending the conference, will we? 우리는 그 컨퍼런스에 참석하지 않겠죠?

긍정문의 부가의문문	부정문의 부가의문문
The team achieved their sales target, didn't they? 그 팀은 판매 목표를 달성했죠?	**The team didn't** achieve their sales target, did they? 그 팀은 판매 목표를 달성하지 못했죠?
You enjoyed the concert last night, didn't you? 어젯밤 콘서트 잘 봤죠?	**You didn't** enjoy the concert last night, did you? 어젯밤 콘서트 잘 보지 못했죠?
The new product received positive reviews, didn't it? 새 제품은 긍정적인 평가를 받았죠?	**The new product didn't** receive positive reviews, did it? 새 제품은 긍정적인 평가를 받지 못했죠?
He is an excellent public speaker, isn't he? 그는 탁월한 대중 연설가죠?	**He isn't** an excellent public speaker, is he? 그는 탁월한 대중 연설가는 아니죠?
We have made significant progress, haven't we? 우리는 상당한 진전을 이루었죠?	**We haven't made** significant progress, have we? 우리는 상당한 진전을 이루지 못한 거죠?
This movie was critically acclaimed, wasn't it? 이 영화는 비평가들의 호평을 받았죠?	**This movie wasn't** critically acclaimed, was it? 이 영화는 비평가들의 호평을 받지 못했죠?

이렇게 긍정문으로 시작하는 부가의문문과, 부정문으로 시작하는 부가의문문에는 어떤 차이가 있을까? 대체로 화자의 '태도'에서 차이가 난다. 긍정문으로 시작하는 부가의문문의 경우, 화자는 상대방으로부터 동의나 긍정적인 답이 올 것을 예측하거나 기대한다. 반면에 부정문으로 시작하는 부가의문문의 경우에는 화자가 자신의 발언에 자신이 없거나 확실치가 않아서, 상대방이 좀 더 정확한 정보를 주거나 올바른 정보를 줄 가능성도 열어 놓는 표현이다.

문법적으로는 긍정문에 부정의 부가의문문을, 부정문에 긍정의 부가의문문을 붙이는 것이 원칙이지만, 실제 생활에서 원어민들이 말할 때는 [긍정 의문문―긍정 부가의문문], [부정 의문문―부정 부가의문문] 등으로 제멋대로 쓰기도 한다. 그러니 영어 학습자로서 가장 안전한 길은 문법적으로 맞는 말을 하는 것이다. 그렇지만 문법적으로 다소 오류가 있어도 크게 문제가 되지는 않는다. 속담에도 있듯이 '모로 가도 서울만 가면 되고', 영어가 서툴러도 통하면 되는 것이다.

부가의문문의 억양과 대답

MP3 024

영어를 말할 때는 말의 높낮이intonation도 매우 중요한데, 부가의문문도 끝을 올리는가 내리는가에 따라서 의미상 미묘한 차이가 있다. 부가의문문의 말꼬리를 떨어뜨리면, '나는 답을 알고 있어. 그냥 확인하려고 형식적으로 질문을 붙인 것뿐.'이라는 뜻이고, 말끝을 올리고 끝내면 '확신할 수 없지만 나는 이렇게 생각해. 사실인지 아닌지 확인해 줘.'의 뜻이다. 확신이 선다면 말끝을 떨어뜨리고, 확신이 없어서 상대방에게 정말로 맞는지 틀리는지 묻는 거라면 말끝을 올린다.

It's a bat, isn't it? 이것은 박쥐야. 그렇지?
(나는 이것이 박쥐라는 것을 알지만, 확인차 질문하는 거야.)

It's a bat, isn't it? 이것은 박쥐야. 그렇지?
(나는 이것이 박쥐인지 아닌지 잘 모르겠어. 이것이 박쥐 맞아?)

Snow is white. 문장을 여러 가지 형태의 의문문으로 만들어 보자.

질문	한국어 대답	영어 대답
Is snow white? 눈은 흰색이야?	응, 흰색이야.	Yes, it is.
Isn't snow white? 눈이 흰색이 아닌가?	아니/응, 흰색이야.	Yes, it is.
Snow is white, isn't it? 눈은 흰색이야, 그렇지?	응, 흰색이야.	Yes, it is.
Snow isn't white, is it? 눈은 흰색이 아닌가, 그래?	아니, 흰색이야.	Yes, it is.

네 가지 다른 형태지만 동일한 뜻의 문장, '눈은 희다.'를 긍정으로 묻든, 부

정으로 묻든 상관없이 '눈은 희다.'가 맞으면 무조건 답은 Yes이다.

질문	한국어 대답	영어 대답
Does the earth revolve around the sun? 지구가 태양의 주위를 도나요?	네, 그렇습니다.	Yes, it does.
Doesn't the earth revolve around the sun? 지구가 태양의 주위를 돌지 않나요?	아니요, 돌아요.	Yes, it does.
The earth revolves around the sun, doesn't it? 지구가 태양의 주위를 돌죠, 그렇지 않나요?	네, 돌아요.	Yes, it does.
The earth doesn't revolve around the sun, does it? 지구는 태양의 주위를 돌지 않아요, 그렇죠?	아니요, 돌아요.	Yes, it does.

이 예에서도 마찬가지이다. The earth revolves around the sun.이라는 긍정 문이 있다. 이 긍정문에 부합하면 부가의문문이 긍정이건, 부정이건 상관 없이 무조건 Yes로 답한다. 사실이 아니면 무조건 No이다.

질문	한국어 대답	영어 대답
Is the capital city of China Shanghai? 중국의 수도는 상하이입니까?	아니요, 아닙니다.	No, it isn't.
Isn't the capital city of China Shanghai? 중국의 수도는 상하이 아닌가요?	네, 아니지요. (헷갈리는 대답)	No, it isn't.
The capital city of China is Shanghai, isn't it? 중국의 수도는 상하이죠, 그렇죠?	아니요, 아닙니다.	No, it isn't.
The capital city of China isn't Shanghai, is it? 중국의 수도는 상하이가 아니지요, 그렇죠?	네, 아니지요.	No, it isn't.

중국의 수도는 베이징이므로 The capital city of China is Shanghai.라는 언명은 어떤 식으로 질문해도 참이 아니고 거짓이다. '참'에 대해서는 Yes, '거짓'에 대해서는 No라고 답하는 것이 영어식 대답이다. 반면에 한국어는 전체 문장에 대해 수긍하거나 부정하는 식으로 답을 하므로 예/아니오의 뜻이 분명치 않다. 그래서 "중국의 수도는 상하이가 아니죠?"라는 질문에 "네, 아니지요."라고 태평하게 대답한다. 이는 "**네**–당신 말이 맞습니다, 당신 말대로 상하이는 중국의 수도가 **아니지요**."라는 뜻이다. 이래서 한국말은 '끝까지 들어 봐야 안다.'는 말이 나온다. 이에 비해 영어는 Yes/No가 먼저 문장 앞에 나오기 때문에 참과 거짓이 명쾌한 편이다.

한국어의 '예/아니오' 대답 방식 때문에 발생할 수 있는 문제가 뭐가 있을까? 미국에서 자동차 운전을 하는데 뒤에서 오던 차가 갑자기 들이받아서 사고가 났다고 가정해 보자. 운전자는 아무 잘못도 안 했고 상대방이 실수로 사고를 낸 상황이다. 교통경찰이 사고를 조사하면서 운전자에게 다가와 묻는다.

경찰: You are not responsible for this accident, are you?

운전자는 경찰의 말을 '너는 이 사고에 아무 책임이 없어, 그렇지?'라고 이해한다. 그래서 냉큼 대꾸한다.

한국인 운전자: Yes! Yes, I am!

하지만 운전자는 "네! 그렇습니다. 제가 책임이 있습니다"라고 대답한 것이다. 물론 이리저리 해명하고 바로잡을 기회는 있겠지만, 운전자는 이 순간 중대한 실수를 저지른 것이다. 운전자는 No, I am not.이라고 대답했어야 했다. 좀 더 확실히 말하고 싶다면, No, I am not. I am not responsible, as you mentioned.아닙니다. 당신이 말한 대로 나에게는 책임이 없습니다.라고 덧붙여서 대꾸를 해야 한다. 아주 간단하지만, 한국어의 '예/아니오' 대답과 영어의 Yes/No 대답에 차이가 있음을 이해하고, 영어로 정확히 대답하는 것의 중요성을 충분히 보여 주는 예가 될 것이다.

Yes/No 대답 방법은 연습을 통해서 잘 익히는 것이 중요하다. 잘 모르겠고 헷갈릴 때 좋은 방법은, 문장 전체를 말하는 것이다. 다시 말해, Yes/No로 답하지 말고 내 생각이나 상황을 짧게 말하는 것이 안전하다. 경찰이 You are not responsible for this accident, are you?라고 묻는데 Yes/No 답이 헷갈린다면, 무조건 고개를 가로저으며 I am not responsible.이라고 정확하게 말하면 되는 것이다.

다음은 긴박한 상황에서 부정문으로 시작하는 부가의문문과 올바른 응대 사례들이다.

Fire Alarm	Firefighter	**You didn't** see anyone else on this floor, did you? 이 층에서 다른 사람을 보지 못 했나요?
	Response A	**No, I didn't** see anyone else. 네, 다른 사람을 보지 못했습니다. (한국어 사용자는 "네! 못 봤어요!"라고 말하게 되므로 주의가 필요하다.)
	Response B	**Yes, I did.** I saw some people. 아니요, 몇 사람을 봤어요.
Medical Emergency	Paramedic	**You haven't** taken any medications today, have you? 오늘 약을 복용하지 않으셨죠?
	Response A	**No, I haven't** taken any medications. 네, 약 안 먹었습니다.
	Response B	**Yes, I have** taken my medication today. 아니요, 저 오늘 약 먹었어요.
Car Accident	Police Officer	**You didn't** witness the accident, did you? 사고 현장을 목격하지 않았나요?
	Response A	**No, I didn't** witness the accident. 네, 사고를 목격하지 못했습니다.
	Response B	**Yes, I did.** I witnessed the accident. 아니요, 저는 사고를 목격했습니다.
Lost Child	Security Guard	**You haven't** seen a little girl wandering alone, have you? 혼자 돌아다니는 작은 여자애를 보지 못했나요?
	Response A	**No, I haven't** seen a little girl. 네, 작은 여자애를 보지 못했습니다.
	Response B	**Yes, I have.** I've seen a little girl. 아니요, 작은 여자애를 봤어요.
Suspicious Package	Security Officer	**You didn't** notice anyone leaving a bag unattended, did you? 누군가 가방을 두고 가는 것을 목격하지 않았나요?
	Response A	**No, I didn't** notice anyone leaving a bag. 네, 가방을 두고 가는 사람을 못 봤습니다.

	Response B	**Yes, I did.** I saw a man leaving a bag.
		아니요, 봤어요. 어떤 남자가 가방을 놓고 가는 것을 봤어요.

Gas Leak

	Building Manager	**You don't** smell any gas, do you?
		가스 냄새 안 나요?
	Response A	**No, I don't** smell any gas.
		네, 가스 냄새 안 나는데요.
	Response B	**Yes, I do.** I smell it.
		아니요, 가스 냄새가 나는데요.

Stolen Item

	Store Clerk	**You didn't** see anyone taking the item, did you?
		물건을 가져가는 사람을 못 보셨나요?
	Response A	**No, I didn't** see anyone taking the item.
		네, 물건을 가져가는 사람을 보지 못했습니다.
	Response B	**Yes, I did.** I saw a man taking the item.
		아니요, 봤어요. 어떤 남자가 그 물건을 가져가는 것을 봤습니다.

Lost Passport

	Airport Staff	**You haven't** found a lost passport, have you?
		당신은 잃어버린 여권을 찾지 못 했나요?
	Response A	**No, I haven't** found a lost passport.
		네, 잃어버린 여권을 못 찾았어요.
	Response B	**Yes, I have.** I've found it.
		아니요, 찾았어요.

다음 대화에서 부가의문문을 실제로 어떻게 사용하는지 살펴보자.

Kim **You've finished** the report, haven't you?
보고서 끝냈죠?

Lee **Yes, I've** finished it.
네, 끝냈습니다.

Kim The meeting **isn't** at 3 p.m., is it?
회의가 오후 3시 아닌가요?

Lee **No,** the meeting is at 2 p.m.
* 네/아니요, 회의는 오후 2시입니다.

* 이 상황에서는 미국인들도 마찬가지로 애매하게 생각해서 헷갈리곤 한다. 이 경우에는
Yes/No로만 끝내기보다는, 뒤에 내용을 덧붙여서 답을 분명히 한다. 회의는 오후 3시가
아니라 오후 2시라는 점을 명시하는 것이다.

Kim **You wouldn't mind** helping me with this task, would you?

이 일 도와주시는 거 괜찮은 거죠?

Lee **No, I don't mind** helping you.

네, 괜찮습니다.

Kim **You can** attend the conference next week, can't you?

다음 주 컨퍼런스에 참석 가능하시죠?

Lee **Yes, I can** attend the conference.

네, 컨퍼런스에 참석할 수 있어요.

Kim The project **isn't** due tomorrow, is it?

프로젝트는 내일까지 제출하는 거 아니죠?

Lee: **Yes,** the project is due tomorrow.

아니요, 프로젝트는 내일까지 제출해야 해요.

Kim **You didn't** forget about the meeting today, did you?

오늘 회의 잊지 않으셨죠?

Lee **No,** I didn't forget about the meeting.

네, 회의 잊지 않았어요.

Kim **You won't mind** staying late to finish this project, will you?

이 프로젝트를 끝내기 위해 늦게까지 일하는 거 괜찮나요?

Lee **No, I won't** mind staying late.

네, 늦게까지 일해도 괜찮습니다.

Kim The training session **is** on Monday, isn't it?

교육은 월요일에 있죠?

Lee **Yes, it is.**

네, 그렇습니다.

PART 3
한 차원 높게 질문하라
: Critical Thinking

CHAPTER 1

비판적 사고 1단계
: 지식

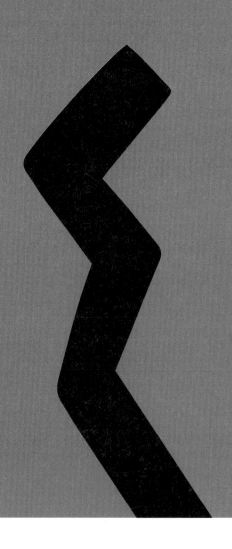

Questions for Critical Thinking Skills

유발 하라리가 그의 책 〈21 Lessons for the 21st Century21세기를 위한 21가지 제언〉에서 4C 개념을 소개했다. 21세기를 살아갈 리더들이 갖춰야 할 덕목으로 네 가지 미덕을 이야기한 것이다.

Communication 소통, 대화   Collaboration 협동, 함께

Creativity 창의력, 새로움   Critical Thinking 비판적 사고, 종합 분석

'질문'을 한다는 행위는 근본적으로 '소통'하려는, 더 나아가 '소통'을 통해 '협동'해 나아가려는 의지의 표명이기도 하다. 내가 던지는 질문, 혹은 상대방이 던지는 질문은 우리를 '생각'하게 하고, '답'을 찾으려는 노력을 기울이게 한다. 그리고 그 '답'이 정답이건 오답이건 늘 '새로운 생각', '창의성'을 향한다. 질문은 우리의 사고를 아주 단순한 것에서 고양된 것으로 나아가게 하기도 한다.

예를 들어, 누군가가 내게 "밥 먹었니?" 혹은 "식사하셨어요?" 하고 질문한다면 내가 정말 밥을 먹었는지 아닌지 확인하는 행동일 수도 있지만, 한국에서 나고 자란 사람들은 이 질문이 단순한 '사실'을 묻는 것이 아님을 안다. 이 질문을 들여다보면 몇 가지 '층'이 발견된다.

1. 단순한 사실 확인 – 밥을 먹었는가 안 먹었는가. (O/X 질문이다.)

2. 식사 제공의 의도 내포 – 사실 확인 후, 밥을 안 먹었다면 내가 무언가 먹을 것을 제공할 수도 있다는 암시나 제안이다. "밥 먹었니? 안 먹었으면 이리 와 같이 한술 뜨자."라는 무언의 제안일 수도 있다.

3. 더 깊게는 상대방의 '안부'를 묻는 인사이기도 하다. 이 질문에는 나의 애정과 사회적 배려가 숨어 있다. '말 한마디로 천 냥 빚을 갚는다.'는 속담처럼 질문 하나로 상대방의 마음을 깊이 울릴 수도 있는 것이다.

이렇듯 한 가지 질문을 사실 확인에서 멈출 것인지, 그 안에 담긴 제안이나 속 깊은 정까지 읽어 낼 것인지에 따라서 그 사람의 상상력, 사회성, 배려심의 영역까지 그 의미가 확대될 수 있는 것이 사람의 언어나 소통 구조가 갖고 있는 다면성이다. 단순한 사실 확인에서 배려의 영역까지 확장되는 언어, 사고의 기술을 몇 가지 단계로 살펴볼 수 있는데, 학자들은 이를 종종 '비판적 사고 기술'에 빗대어 설명하곤 한다.

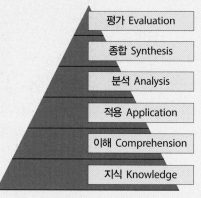

비판적 사고 기술 피라미드

Critical Thinking Skill비판적 사고 기술은 미국의 교육학자 벤저민 블룸Benjamin Bloom이 고안한 교육 목표 분류 피라미드Bloom's Taxonomy를 근간으로 만들어진 비판적 생각의 기술 체계이다. 지식 – 이해 – 적용 – 분석 – 종합 – 평가 이렇게 여섯 가지 단계를 피라미드 모형으로 설명하며, 가장 기본이 되는 기초 단계에서 상층부로 올라가는 구조이다.

다음 표에서 비판적인 사고 기술의 개별적인 개념과 예를 살펴보자.

단계	개념	내용	예 (샐러드)
1단계	지식 knowledge	**단편적인 지식의 단계** '이것은 책이다.' '오늘은 일요일이다'. '이것은 파란색이다.'와 같이 단편적인 지식을 알고 기억해 내는 단계이다.	이것은 사과이고, 저것은 오이이고, 저것은 칼이다. 그리고 여기에 샐러드 드레싱이 있다.
2단계	이해 comprehension	**단편적인 지식을 근간으로 분별해 내는 능력의 단계** 장난감을 크기대로 나열하거나, 이야기를 순서대로 하거나, 단편적인 지식들을 분류하고 골라내는 능력이다.	사과는 과일이고, 오이는 채소이다. 칼은 과일이나 채소를 썰 수 있는 도구이다.
3단계	적용 application	**단편적인 사실이나 지식에 규칙 또는 원리를 적용하거나 사용하는 단계**	사과와 오이를 칼로 썰고, 드레싱을 이용하여 샐러드를 만들 수 있다.

단계	개념	내용	예 (샐러드)
4단계	분석 analysis	전체에 들어 있는 요소들을 나눠 보고 분석하는 단계	(샐러드를 들여다보면서) "이 샐러드는 사과, 오이, 삶은 감자, 당근을 잘게 썰어서 만들었구나."
5단계	종합 synthesis	1-2-3-4단계의 지식과 생각을 동원하여 생각들을 합치거나 종합해 내는 단계	(샐러드를 분석한 후에) "그런데 샐러드에 채소와 과일만 들어갔군. 여기에 단백질을 더하면 좋지 않을까? 닭고기나 달걀을 삶아 넣어 볼까?"
6단계	평가 evaluation	이전의 앎의 여러 가지 단계에 일어난 일을 종합적으로 판단하는 단계	"샐러드가 한 끼 식사로 적당할까? 과일과 채소 위주의 샐러드에 삶은 계란을 넣으니 한 끼 식사로 든든하군. 샐러드에 땅콩을 넣었는데 손님이 땅콩 알레르기가 있어서 샐러드에 전혀 손을 대지 않았어. 다음에는 이러한 상황을 미리 점검해야겠다."

단편적인 지식이 피라미드 구조 형식에서 맨 밑바닥에 있으니 중요하지 않다는 뜻은 아니다. 단편적인 지식은 건물의 기초 공사와 같다. 기초가 튼튼해야 이를 바탕으로 상위의 지식 체계를 차곡차곡 지어갈 수 있다. 많이 알아야knowledge, 상황에 대한 이해comprehension가 빠르고, 치우치지 않을 수 있으며, 그 해박한 지식을 응용하거나 적용application하여 무언가를 만들어 낼 때 그 쓰임새가 좋을 것이다. 많이 알아야knowledge 어떤 사물을 분석할 때 균형 잡힌 분석analysis이 가능하며, 많이 알아야knowledge 종합synthesis하는 능력도 확대될 수 있다. 많이 알아야knowledge 판단하거나 평가evaluation하는 데 도움이 된다. 반대로 내가 아무리 많은 지식이 있어도 이를 실제 삶에서 제대로 이해comprehension하지 못하고, 적용application하거나 분석analysis, 종합synthesis, 판단evaluation하는 데 사용하지 않는다면 그 지식은 무용지물이 되고 만다. 이렇게 각기 다른 단계의 사고 작용은 서로 긴밀하게 영향을 주고받기 때문에 모든 단계의 사고 기술 체계가 중요하다.

그러면 각 단계별 질문 유형에는 어떤 것이 있을까? 지금부터 어떤 질문들이 어떤 영역의 사고 작용에 영향을 끼치는지 알아보고 연습해 보자.

비판적 사고 1단계 질문의 유형

MP3 025

비판적 사고 1단계 질문 유형은 주로 초급 단계의 정보나 지식을 확인하거나 지시할 때 쓰인다. 모든 비판적, 분석적인 사고는 이런 기본적인 지식에서 시작한다. 개별적인 지식과 관련된 질문 사항의 기초 개념은 다음과 같다.

1. **Define** 개념 정의하기, 규정하기
2. **Fill in the blank** 빈칸 채우기
3. **Make a list** 나열하기
4. **Identify** 찾아내거나 알아맞히기
5. **Locate** 위치나 소재 파악하기
6. **Match** 짝 맞추기
7. **Memorize** 외우기
8. **Name** 이름 말하기
9. **Recall** 기억 되살리기
10. **Retell** 다시 말하기
11. **State** 서술하기
12. **Tell** 이야기하기
13. **Underline** 밑줄 긋기

이러한 개념 정의하기, 빈칸 채우기, 나열하기, 찾아내기, 위치 파악하기, 짝 맞추기, 외우기, 이름 말하기, 기억 되살리기, 다시 말하기, 서술하기, 이야기하기, 밑줄 긋기 같은 질문 유형들은 유치원에서 시작해 초등학교에 이르기까지 어린이 인지 개발용 연습장이나 교재에서 많이 활용되는 것들이다. 주로 무엇을 많이 알고, 구별해 내고, 차이를 인지하고, 단편적으로 맞고 틀리는 것을 알아내는 단계와 관련이 있다. 이 외에 특수교육 현장이나 노인성 치매 예방을 위한 교재에서도 이와 같은 질문 활동들을 많이 한다. 기본적인 지식의 작은 단위들이 인간을 인간답게 하는, 비판적 사고 활동의 가장 기본적인 재료가 되기 때문이다.

Define 개념 정의하기, 규정하기 질문 예

- Can you define what "party" is?
  '파티'가 무슨 뜻이지요?

- How do you define the word, 'euphemism'?
  '완곡어법'을 어떻게 정의하나요?

- Will you define the function of computer languages?
  컴퓨터 언어의 기능을 정의해 보겠어요?

Fill in the blank 빈칸 채우기 질문 예

- Can you please fill in the blank?
  빈칸을 채워 줄래요?

- Where can I find the form to fill in the blank?
  빈칸을 채우기 위한 양식이 어디에 있죠?

- Could you provide some details to fill in the blank?
  빈칸을 채우게 몇 가지 세부 사항을 제공해 주시겠어요?

Make a list 나열하기 질문 예

- Can you please make a list of the items we need to buy?
  우리가 구매해야 할 물품 목록을 만들어 주시겠어요?

- Could you make a list of the required textbooks for this semester?
  이번 학기에 필요한 교과서 목록을 작성해 주시겠어요?

- What are the key points we should make a list of before the meeting?
  회의 전에 목록으로 작성해야 할 주요 사항들은 무엇인가요?

Identify 찾아내거나 알아맞히기 질문 예

- Will you identify three types of common birds found in your local area?
  여러분이 사는 지역에서 흔히 발견되는 새 종류를 세 가지 식별해 보시겠어요?

- Can you identify the capital city of France?
  프랑스의 수도를 찾을 수 있나요?

- Can you identify the main character in Shakespeare's play "Romeo and Juliet"?
  셰익스피어의 희곡 〈로미오와 줄리엣〉의 주인공을 찾을 수 있나요?

Locate 위치나 소재 파악하기 질문 예

- Can you locate the nearest supermarket from your current location?
  현재 위치에서 가장 가까운 슈퍼마켓을 찾을 수 있나요?

- Where can you locate information about the library's opening hours?
  도서관의 운영 시간 정보를 어디에서 찾을 수 있나요?

- How do you locate the company's latest financial report on the website?
  회사의 최신 재무 보고서를 웹사이트에서 어떻게 찾을 수 있나요?

Match 짝 맞추기 질문 예

- Can you match each animal with its corresponding sound? (Example: Dog – Woof)
  각 동물을 그에 해당하는 소리와 맞출 수 있나요? (예: 개 – 멍멍)

- Match the scientific terms with their definitions.
  과학 용어를 그에 해당하는 정의와 맞춰 보세요.

- Can you match the employees' names with their respective departments?
  직원들의 이름을 그들의 각 부서와 맞출 수 있나요?

Memorize 외우기 질문 예

- Can you memorize the names of all seven continents?
  일곱 개의 대륙 이름을 모두 외울 수 있나요?

- What strategies do you use to memorize complex formulas in mathematics?
  수학에서 복잡한 공식을 외우기 위해 어떤 전략을 사용하나요?

- Can you memorize product features?
  제품의 특징들을 외울 수 있나요?

Name 이름 말하기 질문 예

- Can you name three types of flowers commonly found in gardens?
  정원에서 흔히 보이는 세 가지 종류의 꽃을 말해 볼까요?

- Name the four fundamental forces in physics.
  물리학에서 네 가지 기본적인 힘의 이름을 말하세요.

- Can you name three key competitors in the market for our product?
  우리 제품에 대해 시장에서 주요 경쟁사 세 곳의 이름을 말해 보세요.

Recall 기억 되살리기 질문 예

- Do you recall the sales figures for the last quarter?
  지난 분기 매출 수치를 기억하나요?

- Can you recall the key points discussed during the client meeting yesterday?
  어제 고객 미팅에서 논의된 주요 사항을 기억하실 수 있어요?

- Will you recall the steps of the sales process in the correct order?
  바른 순서로 영업 프로세스 단계들을 기억해 보시겠습니까?

Retell 다시 말하기 질문 예

- Can you retell the main points from the latest sales training session?
  최신 영업 교육 과정에서의 주요 포인트를 다시 말해 볼 수 있을까요?

- Retell the key components of the marketing strategy for the upcoming product launch.
  다가오는 제품 출시를 위한 마케팅 전략의 주요 구성 요소를 다시 말해 주세요.

- Can you retell the process for submitting travel expense reports to the finance department?
  출장비 지출 품의서를 재무부서에 제출하는 절차를 다시 말해 줄 수 있나요?

State 서술하기 질문 예

- Can you state your favorite hobby?
  가장 좋아하는 취미를 말해 주실래요?

- State the first law of thermodynamics.
  열역학 제1법칙을 말해 보세요.

- Can you state the purpose of the new company initiative?
  새로운 기업 이니셔티브의 목적을 말해 주실 수 있나요?

Tell 이야기하기 질문 예

- Can you tell me about your favorite vacation destination?
  가장 좋아하는 휴가지에 대해 말해 주시겠어요?

- Tell us the key events that led to the outbreak of World War II.
  제2차 세계대전의 발발로 이어진 주요 사건들을 말해 주세요.

- Can you tell the team about the results of the market research conducted last month?
  지난달에 시행한 시장 조사 결과를 팀에게 이야기해 주실 수 있나요?

Underline 밑줄 긋기 질문 예

- Can you underline the main points in the passage you just read?
  방금 읽은 지문에서 요점에 밑줄을 그을 수 있나요?

- Underline the key arguments in the research paper.
  연구 논문에서 주요 주장들에 밑줄을 그어 보세요.

- Can you underline the important dates in the project timeline?
  프로젝트 일정표에서 중요한 날짜에 밑줄을 그을 수 있나요?

의문문으로 키우는 비판적 사고 1단계

MP3 026

1. 직접 의문문

MP3 026-1

간단한 직접 의문문 형식으로 비판적 사고를 키우는 1단계 질문과 대답을 연습해 보자.

Define 개념 정의하기, 규정하기 질문 예

Q What does the term "photosynthesis" mean?
'광합성'이라는 용어는 무엇을 의미하나요?

A Photosynthesis is the process by which green plants use sunlight to convert carbon dioxide and water into glucose and oxygen.
광합성은 녹색 식물이 태양광을 이용하여 이산화탄소와 물을 포도당과 산소로 변환하는 과정입니다.

Identify 찾아내거나 알아맞히기 질문 예

Q Can you point out the tallest building in the picture?
사진에서 가장 높은 건물을 가리킬 수 있나요?

A The tallest building is located on the left side of the picture.
가장 높은 건물은 사진 왼쪽에 있습니다.

Locate 위치나 소재 파악하기 질문 예

Q Can you locate Australia on the world map?
세계 지도에서 호주의 위치를 찾을 수 있나요?

A Australia is located in the southern hemisphere, southeast of Asia.
호주는 아시아의 동남쪽, 남반구에 위치해 있습니다.

Match 짝 맞추기 질문 예

Q   Match the animals with their natural habitats: lion, polar bear, and dolphin.
동물들과 그들의 자연 서식지를 맞춰 보세요: 사자, 북극곰, 돌고래.

A   Lion – savannah, polar bear – Arctic region, dolphin – ocean.
사자 – 사바나, 북극곰 – 북극 지방, 돌고래 – 바다.

Memorize 외우기 질문 예

Q   Memorize the multiplication table from 1 to 9.
1부터 9까지 구구단을 외워 보세요.

A   (구구단을 낭송한다.)

*직접 의문문의 형식은 아니지만 Can you memorize the multiplication table from 1 to 9?을 뜻한다.

Retell 다시 말하기 질문 예

Q   Can you retell the main events of the story we just read?
우리가 방금 읽은 이야기의 주요 사건들을 다시 말해 볼 수 있나요?

A   In the story, a young girl finds a mysterious key and embarks on an adventure to unlock the secrets of a hidden door.
이야기에서, 한 소녀가 수수께끼 같은 열쇠를 발견하고, 숨겨진 문의 비밀을 풀기 위해 모험을 떠납니다.

State 서술하기 질문 예

Q   State the chemical formula for table salt.
식탁용 소금의 화학식을 서술해 보세요.

A   The chemical formula for table salt is NaCl (sodium chloride).
식탁용 소금의 화학식은 NaCl(염화 나트륨)입니다.

Tell 이야기하기 질문 예

Q Can you tell me about your favorite hobby?
가장 좋아하는 취미에 대해 말해 줄 수 있나요?

A Sure! My favorite hobby is painting. I love to express my creativity through colors and create beautiful artworks.
네! 제가 가장 좋아하는 취미는 그림 그리기입니다. 색상을 통해 창의성을 표현하고 아름다운 작품을 만드는 것을 무척 좋아합니다.

2. 간접 의문문

MP3 026-2

이번에는 좀 더 예의를 차려서 간접 의문문으로 비판적 사고 1단계 질문과 대답을 보자.

Define 개념 정의하기, 규정하기 질문 예

Q **Would it be possible for you** to **define** the concept of "gravitational force"?
'중력'의 개념을 정의하실 수 있을까요?

A Gravitational force is the natural phenomenon by which all objects with mass or energy are brought toward one another.
중력은 질량이나 에너지를 가진 모든 물체들이 서로를 끌어당기는 자연적인 현상입니다.

Identify 찾아내거나 알아맞히기 질문 예

Q **I wonder if you could** help me **identify** the main characters in the story.
이야기 속 주요 인물들을 찾아내는 데 도움을 주실 수 있을까요?

A Certainly! The main characters in the story are Sarah, Tom, and Professor Johnson.
물론이죠! 이야기 속 주요 인물들은 사라와 톰, 존슨 교수입니다.

Locate 위치나 소재 파악하기 질문 예

Q **I wonder if you could** assist me in **locating** the nearest post office on the map.
지도에서 가장 가까운 우체국을 찾는 데 도움을 주실 수 있으실까요?

A Of course! The nearest post office is marked with a red circle on the map, located two blocks away from your current location.

물론이죠! 가장 가까운 우체국은 지도에 빨간 원으로 표시돼 있고, 현재 위치에서 두 블록 떨어져 있습니다.

Match 짝 맞추기 질문 예

Q **I would like to know if you can match** the countries with their respective capitals: Japan, France, and Kenya.

각 나라와 해당 수도를 맞추실 수 있는지 알고 싶어요. 일본, 프랑스, 케냐요.

A Of course! Japan – Tokyo, France – Paris, Kenya – Nyrobi.

물론이죠! 일본 – 도쿄, 프랑스 – 파리, 케냐 – 나이로비입니다.

Memorize 외우기 질문 예

Q **Would you mind memorizing** the first ten elements of the periodic table?

주기율표의 첫 10개 원소를 외워 보겠습니까?

A Not at all! The first ten elements of the periodic table are hydrogen, helium, lithium, beryllium, boron, carbon, nitrogen, oxygen, fluorine, and neon.

그러죠! 주기율표의 첫 10개 원소는 수소, 헬륨, 리튬, 베릴륨, 붕소, 탄소, 질소, 산소, 플루오린, 네온입니다.

Retell 다시 말하기 질문 예

Q **I was wondering if you could retell** the plot of the movie we watched yesterday.

저희가 어제 본 영화의 줄거리를 다시 말씀해 주실 수 있을까요?

A Sure! The movie was about a detective solving a complex murder case that involved multiple suspects.

그럼요! 그 영화는 용의자 여러 명이 관련된 복잡한 살인 사건을 해결하는 형사에 대한 것이었습니다.

State 서술하기 질문 예

Q **Could you kindly state** the primary colors in the color wheel?
색상환에서 원색들을 말씀해 주시겠습니까?

A The primary colors in the color wheel are red, blue, and yellow.
색상환에서 원색은 빨강, 파랑, 노랑입니다.

Tell 이야기하기 질문 예

Q **I would appreciate it if you could tell** me about your favorite cuisine and its cultural significance.
가장 좋아하는 요리와 그 문화적 의미에 대해 말씀해 주시면 감사하겠습니다.

A Certainly! My favorite cuisine is traditional Korean food, also known as "hanjeongsik." It not only delights my taste buds but also holds great cultural significance as it represents the rich culinary heritage of Korea.
그러지요! 제가 가장 좋아하는 요리는 한국의 전통 음식인 '한정식'입니다. 한정식은 미각을 사로잡는 동시에 한국의 풍부한 요리 문화 유산을 대표하는 중요한 문화적 의미를 가지고 있습니다.

3. 육하원칙의 질문

MP3 026-3

이번에는 육하원칙의 질문5W+1H이 이 '지식' 단계에서 어떻게 적용되는지 살펴보자.

Q **What** is the capital city of Canada?
캐나다의 수도는 무엇인가요?

A The capital city of Canada is Ottawa.
캐나다의 수도는 오타와입니다.

Q **Who** wrote the famous novel "Pride and Prejudice"?
유명한 소설 〈오만과 편견〉은 누가 썼나요?

A "Pride and Prejudice" was written by Jane Austen.
〈오만과 편견〉은 제인 오스틴이 썼습니다.

Q **When** did the American Revolution take place?

미국 독립 혁명은 언제 일어났나요?

A The American Revolution took place between 1775 and 1783.

미국 독립 혁명은 1775년부터 1783년 사이에 일어났습니다.

Q **Where** is the Great Barrier Reef located?

그레이트 베리어 리프는 어디에 있나요?

A The Great Barrier Reef is located off the coast of Queensland, Australia.

그레이트 베리어 리프는 호주 퀸즐랜드주 해안에 위치해 있습니다.

Q **How** do plants make their food?

식물은 어떻게 자신들의 먹이를 만들까요?

A Plants make their food through a process called photosynthesis, using sunlight, water, and carbon dioxide.

식물은 햇빛과 물, 이산화탄소를 이용해 광합성이라는 과정을 통해 먹이를 만듭니다.

Q **Why** is recycling important for the environment?

재활용은 왜 환경에 중요한가요?

A Recycling is important for the environment because it reduces waste, conserves resources, and helps protect natural habitats.

재활용은 폐기물을 줄이고, 자원을 보존하며, 자연 서식지를 보호하는 데 도움이 되기 때문에 환경에 중요합니다.

Why왜 혹은 How어떻게와 관련된 질문의 경우, 단편적인 상식이나 사실을 바탕으로 한 지식보다 높은 차원의 사고 과정을 요구하는 경우가 많다. 하지만 앞의 예문처럼 널리 알려진 상식선에서의 질문 답변도 가능하다.

Practical Usage

다음 대화에서 비판적 사고 1단계 질문들이 어떻게 적용되는지 살펴보자.

Teacher Good morning, everyone. Let's begin with a review. **Who can tell me what the definition** of "political science" is?
안녕하세요, 여러분. 오늘 수업은 복습으로 시작하겠어요. '정치학'의 정의가 무엇인지 누가 말해 볼까요? *정의와 이야기하기 질문

Student Political science is an academic discipline that studies political systems and processes, covering topics such as government, power, and policies.
정치학은 정치 체제와 과정을 연구하는 학문으로, 정부, 권력, 정책 같은 주제를 다룹니다.

Teacher Very well done. Next question, **which country has** the largest population in the world?
아주 잘했어요. 다음 질문입니다. 세계에서 어느 나라가 가장 인구가 많죠? *알아맞히기 질문

Student India has the largest population in the world.
인도가 세계에서 가장 인구가 많습니다.

Teacher Very good. Lastly, **would you tell me how** we can protect our environment?
아주 좋아요. 마지막으로, 우리가 어떻게 환경을 보호할 수 있는지 말해 주겠어요? *이야기하기 질문

Student To protect our environment, we need to recycle, conserve water, and use eco-friendly energy.
환경을 보호하기 위해서, 우리는 재활용을 하고, 물을 보존하며, 친환경적인 에너지를 사용해야 해요.

Teacher That's a truly excellent answer. Now, let's discuss one more important question. **Why is it** essential for countries to cooperate on environmental issues?
정말 훌륭한 답변이네요. 이제 한 가지 더 중요한 질문에 의견을 나눠 보죠. 국가들이 환경 문제에서 협력하는 것이 왜 중요한가요? *이야기하기 질문

Student Cooperation between countries on environmental issues is crucial because many environmental challenges, such as climate change and pollution, cross national boundaries and require collective efforts for effective solutions.
환경 문제에서 국가 간 협력이 중요한 이유는 기후 변화 및 오염과 같은 많은 환경적 문제가 국경을 넘어서 효과적인 해결책을 위해 공동의 노력이 필요하기 때문입니다.

Teacher Excellent explanation. Cooperation is indeed vital for addressing global environmental issues. Keep up the great work!

훌륭한 설명이네요. 세계적인 환경 문제에 대응하기 위해 협력은 정말 중요합니다. 계속해서 열심히 해 주세요!

CHAPTER 2

비판적 사고 2단계
: 이해

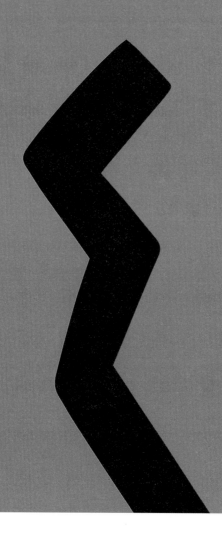

이해하는가?

MP3 027

비판적 사고를 위한 2단계는 '이해하는가?'와 관련돼 있다. 이미 배웠거나 알고 있는 사실과 일반 상식들의 조각에 질서를 부여하고, 필요에 따라서 줄을 세우거나 선택하는 단계의 사고력이다. '구슬이 서 말이라도 꿰어야 보배'라는 속담이 '지식을 확실히 꿰어' 내 것으로 만드는 '이해'의 가치를 제대로 보여 준다.

일상 대화에서, 상대방이 내 말을 알아들었는지 잘 못 알아들었는지 어떻게 알 수 있을까? 다음 대화를 보자.

William   Do you understand what I told you?
내가 한 말 이해해?

Thelma   Yes, I do. I know what you mean.
그럼. 네가 무슨 말 하는지 알아.

이 대화를 보면 텔마는 정말로 윌리엄이 한 말을 이해한 걸까? 그가 이해했는지 안 했는지 어떻게 알 수 있을까? I understand, 이렇게 말하고 방긋 미소 지으면 모든 문제가 해결되는가? 그렇지 않다. 그래서 지식의 영역에 대한 구체적인 사례를 이야기할 때 영어 know알다나 understand이해하다 동사는 포함시키지 않는다. 상대방이 '안다'는 것과 '이해한다'는 것을 내가 눈으로 보거나 듣고 확인할 수 없기 때문이다. '안다'나 '이해한다'는 추상적인 개념이다. 그래서 '너 ~ 알아?'라고 묻기보다는 "이것이 무엇을 뜻하는지 설명해 볼래?"라고 물어야 한다. 제대로 설명하면 알아들은 것이고, 설명에서 오류가 발견된다면 제대로 이해하지 못한 것이다.

그러므로 일상에서도 "알았지?"라고 질문하기보다는 "어떻게 하는 건지 설명해 볼래?", "요점이 뭐지?"라고 상대방이 '이해'한 내용이나 '알고 있는' 내용을 말로 설명할 기회를 주는 것이 바람직하다. 알고 있고know, 이해하

고 있다understand는 보이지 않는 상태를 보이는 상태로 전환하는 것이 바로
다음에 소개할 개념들이다.

1. Describe 구체적으로 묘사하기
2. Explain 설명하기
3. Interpret 해석하기, 재해석하기
4. Paraphrase 다른 말로 바꾸어 말하기
5. Put in order 순서대로 나열하기
6. Restate 다시 말하기
7. Rewrite 다시 쓰기
8. Summarize 요약하기

이해력을 드러내는 질문 유형

MP3 028

앞에서 정리한 대로 무엇인가를 구체적으로 서술하거나 묘사하기describe, 설명하기explain, 해석하기interpret, 동일한 내용을 다른 말로 바꾸어 말하기 paraphrase, 사실들을 순서대로 나열하거나 정리하기put in order, 읽었거나 들었던 내용을 다시 말하기restate, 글을 다시 써 보기rewrite, 긴 글이나 들은 내용을 짧게 요약하기summarize는 '내용'을 '이해'하지 못하면 수행하기 힘든 것들이다.

'이해'했음을 드러나게 하는 개념들describe, explain, interpret, paraphrase, put in order, restate, rewrite, summarize을 묻는 질문은 어떻게 하는지 일상생활에서, 학교에서, 직장에서 물을 법한 질문들을 정리했다.

Describe 구체적으로 묘사하기 질문 예

MP3 028-1

일상
- **Will you describe** your favorite vacation destination?
  가장 좋아하는 휴양지를 묘사해 보겠어요?

학교
- **Can you describe** the characteristics of the three states of matter?
  물질의 세 가지 상태의 특징들을 묘사해 볼 수 있나요?

직장
- **Would you please describe** the key features of the new product?
  신제품의 주요 특징들을 묘사해 보시겠습니까?

Explain 설명하기 질문 예

일상
- **Can you explain** how to bake a chocolate cake?
  초콜릿 케이크 굽는 법을 설명해 줄 수 있나요?

학교
- **Explain** the concept of gravity to your classmates.
  중력의 개념을 반 친구들에게 설명해 보세요.

직장
- **Can you explain** the benefits of implementing the new marketing strategy?
  새로운 마케팅 전략을 시행하는 것의 이점들을 설명해 줄 수 있나요?

Interpret 해석하기 질문 예

일상 · **How do you interpret** the meaning of the painting?
이 그림의 의미를 어떻게 해석하나요?

학교 · **How do you interpret** the main themes of the novel you just read?
방금 읽은 소설의 주요 주제들을 어떻게 해석하나요?

직장 · **Interpret** the data trends in the sales report.
영업 보고서의 데이터 추세를 해석해 보세요.

Paraphrase 다른 말로 바꾸어 말하기 질문 예

일상 · **Paraphrase** this sentence in your own words.
이 문장을 당신의 말로 바꾸어 보세요.

학교 · **Can you paraphrase** the main points of the research paper?
연구 논문의 주요 포인트들을 다른 말로 설명할 수 있나요?

직장 · **Paraphrase** the mission statement of the company.
회사의 사훈을 다른 말로 바꿔 보세요.

Paraphrasing다른 말로 바꾸어 말하기은 일상 대화에서는 크게 중요하지 않지만 글을 쓸 때는 매우 중요하다. 그래서 주로 '쓰기'에서 이 paraphrase가 강조된다. 말은 한 번 하면 날아가지만, 글은 흔적이 남는다. 특히 학문적인 논문을 쓰거나, 기사를 쓰거나, 심지어 시, 수필, 소설과 같은 창작 행위에서 '남의 글'을 베껴서 자신의 글에 포함시키는 것은 비윤리적 행위로 여겨지며, 이를 '표절plagiarism'이라고 한다. 다른 사람의 말이나 글의 일부를 내 글에 포함하고 싶을 때 '표절'하지 않으면서 합법적으로 쓸 수 있는 방법에는 다음 세 가지가 있다.

첫째, 남의 글에 인용 부호를 붙이고, 이 글의 원 저자가 누구이며 어디서 가져왔는지 표시를 남기는 것이다. 이를 '직접 인용'이라고 한다.

둘째, 패러프레이즈paraphrase가 있다. 남의 글을 베껴 적는 것이 아니라, 그의 글을 충분히 이해한 후에 글 전체를 '내 말과 글'로 전환시켜서 새로 만드는 것이다. 뜻은 그대로 유지하면서 전혀 새로운 문장을 만들어 내야 하므로, 문장의 뜻이나 내용을 이해하지 않으면 제대로 패러프레이즈할 수가 없다. 그래서 패러프레이즈(동일한 내용을 다른 단어나 표현으로 설명하기)한 글을 보면 그 사람이 내용을 제대로 이해했는지 못 했는지 알 수 있다.

셋째, 요약summary, summarize이 있다. 남의 글의 내용을 충분히 이해하여 이를 짧게 간추리는 작업을 말한다. 이 역시 패러프레이즈하듯이 새로운 어휘와 구조로 새롭게 탈바꿈된 문장이어야 한다. 남의 글을 여기저기 잘라내어 짜깁기한 것을 '요약'이라고 하지는 않는다.

Paraphrase samples

원문 She needs to throw away a bunch of stuff.
그녀는 많은 것들을 버려야 한다.

패러프레이즈 She has a lot of things to get rid of.
그녀는 없애야 할 물건들이 많다.

원문 The region is perceived as risky by world investors.
그 지역은 세계의 투자자들에게 위험하다고 인식되고 있다.

패러프레이즈 Global investors are considering the region as dangerous.
글로벌 투자자들이 그 지역을 위험하다고 보고 있다.

위의 두 가지 예에서 보듯, 패러프레이즈의 원칙은 문장의 어순과 어휘를 최대한 '나의 언어'로 새로이 바꿔야 한다는 것이다. 문장에서 단순히 단어 몇 개만 비슷한 말로 교체했다고 해서 패러프레이즈가 되는 것이 아니라는 점을 명심하자.

Put in Order 순서대로 나열하기 질문 예

순서대로 나열하는 것은 내용의 앞뒤 순서나 중요한 순서 등을 이해했을 때 가능하다. 그래서 '다음 숫자들을 작은 것부터 차례대로 나열하시오.'나 혹은 반대로 '큰 수부터 작은 수의 순서대로 나열하시오.'와 같은 지시나 질문은 숫자에 대한 그 사람의 '이해'를 묻는 것이다.

`일상` • **Put** the steps of assembling furniture **in the correct order.**
가구 조립 단계를 올바른 순서대로 나열하세요.

`학교` • **Can you put** the events of the historical timeline **in chronological order?**
역사 연대표의 사건들을 연대순으로 배열할 수 있나요?

`직장` • **Put** the tasks of the project plan **in the correct order.**
프로젝트 계획의 작업들을 바른 순서대로 나열하세요.

Restate 다시 말하기 질문 예

`일상` • **Restate** the main points of the story you just heard.
방금 들은 이야기의 주요 포인트들을 다시 말해 보세요.

`학교` • **Can you restate** the instructions for the science experiment?
과학 실험에 대한 지침을 다시 말해 볼 수 있나요?

`직장` • **Would you please restate** the findings of the market research report?
시장 조사 보고서의 결과들을 다시 말씀해 보시겠습니까?

Retell과 restate가 critical thinking의 1단계와 2단계에서 나오는데, 이는 내용이 단순한 사실에 입각한 것인가 아니면 '이해'를 구하는 것인가에 따라서 분류될 수 있다. 단순히 외운 것을 그대로 옮겨서 말한다면 기초 지식 단계의 retell이지만, 주어진 내용을 이해하여 나의 언어로 전달하는 방식의 retell은 2단계의 사고 작용이라고 할 수 있다.

또한 retell과 restate를 서로 혼동하여 사용하는 경우가 많은데, 이는 두 어휘 사이에 큰 차이가 없어서 발생하는 일이다. 하지만 차이를 논하자면, retell은 이야기나 정보를 요약된 형태로 다시 말하면서 원본의 구조와 순서를 유지한다. 반면 restate는 원래 의미를 유지하되, 동일한 아이디어나 정보를 다른 단어나 문장으로 표현한다.

Sarah went to the store and bought a red dress for the party.
사라가 상점에 가서 파티에 입을 빨간색 드레스를 한 벌 샀다.

Retell: **At the store, Sarah purchased a red dress to wear for the party.**
상점에서 사라는 파티에서 입을 빨간색 드레스를 한 벌 샀다.

Restate: **Sarah visited the store and made a purchase of a red dress for the upcoming party.**
사라는 상점을 방문해 다가오는 파티에 입을 빨간색 드레스를 한 벌 구매했다.

Rewrite 다시 쓰기 질문 예

Rewrite는 주어진 문장이나 글을 자신의 스타일로 다시 쓰는 것인데, 앞서 paraphrase나 restate와 마찬가지로 주어진 문장을 그대로 베끼는copy 것이 아니라 자신의 언어로 글을 재구성해야 한다.

`일상` • **Will you rewrite** this sentence using more formal language?
이 문장을 더 공식적인 언어를 사용하여 다시 써 보시겠어요?

`학교` • **Can you rewrite** the poem in your own creative style?
그 시를 자신만의 창의적인 스타일로 다시 써 볼 수 있나요?

`직장` • **Would you rewrite** the email to make it more concise and professional?
그 이메일을 더 간결하고 전문적으로 다시 써 보시겠어요?

다음은 '다시 쓰기'의 몇 가지 예이다.

The sun rises in the east and sets in the west.
해는 동쪽에서 뜨고 서쪽으로 진다.

Rewriting: The east is where the sun rises, and the west is where it sets.
동쪽은 해가 뜨는 곳이고, 서쪽은 해가 지는 곳이다.

Rosa Parks was a civil rights activist known for her refusal to give up her seat on a segregated bus.
로사 파크스는 흑백 분리 정책이 시행되는 버스에서 자리를 양보하지 않은 것으로 유명해진 인권 운동가였다.

Rewriting: Rosa Parks, a civil rights activist, gained fame by refusing to surrender her seat on a segregated bus.
로자 파크스는 인권 운동가로, 흑백 분리 정책이 시행되는 버스에서 자리를 양보하지 않은 것으로 명성을 얻었다.

Water expands when it freezes and turns into ice.
물이 얼면 팽창하여 얼음으로 변한다.

Rewriting: As water freezes, it expands and transforms into ice.
물이 얼면서, 팽창하여 얼음으로 바뀐다.

Summarize 요약하기 질문 예

'요약하기summarize'는 정보를 간결하고 핵심적으로 정리하는 능력을 측정하는 데 도움이 된다. 요약은 주어진 정보를 파악하고, 중요한 부분을 추출하여, 짧고 간결하게 표현하는 것이다. '요약'을 통해 '핵심 개념을 파악'하고 있는지 확인할 수 있으며, 복잡한 내용을 간결하게 구조화하고 정리하는 능력도 보여 준다.

일상
- **Will you summarize** the plot of the movie you watched yesterday?
  어제 본 영화의 줄거리를 요약해 보시겠습니까?

학교
- **Can you summarize** the main points of the lecture?
  강의의 주요 포인트들을 요약할 수 있나요?

직장
- **Would you please summarize** the quarterly financial performance of the company?
  회사의 분기별 재무 성과를 요약해 보시겠습니까?

Practical Usage

MP3 028-2

다음 대화에서 비판적 사고 2단계인 이해를 확인하는 질문들이 실제 강의실에서 어떻게 활용되는지 살펴보자.

Professor Smith
Good morning, class. Today, let's explore the significance of the Renaissance. What was the Renaissance?
여러분, 좋은 아침입니다. 오늘은 르네상스가 갖는 중요성을 알아보겠습니다. 르네상스가 무엇이었죠?

Jay
The Renaissance was a cultural revival in Europe, emphasizing art, literature, and humanism.
르네상스는 유럽에서 일어난 문화 부흥으로 예술과 문학, 인문주의를 강조했습니다.

Professor Smith
Excellent! How did the Renaissance impact science and art?
훌륭해요! 르네상스가 과학과 예술에 어떤 영향을 미쳤나요?

Jay
It stimulated scientific discoveries and artistic innovations, fostering a new intellectual climate.
과학적 발견과 예술적 혁신을 촉진하여, 새로운 지적 분위기를 조성했습니다.

Professor Smith
Well put. Now, **interpret** this quote about the Renaissance "Art is the queen of all sciences communicating knowledge to all the generations of the world."
잘 설명했어요. 이제 르네상스에 대한 이 문구를 해석해 보세요. "예술은 세상 모든 세대에 지식을 전하는 모든 학문의 여왕이다." *해석하기 질문

Jay
It means that art, as the queen of sciences, imparts knowledge across generations.
이는 예술이 모든 학문의 여왕으로서, 세대에 걸쳐 지식을 전달한다는 의미입니다.

Professor Smith
Precisely! Let's **paraphrase** this statement "The Industrial Revolution caused significant changes in society and economy."
정확합니다! 이제 이 문장을 다른 말로 바꿔 봅시다. "산업 혁명은 사회와 경제에 중요한 변화를 일으켰다." *다른 말로 바꾸어 말하기 질문

Jay
The Industrial Revolution brought substantial societal and economic transformations.
산업 혁명은 상당한 사회적, 경제적 변화를 가져왔습니다.

Professor Smith

Great paraphrasing! Now, will you **restate** this historical timeline **in the correct order**: Middle Ages, Renaissance, Ancient Rome, Enlightenment?

패러프레이징을 아주 잘했어요! 이제 이 역사적 시기를 바른 순서로 다시 말해 볼까요? 중세 시대, 르네상스, 고대 로마, 계몽 시대. *순서대로 나열하기 질문

Jay

Ancient Rome, Middle Ages, Renaissance, and Enlightenment. Is it correct?

고대 로마, 중세 시대, 르네상스, 계몽 시대. 맞나요?

Professor Smith

Excellent job! Now, let's dive deeper into Renaissance art. **Can you rewrite** the following statement in your own words "Renaissance artists focused on realism, perspective, and human anatomy in their works"?

잘했어요! 이제 르네상스 예술을 더 깊이 파고들어 봅시다. 다음 문장을 직접 다시 써 보겠어요? "르네상스 화가들은 자신들의 작품에서 현실주의, 원근법 및 인체 해부학에 초점을 맞추었다." *다시 쓰기 질문

Jay

Renaissance painters emphasized depicting subjects with lifelike accuracy, incorporating techniques like perspective to create depth, and studying human anatomy to portray figures authentically.

르네상스 화가들은 대상을 사실적으로 묘사하는 데 중점을 두었으며, 깊이를 표현하기 위해 원근법과 같은 기법을 도입하고, 인체 해부학을 연구하여 인물을 현실적으로 묘사했다.

Professor Smith

Excellent rewriting, Jay. Now, let's conclude by **summarizing** our discussion on the Renaissance and its impact.

훌륭한 다시 쓰기였어요, 제이. 이제 르네상스와 그 영향에 대한 토론을 요약하며 마무리하지요. *요약하기 질문

Jay

The Renaissance was a cultural revival emphasizing art and humanism. It stimulated scientific and artistic advancements, impacting society and culture significantly.

르네상스는 문화적 부흥으로 예술과 인문주의에 중점을 두었습니다. 이는 과학적, 예술적 발전을 촉진하며, 사회와 문화에 큰 영향을 미쳤습니다.

Professor Smith

Perfectly summarized, Jay. You've shown a great grasp of these concepts. Keep up the excellent work!

완벽하게 요약했어요, 제이. 이 개념들을 잘 이해했다는 걸 보여 주었네요. 앞으로도 계속 정진해 주세요!

CHAPTER 3

비판적 사고 3단계
: 적용

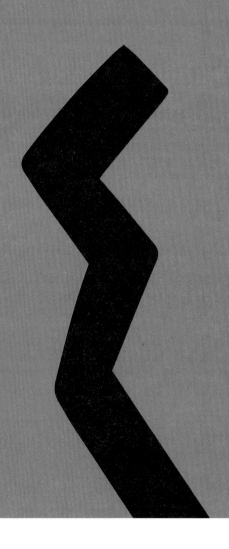

응용·적용할 수 있는가?

이 단계는 사실의 원리나 규칙 등에 대한 것이다. 사실에 기반한 지식이 있어야 하고 그 지식이나 원리, 규칙 등을 조화롭게 모아서 생각을 탄생시키는 단계이다. 한 사람이 보편적인 상식을 갖춰, 그 상식을 바탕으로 논리적인 사고를 하고, 이를 응용할 수 있다고 판단할 수 있는 방법은 무엇일까? 그의 응용력을 다른 사람에게 보여 줄 수 있는지 살펴보면 된다.

다음은 지식을 어떻게 응용·적용할 수 있는가를 보여 주는 개념들이다.

1. Show or Demonstrate 보여 주거나 시연하기
2. Draw or Illustrate 그리거나 자세히 설명하기
3. Give an example 예를 들어 설명하기
4. Calculate or Compute 계산하거나 계측하기
5. Apply 적용·응용하기
6. Make 만들어 내기
7. Solve 문제 해결하기
8. Use 사용하기

응용·적용 능력을 드러내는 질문 유형

MP3 029

비판적 사고 3단계의 개념을 일상생활, 학교, 직장에서 질문으로 어떻게 구현하는지 예문을 통해 살펴보자.

Show or Demonstrate 보여 주거나 시연하기 질문 예   MP3 029-1

Show가 무엇인가를 전시하고 보여 주는 것이라면, Demonstrate는 방법이나 사용 예를 행동으로 직접 보여 주는 것이다. 그래서 teaching demonstration시범 수업은 맛보기로 수업하는 것을 직접 실연하는 것이다. 물구나무서기를 보여 준다면show 단순히 보여 주는 것이고, 실연demonstrate한다면 더 단계적으로 구성하여 보는 사람이 직접 따라 해 볼 수 있게 하려는 의도가 있다. Show가 평면적이거나 정적이라면, Demonstrate는 동적이라고 할 수 있다.

일상
- **Can you show me** how to tie a bowline knot?
  보우라인 매듭을 어떻게 묶는지 보여 줄 수 있어요?

학교
- **Could you demonstrate** the process of conducting a chemistry experiment?
  화학 실험 진행 과정을 시연해 보시겠어요?

직장
- **Will you demonstrate** the steps to use the new software program?
  새로운 소프트웨어 프로그램 사용법 단계를 시연해 주시겠어요?

다음은 강의실에서 교수와 학생의 대화이다.

Daniel	Professor Barry, **can you show** us how to present research findings effectively? 배리 교수님, 연구 결과를 효과적으로 발표하는 방법을 보여 주시겠어요?
Professor Barry	Of course, Daniel. First, organize data visually with graphs or charts. Then, use clear and concise language to explain findings. Practice in front of peers to enhance presentation skills. 그러지, 다니엘. 먼저, 그래프나 차트로 데이터를 시각적으로 정리하게. 그런 다음, 명확하고 간결한 언어로 결과를 설명하는 거지. 동기들 앞에서 연습하여 발표 기술을 향상시켜 보게.
Daniel	**Could you demonstrate** how to use statistical software for data analysis in our research? 저희 연구에서 데이터 분석에 쓰는 통계 소프트웨어 활용법을 시연해 주시겠어요?
Professor Barry	Of course, Daniel. Let me show you how to import data, perform descriptive statistics, and conduct hypothesis testing using the software. I'll walk you through step by step. 그러지, 다니엘. 데이터를 가져오고, 기술 통계를 수행하며, 소프트웨어로 가설 검정을 어떻게 진행하는지 보여 주겠네. 한 단계씩 안내해 주지.

Draw or Illustrate 그리거나 자세히 설명하기 질문 예

Draw와 Illustrate는 둘 다 어떤 내용을 시각적으로 전달한다는 공통점이 있다. Drawing이 '관찰'을 통한 시각적 전달이라면, illustration은 주어진 내용text을 시각적으로 전달한다는 차이가 있다. 그래서 책의 삽화를 drawing이라 하지 않고 illustration이라고 한다. 또 illustrate는 그림 그리듯 상세하게 말이나 글로 전달한다는 뜻으로도 쓰인다. 자신이 알거나 이해하는 내용을 '행동'을 통해서 어떤 식으로든 '재현'하는 것이다.

일상
- **Can you draw** a simple diagram of how a bicycle works?
  자전거가 어떻게 작동하는지 간단한 도표로 그려 볼 수 있을까요?

학교
- **Will you illustrate** the process of photosynthesis in plants?
  식물에서 광합성 과정을 그림으로 상세히 설명해 보시겠어요?

직장
- **Could you draw** a flowchart to represent the company's workflow?
  회사의 업무 흐름을 나타내는 도표를 그려 보시겠어요?

다음은 강의실에서 교수와 학생의 대화이다.

> **Sofia** Professor Patton, **how can we draw** visual representations of our research data?
> 패튼 교수님, 저희 연구 데이터를 시각적으로 어떻게 표현할 수 있을까요?
>
> **Professor Patton** You can create charts, graphs, and infographics using software like Excel or data visualization tools. Remember to choose the appropriate format that best represents your data.
> 엑셀이나 데이터 시각화 도구 같은 소프트웨어를 사용하여 차트, 그래프, 인포그래픽을 만들 수 있어요. 데이터를 가장 잘 나타낼 수 있는 적절한 형식을 선택하는 것을 기억하세요.
>
> **Sofia** Professor Patton, **how can we illustrate** complex concepts in our research paper?
> 패튼 교수님, 저희 연구 논문에서 복잡한 개념들을 어떻게 설명해야 할까요?
>
> **Professor Patton** You can use diagrams, flowcharts, or visuals to simplify complex ideas. Visual representations help readers grasp the concepts more easily.
> 다이어그램, 플로 차트나 시각 자료를 사용해 복잡한 아이디어를 단순화할 수 있어요. 시각적 표현은 독자들이 개념을 더 쉽게 이해하는 데 도움이 되지요.

Give an example 예를 들어 설명하기 질문 예

For example?
예를 들면?

Would you give me an example?
어떤 예가 있을까요?

앞의 질문은 영어권뿐만 아니라 우리나라 강의실에서도 자주 던지는 질문 이다. 누군가 개념을 이해했는지 '예'를 들어보라고 했을 때, 그 사람이 정 확한 예를 들면 그 내용을 정확히 아는 것이고, 엉뚱한 예를 들면 그 내용을 잘 모르는 것이다. 알고 있는 내용을 기반으로 적절한 '예'를 생각해 내거나 만들어 내는 단계는 단순한 일차원적 '지식'이나 '이해'보다 한 걸음 더 나 아간 응용의 단계라고 할 수 있다.

• **Can you give me an example** a meal that fits a vegan diet?

비건 식단에 맞는 식단의 예를 들어주실 수 있나요?

• **Would you please provide an example** of how supply and demand affect prices?

수요와 공급이 가격에 어떻게 영향을 미치는지 한 예를 들어 주세요.

• **Could you please share an example** of a successful marketing campaign?

성공적인 마케팅 캠페인의 예를 알려 주시겠습니까?

다음은 강의실에서 교수와 학생의 대화이다.

Jena | Professor King, **could you give me an example** of a metaphor in a sentence?

킹 교수님. 문장에서 은유의 예를 한 가지 들어 주시겠어요?

Professor King | Of course, Jena. Here's an example "His heart is a lion." In this phrase, the heart is compared to a lion to show courage and strength.

그러지, 제나. 여기 예가 있네. '그의 마음은 사자다.' 이 문구에서 용기와 힘을 보여 주기 위해 마음을 사자에 비유했지.

Calculate or Compute 계산하기나 계측하기 질문 예

Calculate와 Compute는 '계산하다'라는 기본적인 개념에서는 일치하지만, 계산기calculator와 컴퓨터computer의 기능이 다른 것처럼 차이가 있다. Compute가 좀 더 복잡한 것에 대한 계측이라고 할 수 있다.

• **How much change will you get** if you pay with a $50 bill for a $26 purchase?

26달러짜리 물건에 50달러 지폐로 내면 거스름돈은 얼마가 나오죠?

* 계산하라는 지시 없이도 질문 자체가 계산을 요구한다.

• **Calculate** the force applied to an object with a mass of 5 kg and an acceleration of 2 m/s^2.

질량이 5kg이고 가속도가 2 m/s^2인 물체에 작용하는 힘을 계산해 보세요.

• **Please calculate** the total cost of production for the new product.

신제품의 총 생산 비용을 계산해 주세요.

다음은 강의실에서 교수와 학생의 대화이다.

Matt Professor Knight, **how do we calculate** percentages from survey responses?
나이트 교수님, 설문 응답 결과에서 백분율을 어떻게 계산하나요?

Professor Knight To calculate percentages, divide the number of specific responses by the total responses and multiply by 100. That gives you the percentage for each category.
백분율을 계산하려면, 특정 응답 수를 총 응답 수로 나누고 100을 곱해요. 그럼 각 범주의 백분율이 나옵니다.

Matt **How do we compute** the mean of a set of numbers in our research findings?
연구 결과에서 숫자 집합의 평균을 어떻게 구하나요?

Professor Knight To compute the mean, add up all the numbers and divide by the total count of data points. The result is the mean value.
평균을 구하려면, 모든 숫자를 더하고 데이터 포인트의 총 개수로 나누세요. 그 결과가 평균값입니다.

Apply 적용·응용하기 질문 예

Apply는 학습자가 배운 지식과 개념을 실제 상황에서 적용하고 응용하는 능력을 가리킨다. 이 단계에서 학생들은 추상적인 개념을 현실적인 상황에 적용하여 문제를 해결하거나 새로운 상황에서 자신의 지식을 응용할 수 있어야 한다.

일상
- **Can you apply** the principles of time management to improve your daily schedule?
시간 관리의 원칙을 적용하여 일상 스케줄을 개선할 수 있습니까?

학교
- **How would you apply** psychological theories to understand human behavior?
어떻게 심리학 이론을 적용하여 인간 행동을 이해할 수 있을까요?

직장
- **Could you apply** your knowledge of market trends to develop a new product strategy?
시장 동향에 대한 지식을 활용하여 신제품 전략을 개발해 주겠어요?

다음은 강의실에서 교수와 학생의 대화이다.

David Professor Kirsten, **how can we apply** the principles of time management to improve our daily schedule?

커스틴 교수님, 시간 관리의 원칙을 어떻게 적용하여 일상 스케줄을 개선할 수 있을까요?

Professor Kirsten Great question, David. One way to apply time management principles is by prioritizing tasks. For example, you can create a to-do list and rank tasks based on their importance and deadlines. By focusing on high-priority tasks first, you can make better use of your time and avoid feeling overwhelmed.

좋은 질문이에요, 데이비드. 시간 관리의 원칙을 적용하는 한 가지 방법은 업무의 우선순위를 정하는 겁니다. 예를 들어, 할 일 목록을 작성하고 중요도와 마감 기한에 따라 업무 순위를 매길 수 있어요. 우선순위가 높은 업무에 먼저 집중함으로써, 시간을 더 효율적으로 활용하고 압박감을 피할 수 있지요.

Jane Professor Lindberg, **can you give me an example of how we can apply** critical thinking skills in real-life problem-solving situations?

린드버그 교수님, 현실적인 문제 해결 상황에서 비판적 사고력을 어떻게 적용할 수 있는지 예를 들어 주시겠어요? * 예를 들어 설명하기와 적용·응용하기 질문의 융합

Professor Lindberg Certainly. When faced with a problem, critical thinking involves analyzing different perspectives, examining evidence, and considering possible outcomes before making a decision. By doing so, you can make informed choices and solve complex issues effectively.

그러죠. 문제에 직면했을 때, 비판적 사고력은 다양한 관점을 분석하고, 증거를 검토하며, 가능한 결과를 고려한 후에 결정을 내리는 것을 수반합니다. 이렇게 하면, 정보를 바탕으로 한 선택을 할 수 있으며 복잡한 문제를 효과적으로 해결할 수 있습니다.

Jane That makes sense. **I'll apply** critical thinking in my problem-solving approach. Thank you!

그렇군요. 문제 해결 접근 방식에 비판적 사고력을 적용해 보겠습니다. 감사합니다!

Professor Lindberg You're welcome, Jane. Remember, **applying** critical thinking is a valuable skill that can be used in various aspects of life. Keep practicing, and you'll see its benefits in no time!

천만에요, 제인. 기억하세요. 비판적 사고력의 적용은 삶의 다양한 측면에서 활용될 수 있는 유용한 기술입니다. 계속 연습하면, 곧 그 효과를 보게 될 거예요!

Make 만들어 내기 질문 예

Make는 배운 지식과 개념을 활용하여 새로운 제품이나 작품, 창작물을 만드는 단계이다. 이 단계에서는 추상적인 개념이나 지식을 구체적인 형태로 구현하고, 실제로 무언가를 창조하거나 제작할 수 있어야 한다. Make의 중요성은 지식을 더욱 깊이 이해하고 실용적으로 활용하는 데 있다. 이를 위해서는 그 지식을 실제로 사용하고 적용해 보는 것이 중요하며, 지식에 자신의 아이디어와 창의성을 결합하여 새로운 무언가를 만들어 내야 한다. 다음 질문들은 바로 이런 가능성들을 묻는다.

일상
- **Will you make** a list of ingredients and instructions to bake a chocolate cake?
  초콜릿 케이크를 굽는 데 필요한 재료와 조리법을 리스트로 작성해 보시겠습니까?

  * 이 질문은 케이크를 굽기 위한 기본 재료와 조리 방법을 종합적으로 이해하고 있는지, 그것을 토대로 리스트를 만드는 식으로 정보화할 수 있는지 복합적으로 묻는다.

학교
- **Would you make** a study guide to help your classmates prepare for the upcoming exam?
  반 친구들이 다가오는 시험에 대비하도록 시험 준비 안내문을 만들어 주시겠습니까?

직장
- **Can you make** a detailed plan for a company team-building event?
  사내 팀 빌딩 행사를 위한 상세한 계획을 세워 줄 수 있어요?

  * team-building event: 팀 구성원 간의 유대감을 형성하고 협력과 소통을 촉진하기 위해 기획된 행사를 말하며, 우리나라의 '단합 대회'와 성격이 비슷하다.

다음은 강의실에서 교수와 학생의 대화이다.

Mina	Professor Leigh, could you tell me **how to make** a persuasive presentation? 리 교수님, 설득력 있는 프레젠테이션을 어떻게 만드는지 말씀해 주시겠어요?
Professor Leigh	State main points, support with evidence, use visuals, practice delivery. 주요 포인트를 서술하고, 증거로 그것을 뒷받침하고, 시각 자료를 활용하며, 발표 연습을 하세요.
Mina	Professor Leigh, **how can we make** an innovative solution for the business case study? 리 교수님, 비즈니스 사례 연구에 쓸 혁신적인 해결책은 어떻게 만드나요?
Professor Leigh	Brainstorm ideas, collaborate with team, research thoroughly. 아이디어를 모으고, 팀과 협력하여, 철저히 연구를 해야죠.

Solve 문제 해결하기 질문 예

Solve의 중요성은 현실적인 문제 해결 능력을 갖추는 데 있다. 단편적인 지식을 쌓아 놓고 단순히 이해하는 수준에만 그친다면 그 지식은 그리 유용하다고 볼 수 없다. 사물에 대한 지식과 이해를 바탕으로, 적용 가능한 지식과 기술을 사용하여 문제를 해결하는 방법을 찾아낼 수 있어야 한다. 이렇게 '문제 해결 능력'을 묻는 질문의 예로 다음과 같은 것들이 있다.

일상 · **How would you solve** the issue of traffic congestion in your neighborhood?
당신이 사는 동네의 교통 체증 문제를 어떻게 해결하겠습니까?

학교 · **Can you solve** the complex mathematical equation to find the value of X?
X 값을 찾기 위한 복잡한 수학 방정식을 풀 수 있나요?

직장 · **Will you find a solution** to improve customer satisfaction and reduce complaints?
고객 만족도를 향상시키고 불만 사항을 줄일 수 있는 해결책을 찾아보시겠어요?

다음은 강의실에서 교수와 학생의 대화이다.

Jake Professor Gavin, **how can we solve** online privacy issues?
개빈 교수님, 온라인 개인 정보 보호 문제를 어떻게 해결할 수 있을까요?

Professor Gavin Here are some suggestions: Use strong passwords, enable two-factor authentication, be cautious of phishing. Regular updates and antivirus help too.
(문제 해결을 위한) 몇 가지 제안 사항들이 있습니다. 강력한 비밀번호 사용, 이중 인증 활성화, 피싱 사기에 주의해야 하죠. 정기적인 업데이트와 백신 프로그램도 도움이 되고요.

Jake **What would you suggest solving** cyberattacks on businesses?
기업에 대한 사이버 공격 문제 해결을 위해 무엇을 제안하시겠어요?

Professor Gavin Strong firewalls, regular audits, cybersecurity training for employees. Incident response plan and expert collaboration help too.
강력한 방화벽, 정기적인 감사, 직원들에 대한 사이버 보안 교육 실시죠. 사고 대응 계획과 전문가 협력도 도움이 됩니다.

Use 사용하기 질문 예

'사용하기' 단계에서는 이론적인 지식을 실제로 활용하는 능력을 키우는 것이다. 운전을 배운 사람은 실제로 자동차를 운전할 수 있어야 한다. 마찬가지로 경영학을 배운 사람은 실제 비즈니스 상황에서 경영 원칙을 적용하여 문제를 해결하는 능력을 보여야 한다. 영어 질문을 공부하고 연습한 사람은 실생활에서 직접 영어 질문을 할 수 있어야 한다. 아무리 공부했어도, 실제로 사용하지 못 한다면 이 '활용, 응용, 적용'에 미치지 못하고 파편적인 지식만 습득하고 이해한 수준에 머무르는 것이다. 다음 질문들은 바로 그러한 능력이 있는지를 묻는다.

`일상` • **Will you use** various materials to craft a handmade greeting card?
다양한 재료를 사용해 손수 인사말 카드를 만들어 보겠어요?

`학교` • **How would you use** critical thinking skills to analyze a philosophical argument?
당신은 비판적 사고력을 어떤 식으로 활용하여 철학적 주장을 분석하시겠습니까?

`직장` • **Can you use** effective communication skills to lead a successful team meeting?
효과적인 의사소통 기술을 사용하여 성공적인 팀 회의를 주도할 수 있나요?

다음은 강의실에서 교수와 학생의 대화이다.

Jamie   Professor Levitt, **how can we use** marketing strategies to promote a new product?
레빗 교수님, 신제품 홍보에 어떻게 마케팅 전략을 활용할 수 있을까요?

Professor Levitt   Identify target audience, create engaging content, utilize social media. Discounts or giveaways can also boost promotion.
대상 고객 파악, 흥미로운 콘텐츠 제작, 소셜 미디어를 활용하는 것이죠. 할인이나 경품 이벤트도 홍보를 촉진시킬 수 있습니다.

Jamie   Could you tell me **how we can use** statistical analysis for research findings?
연구 결과에 통계 분석을 어떻게 활용할 수 있을지 말씀해 주시겠어요?

Professor Levitt   Interpret data trends, draw conclusions, support research claims. Statistical tools like SPSS can assist

---

analysis.
데이터 추이를 해석하고, 결론을 도출하고, 연구 주장을 뒷받침하는 거죠. SPSS 같은 통계 도구가 분석에 도움이 될 수 있어요.

비판적 사고 1단계가 일반적인 지식에 대한 질문이라면, 2단계는 내용의 이해 여부를 확인하는 데 초점이 맞춰져 있다. 3단계에서는 '지식'과 '이해한 내용'을 응용하여 '행동화'할 수 있는가를 묻는다. 머릿속에 있는 지식과 내용을 글이나 말로 설명하거나, 그림 또는 도표를 그리거나, 몸으로 직접 보여 주거나, 무언가 만들어 내는 것을 못 한다면 그 지식은 별로 소용이 없다. 응용 단계의 질문은 '행동하라'라는 메시지이기도 하다.

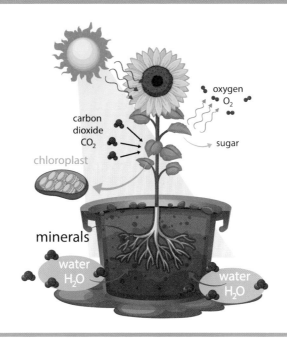

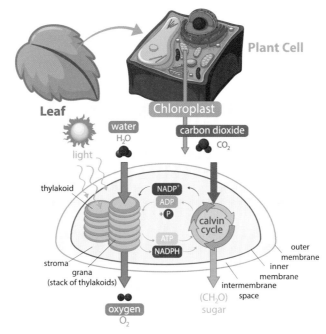

Practical Usage

MP3 029-2

상대방이 '지식'을 '행동'으로 보여 주도록 질문하는 예를 다음 대화에서 확인해 보자.

Chris **Can you show me how to compute** the bell curve?
종형 곡선을 어떻게 계산하는지 보여 줄 수 있어? *보여 주기 질문과 계측하기 질문의 융합

Mira Well, maybe Hannah can demonstrate the computation on SPSS.
음, 한나가 SPSS에서 계산하는 방법을 시연해 줄 수 있을 거야.

Chris Don't you know **how to operate** the SPSS?
넌 SPSS 어떻게 작동하는지 몰라? *사용하기 질문

Mira I learned how to use it, but I should practice more.
사용법은 배웠는데, 더 연습해야 해.

Chris By the way, will you **show me the way** to the Johnson Center? I have an interview there, but I've never been to that place.
그건 그렇고, 존슨 센터에 가는 길 좀 알려 줄래? 거기서 인터뷰가 있는데, 한 번도 가 본 적이 없어. *보여 주기 질문

Mira Oh, I know where it is located. I can draw a map for you.
아, 나 거기 어디 있는지 알아. 내가 약도 그려 줄게.

Chris Thank you. It's so kind of you. I think you are very good at drawing and illustrating, aren't you?
고마워. 친절하기도 해라. 넌 그리기와 시각적으로 설명하는 걸 참 잘하는 것 같아.

Mira Thank you for your compliment. My problem is that I am not very skillful in verbal illustration.
칭찬해 줘서 고마워. 문제는 내가 말로 상세하게 설명하는 게 많이 부족하다는 거지.

Chris Do you mean that you are more talented in visual illustration?
그러면 시각적인 설명을 더 잘한다는 말이야?

Mira I guess so. I know that you are a good maker, aren't you?
그런 것 같아. 너도 뭔가를 잘 만들잖아, 안 그래?

Chris Well, I like making small things such as small boxes, tea tables, or stools. Recently, I bought a small table saw at the Home Depot.

음, 나는 작은 상자나 티 테이블, 의자 같은 작은 물건을 만드는 걸 좋아해. 최근에 홈디포에서 작은 테이블 톱을 하나 샀어.

Mira Wow, that sounds cool. **Do you know how to use** table saws?

와, 굉장하네. 너 테이블 톱 사용할 줄 알아? *사용하기 질문

Chris I briefly reviewed the user's manual, but applying it into practice is not that easy.

사용 설명서를 간단히 읽어 봤는데, 실제로 적용하는 게 그렇게 쉽지는 않더라.

Mira You are quite right. It is one thing to know, but another to apply, isn't it?

정말 그래. 아는 것과 적용하는 건 전혀 다른 문제야, 그렇지?

Chris Will you **show me how to solve** the statistical problem before you leave?

너 가기 전에 통계학 문제 어떻게 푸는지 보여 줄래? *문제 해결하기 질문

Mira Sure. Solving problems with you is always fun to me.

물론이지. 너랑 문제 푸는 건 항상 재미있다니까.

CHAPTER 4

비판적 사고 4단계
: 분석

분석할 수 있는가?

전체를 구성하는 요소들을 분해하고 분석하는 단계이다. 분석하기 위해서는 잘게 나누고, 비교하고, 숨은 요소까지 찾아내는 능력이 필요하다. 천재 요리사들이 음식을 한입 먹어 보고는 그 음식에 들어간 여러 가지 재료나 조리법까지 속속들이 맞히는 모습을 TV에서 본 적이 있을 것이다. 이때 요리사들은 혀의 미각 세포와 후각 세포를 총동원해 음식의 맛과 향기와 질감들을 세밀하게 들여다보고 판단을 내린다. 이러한 종합적인 능력을 '분석analysis'이라고 하며, 분석 시 사고 작용을 드러내는 개념은 다음과 같다.

1. Analyze 분석하기
2. Categorize 분류하기
3. Specify 상세히 명시하기
4. Compare and Contrast 비교 및 대조하기
5. Differentiate and Distinguish 구별과 식별하기
6. Examine 조사 분석하기

분석 능력을 드러내는 질문 유형

MP3 **030**

'분석analysis'이라는 개념에는 분류하고categorize, 자세히 열거하고specify, 비교하고compare, 대조하고contrast, 구별하고differentiate, 식별하며distinguish, 조사 분석하는examine 행동들이 포함된다. 이것들을 할 수 있어야 분석한다고 말할 수 있다.

Analyze 분석하기 질문 예

MP3 030-1

'분석하기'는 어떤 주제나 문제를 깊이 파고들어 관찰하고 이해하는 과정을 의미한다. 이 과정을 통해 우리는 복잡한 정보와 데이터의 패턴을 파악하고 상세한 특징을 구분할 수 있으며, 문제의 원인과 결과를 파악하고, 서로 다른 요소들 사이의 관계를 이해하며, 새로운 통찰력을 얻을 수 있다. 따라서 '분석하기'는 지식을 깊이 이해하고 응용하는 데 필수적이며, 창의성과 비판적 사고를 발전시키는 데 기여한다. 그러기 위해서는 질문을 던지고, 질문에 고민하여 답할 수 있어야 한다.

일상
- **Can you analyze** the causes of traffic congestion in your neighborhood?
  당신이 사는 동네의 교통 체증 원인을 분석해 볼 수 있나요?

학교
- **How would you analyze** the relationship between social media usage and students' academic performance?
  소셜 미디어 사용과 학생들의 학업 성과 사이의 관계를 어떻게 분석하시겠습니까?

직장
- **Could you analyze** the market trends to identify potential opportunities for our company?
  우리 회사에게 필요한 잠재적 기회를 발굴하기 위해 시장 동향을 분석해 주실 수 있을까요?

다음은 강의실에서 교수와 학생의 대화이다.

Sean	**Could you analyze** the impact of climate change on agriculture? 기후 변화가 농업에 미치는 영향을 분석해 주시겠어요?
Professor Leigh	Of course. Climate change affects crop yields and agricultural output due to shifts in temperature and precipitation patterns. 물론이지. 기후 변화로 인한 온도와 강수량 패턴 변화로 곡물 작확량과 농업 생산량이 영향을 받는다네.
Sean	Thank you. I am interested to know if there are any specific factors that have contributed to the fluctuations in agricultural productivity. 감사합니다. 농업 생산성 변동에 기여한 특정한 요인들이 있는지도 궁금합니다.
Professor Leigh	You're welcome. **Through the analysis**, I will try to pinpoint the key drivers that influenced the changes in agricultural productivity. 천만에. 분석을 통해, 농업 생산성 변화에 영향을 미친 주요 원인들을 찾아보겠네.

Categorize 분류하기 질문 예

'분류하기categorize'는 복잡한 정보나 데이터를 보다 체계적으로 정리하고 이해하는 데 도움이 되는 중요한 개념이다. 정보를 특정 기준에 따라 그룹으로 나누고 분류하여 비슷한 특성을 가진 항목들을 묶어서 파악하고, 이를 통해 복잡한 현상을 단순화하여 보다 구체적으로 파악하고 비교할 수 있다. '분류하기'를 통해 얻은 정보는 결정을 내릴 때 중요한 근거가 되며, 특정 주제에 더 깊이 있는 성찰을 할 수 있다.

일상
- **Can you categorize** different types of fruits in the grocery store?
  슈퍼마켓에 있는 다양한 종류의 과일을 분류해 볼 수 있나요?

학교
- **How do you categorize** the various theories of motivation in psychology?
  심리학에서 다양한 동기 이론을 어떻게 분류하나요?

직장
- **Could you categorize** the customer feedback into positive, neutral, and negative groups?
  고객의 피드백을 긍정적, 중립적, 부정적 그룹으로 분류해 볼 수 있을까요?

다음은 강의실에서 교수와 학생의 대화이다.

Sean   Professor Leigh, **can you help me categorizing** the types of renewable energy?
리 교수님, 재생 에너지 종류를 분류하는 것 좀 도와주시겠어요?

Professor Leigh   Sure. Renewable energy **can be categorized** into solar, wind, hydroelectric, geothermal, and biomass.
그러지. 재생 에너지는 태양열, 풍력, 수력, 지열, 바이오매스로 분류할 수 있지.

Sean   **How does categorizing help** us understand each energy source better?
분류를 하는 게 각 에너지 원천을 잘 이해하는 데 어떻게 도움이 되나요?

Professor Leigh   **Categorizing allows** us to compare and identify unique features of each energy source in their respective groups.
분류를 통해 각 그룹의 에너지 원천들의 고유한 특징을 비교하고 파악할 수 있다네.

Specify 상세히 명시하기 질문 예

분석 단계에서 '상세히 명시하기'는 개념이나 문제를 구성 요소로 분해하고, 특정한 세부 사항이나 조건을 명확하게 표현함으로써 정확한 정보를 제시하는 능력을 필요로 한다. 이를 통하여 추상적인 개념이나 일반적인 내용을 구체적이고 명확하게 표현하여 문제를 해결하거나 분석하는 데 중요한 역할을 한다. 다음은 그것을 끌어내는 질문의 예다.

`일상`
- **Can you specify** the steps to bake a chocolate cake from scratch?
처음부터 초콜릿 케이크를 굽는 과정을 상세히 명시해 볼 수 있나요?

`학교`
- **How would you specify** the research variables in your experiment?
당신의 실험에서 연구 변수를 어떻게 명시하겠습니까?

`직장`
- **Could you specify** the project deliverables and timeline for the upcoming marketing campaign?
다가오는 마케팅 캠페인을 위한 프로젝트 성과물과 일정을 상세히 명시해 주실 수 있을까요?

다음은 강의실에서 교수와 학생의 대화이다.

| Sean | **Can you please specify** the main themes present in William Shakespeare's play "Hamlet"?
윌리엄 셰익스피어의 희곡 〈햄릿〉에 나타난 주요 주제들을 상세히 명시해 주실 수 있을까요? |
|---|---|
| Professor Leigh | Certainly, Sean. The main themes in "Hamlet" include revenge, betrayal, madness, appearance versus reality, and the complexity of human nature.
그러지, 션. 〈햄릿〉에서 주요 주제들은 복수, 배신, 광기, 겉으로 보이는 것과 실제 사이의 대립, 그리고 인간 본성의 복잡성이 포함되어 있지. |
| Sean | Thank you, Professor Leigh. Now, **could you also specify** the key elements of the Romantic literary movement during the 19th century?
감사합니다, 리 교수님. 그럼 19세기 낭만주의 문학 운동의 주요 요소들도 상세히 명시해 주시겠어요? |
| Professor Leigh | The key elements of Romanticism in literature during the 19th century include a focus on emotions, individualism, nature, imagination, and the supernatural.
19세기 문학에서 낭만주의의 주요 요소들은 감정, 개인주의, 자연, 상상력, 그리고 초자연적인 것에 초점이 맞추어져 있다네. |

Compare and Contrast 비교 및 대조하기 질문 예

'비교와 대조'는 두 가지 또는 그 이상의 요소를 비교하고 차이점을 찾아내는 것을 의미한다. 비교compare는 둘 이상의 대상을 견주어 비슷한 점과 다른 점 등을 살펴보는 것이고, 대조contrast는 차이, 즉 다른 점을 좀 더 부각시키는 것이다. 이러한 과정은 특정 주제나 개념을 더 깊이 파악하고 이해하는 데 도움이 되며, 더 높은 수준의 사고력을 발전시키고 문제를 해결하는 능력을 강화하는 데 중요한 역할을 한다. 교육 현장에서 굉장히 자주 활용되며, 이를 끌어내는 질문은 다음과 같다.

- **Can you compare and contrast** how stocks and bonds differ?

  주식과 채권이 어떻게 다른지 비교 대조할 수 있나요?

- What are the advantages and disadvantages of globalization? **Compare and contrast**.

  세계화의 장점과 단점은 무엇인가요? 비교하여 차이를 설명하세요.

- **Compare and contrast** presidential candidates from the two parties.

  두 당의 대통령 후보들을 비교하여 차이를 설명하세요.

다음은 강의실에서 교수와 학생의 대화이다.

Professor Leigh
Sean, **can you compare and contrast** the themes of these two poems by William Wordsworth?

션, 윌리엄 워즈워스가 쓴 이 두 시의 주제들을 비교하고 대조해 볼 수 있을까?

Sean
Sure, Professor Leigh. The first poem celebrates the beauty of nature and the spiritual connection with it, while the second one explores the complexities of human emotions and the impact of industrialization on society.

네, 리 교수님. 첫 번째 시는 자연의 아름다움과 그것과의 영적 연결을 기리는 반면, 두 번째 시는 인간 감정의 복잡성과 산업화가 사회에 미치는 영향을 탐구합니다.

Professor Leigh
Can you also compare and contrast the writing styles of these two authors, Jane Austen and Charlotte Brontë?

제인 오스틴과 샬롯 브론테, 이 두 작가의 글쓰기 스타일을 비교하고 대조해 볼 수 있을까?

Sean
Of course. Jane Austen's writing style is known for its wit, irony, and social commentary, whereas Charlotte Brontë's writing style often delves into passionate emotions and Gothic elements.

네, 제인 오스틴의 글쓰기 스타일은 위트, 반어적 언어, 사회 비평으로 알려져 있고, 반면 샬롯 브론테의 글쓰기 스타일은 열정적인 감정과 고딕적 요소들을 종종 탐구합니다.

Differentiate and Distinguish 구별과 식별하기 질문 예

'분석' 단계에서 구별하고 식별하는 과정은 복잡한 정보나 문제를 세부적인 부분으로 나누고 각각의 차이점과 공통점을 파악하여 전체적인 이해를 돕는다. Differentiate구별가 좀 더 넓은 범위에서 그 차이를 분석한다면, Distinguish식별는 좀 더 구체적이고 세밀한 범주에서 차이를 분석하고 확인하는 것으로 볼 수 있다. 이 구별과 식별을 통해 우리는 사물이나 개념의 본질을 파악하고, 패턴을 발견하여 판단력을 강화하고, 그 결과 더 깊고 체계적인 분석과 문제 해결 능력을 갖추게 된다.

- **Can you differentiate** between the main features of a mammal and a reptile?
  포유류와 파충류의 주요 특징들을 구별할 수 있나요?

- **How do you differentiate** between an autotrophic and a heterotrophic organism?
  독립영양 생물과 종속영양 생물을 어떻게 구별하나요?

- **How can you distinguish between the twins** when they look so alike?
  쌍둥이들이 너무 닮았을 때 어떻게 그들을 식별할 수 있나요?

- What unique features can help you **distinguish between the two varieties of roses**?
  두 가지 장미 품종을 식별하는 데 어떤 고유한 특징이 도움이 될까요?

앞의 예에서, 포유류와 파충류는 종류가 다르고 차이도 크게 난다. 독립영양 생물과 종속영양 생물도 마찬가지이다. 이에 비해 서로 똑같이 생긴 일란성 쌍둥이나, 크기나 색깔이 비슷하지만 품종이 다른 장미꽃은 식별하기가 쉽지 않다. 범위가 크거나 작거나, 결국 서로 다른 것들을 구별하는 행동이기 때문에 학교에서는 differentiate and distinguish를 bread and butter버터 바른 빵처럼 늘 함께 사용하는 편이다.

일상
- **Can you differentiate and distinguish** between weather and climate?
  날씨와 기후를 구별하고 식별할 수 있나요?

학교
- **How would you differentiate and distinguish** the key concepts in sociology and anthropology?
  사회학과 인류학에서의 주요 개념들을 어떻게 구별하고 식별하겠습니까?

- **Could you differentiate and distinguish** our product offerings from those of our competitors?
경쟁사의 제품과 우리 제품을 어떻게 구별하고 식별할 수 있을까요?

다음은 강의실에서 교수와 학생의 대화이다.

Sean	**Could you help me differentiate** between "leadership" and "management" in a business context? 비즈니스 관점에서 '리더십'과 '매니지먼트'를 구별하는 방법을 알려 주실 수 있을까요?
Professor Leigh	Of course! While both are important aspects of business, "leadership" focuses on guiding and inspiring a team towards a common vision and goals. On the other hand, "management" involves overseeing day-to-day operations, organizing resources, and making decisions to achieve specific objectives. 그러지! 둘 다 비즈니스에서 중요한 측면이지만, '리더십'은 팀을 공통의 비전과 목표로 이끌고 영감을 주는 데 중점을 두네. 그러나 '매니지먼트'는 일상적인 업무를 감독하고, 자원을 조직화하며, 목표 달성을 위한 결정을 내리는 것을 포함하지.
Sean	Thank you for clarifying. Now, **could you distinguish between** "globalization" and "internationalization" in the context of economics? 설명해 주셔서 감사합니다. 이제 경제학적 맥락에서 '세계화'와 '국제화'를 식별하는 방법을 설명해 주실 수 있을까요?
Professor Leigh	"Globalization" refers to the process of increased interconnectedness and interdependence of countries in the global economy. It involves the free flow of goods, services, capital, and information across borders. On the other hand, "internationalization" focuses on a company's expansion into foreign markets and operations in other countries. '세계화'는 세계 경제에서 국가들 간의 경제적인 연결과 상호 의존성이 증가하는 과정을 말하네. 이는 국경을 넘어 상품, 서비스, 자본, 정보의 자유로운 이동을 포함하지. 반면에 '국제화'는 기업이 해외 시장으로의 확장 진출과 다른 국가에서의 사업 운영에 초점을 맞춘다네.

Examine 조사 분석하기 질문 예

조사와 분석은 단순히 정보를 기억하는 것이 아니라, 다양한 관점에서 정보를 살펴보고 해석하며, 깊은 이해와 통찰력을 갖추는 것을 목표로 한다. 이를 통해 우리는 문제를 해결하고 판단을 내릴 수 있는 새로운 관점과 통찰력을 얻을 수 있으며, 더 나아가 현실 세계의 복잡한 문제들에 대한 창의적이고 효과적인 해결책을 발견할 수 있다. 이는 단순한 지식을 넘어서 심층적인 학습과 능동적인 사고를 통해 지적 성장을 이루어 내는 데 중요한 역할을 한다. 이를 끌어내는 질문을 살펴보자.

일상
- **Can you examine** the impact of social media on interpersonal relationships?
  소셜 미디어가 대인 관계에 미치는 영향을 조사해 볼 수 있나요?

학교
- **How do you examine** the research methodology used in a scientific study?
  과학 연구에서 쓰이는 연구 방법론을 어떻게 조사하나요?

직장
- **Could you examine** the financial statements to identify areas for cost reduction?
  재무제표를 조사하여 비용 절감이 가능한 영역을 확인해 주실 수 있을까요?

다음은 강의실에서 교수와 학생의 대화이다.

Student　What would be a good **topic to examine**?
　　　　　조사 분석할 만한 주제로 뭐가 좋을까요?

Professor　What about "**Examining** the Impact of Social Media." It offers many research possibilities.
　　　　　'소셜 미디어의 영향 연구'가 어떨까? 연구 가능성이 많으니까.

Student　What related studies **can I examine**?
　　　　　어떤 관련 연구들을 조사해 볼 수 있을까요?

Professor　The psychological impact of social media use, its influence on businesses, and its political implications.
　　　　　소셜 미디어 사용의 심리적 영향, 그것이 기업에 미치는 영향, 그리고 정치적 영향 등이 있을 수 있지.

Can you categorize different types of
FRUITS
in the grocery store?

MP3 030-2

비판적 사고 4단계에 해당하는 분석 개념이 어떤 식으로 질문과 답변에 구현되는지 확인해 보자.

Mira I've decided to **analyze the cultural differences** between Korea and America. What steps should I take to conduct this analysis?

전 한국과 미국 간의 문화적 차이를 분석하기로 했어요. 이 분석을 진행하기 위해 어떤 단계를 거쳐야 하나요?

Tony I think you can **compare and contrast** their language cultures, can't you?

그들의 언어 문화를 비교하고 차이를 찾아볼 수 있지 않을까요?

Mira Are you suggesting that I **compare and contrast** the two languages?

그러면 두 언어를 비교 대조해야 한다는 건가요?

Tony No, I mean, you can **examine** their language cultures. Can't you collect some typical language samples and **categorize them into** different cultural patterns?

아뇨, 두 나라의 언어 문화를 조사해 보세요. 전형적인 언어 샘플들을 모아서, 그것들을 서로 다른 문화적 패턴으로 분류할 수 있지 않을까요?

Mira So, I should **categorize** some language samples based on cultural patterns?

그럼, 문화적 양상에 따라 언어 샘플들을 분류해야겠네요.

Tony Yes, for example, in Korean, they habitually say, 'our husband' and 'our wife,' while in America, we say, 'my husband' and 'my wife.' It will sound weird to them if you don't understand their language culture, right?

그렇죠. 예를 들어, 한국인들은 습관적으로 '우리 남편', '우리 아내'라고 말하지만, 우리 미국인들은 '내 남편', '내 아내'라고 합니다. 언어 문화를 이해하지 못하면 한국인들이 '우리 남편', '우리 아내'라고 말하는 것이 이상하게 들릴 겁니다. 그렇죠?

Mira That makes sense! When did you **conduct** all this research?

그렇게 말하니까 이해가 되네요! 이런 조사를 언제 다 했어요?

Tony It's my habit to collect language samples, **analyze** them, and **specify** the differences between them because I frequently travel between the two countries.

저는 두 나라를 자주 오가서 언어 샘플들을 모으고, 분석하고, 차이점을 상세히 정리하는 게 제 습관이에요.

Mira Do you think I can represent the cultural differences between the two languages in a diagram?
제가 두 언어 사이의 문화적 차이를 도표로 나타낼 수 있을까요?

Tony Certainly! Once you identify distinct cultural patterns, you can **create a diagram** to represent them.
그럼요! 일단 구별되는 문화적 패턴들을 찾으면, 도표를 만들어서 표현할 수 있을 거예요.

Mira To **distinguish** one from the other, I **need to examine** more language samples, don't I?
두 가지를 구별하려면, 더 많은 언어 샘플들을 조사해야겠군요?

Tony Absolutely! Let me know if you need my assistance.
그렇죠! 도움이 필요하면 언제든지 말해 주세요.

Mira Thank you, Tony! Your guidance has been really helpful. I'll start collecting language samples and **examining** the cultural patterns right away.
고마워요, 토니! 지도해 주신 게 정말 도움이 됐어요. 바로 언어 샘플들을 모으고 문화적 양상들을 조사해 보겠습니다.

Tony You're welcome, Mira! I'm glad I could assist you. If you have any questions during the process, feel free to reach out to me anytime.
천만에요, 미라! 도움이 되어서 기쁘네요. 진행하는 동안 질문할 게 있으면, 언제든지 저에게 연락해 주세요.

Mira Absolutely! Your expertise in **examining** cultural differences will be invaluable for my research.
그럴게요! 문화적 차이를 조사하는 토니 씨의 전문 지식이 제 연구에 정말 유용할 거예요.

Tony I'm happy to hear that. Best of luck with your **analysis**, Mira! I'm sure your findings will be insightful.
그런 말 들으니까 너무 좋은데요. 분석하는 과정에 행운이 있기를 빕니다. 미라! 분명히 미라 씨의 연구 결과는 통찰력이 있을 겁니다.

Mira Thank you once again, Tony! I'll make sure to keep you updated on my progress.
다시 한번 감사해요. 토니! 진행 상황을 지속적으로 알려 드릴게요.

Tony You're welcome, Mira. I'm looking forward to hearing about your discoveries. Have a great time **conducting your analysis**!
천만에요, 미라. 미라가 발견한 것들이 뭘까 기대할게요. 분석하면서 즐거운 시간 보내세요!

Mira Thanks, Tony! I'll do my best. Talk to you soon!
고마워요, 토니! 최선을 다할게요. 조만간 연락할게요!

CHAPTER 5

비판적 사고 5단계
: 통합

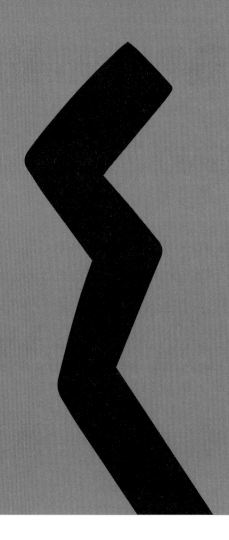

통합할 수 있는가?

통합Synthesis 단계에서는 지식이나 생각들을 결합해 새로운 덩어리를 만들어 내거나 완전히 새로운 것을 창조해 내는 사고력을 요한다. 이러한 통합 단계의 개념들은 다음과 같다.

1. Combine 합치기
2. Compose 짓기
3. Design 설계하기
4. Generate 만들어 내기
5. Invent 고안하기
6. Create 새로 만들어 내기
7. Predict 예견이나 예측하기
8. Suggest or Recommend 제안이나 추천하기

위에 열거된 개념들을 살펴보면, 기존의 지식이나 재료들을 모아서 새로운 뭔가를 고안해 내거나, 새로운 아이디어를 제안해 내는 행동들이다. 블룸의 비판적 사고의 단계 중 상위에 해당되는 '통합' 단계에서 누군가가 무엇을 고안하거나, 디자인하거나, 새로 개발해 낼 때, 그것들이 천재적인 두뇌에서 갑자기 만들어진 것은 아니다. 하늘 아래 새로운 것은 없다. 기초적인 '지식'을 바탕으로 '이해력'을 높이고, 지식을 사용할 수 있는 '응용력'을 키우고, '분석'하고 연구하는 과정을 거쳤을 때 지식의 '통합'이 이루어지고 화산이 폭발하듯 새로운 디자인이나 아이디어가 나올 수 있다.

통합 능력을 드러내는 질문 유형

MP3 031

다음은 앞에 열거된 '통합' 관련 개념들과 그 질문의 예들이다. 각 개념별로 일상생활에서, 학교에서, 그리고 직장에서 통용될 만한 예들을 모았다.

Combine 합치기 질문 예

MP3 031-1

'합치기'는 다양한 지식과 기술을 융합해 새로운 의미를 만들고 문제를 창의적으로 해결하는 능력을 의미한다. 이를 통해 지식을 종합적으로 활용하며 현실 세계에서 유용하고 창의적인 지식의 재생산을 이루게 한다. 예를 들어, 자신이 작곡한 음악에 미술 작품을 시각적으로 연결해 음악과 시각 예술을 통합한 멀티미디어 작품을 만들거나, 미술 작품을 바탕으로 음악을 작곡하여 시각과 청각을 통합한 창작물을 만들 수도 있다.

일상 · **How can you combine** different ingredients to create a delicious and unique dish for the dinner party?
당신은 다양한 재료를 어떻게 결합하여 만찬 파티에 내놓을 맛있고 독특한 요리를 만들 수 있나요?

학교 · In your research project, **how will you combine** various theories and methodologies to develop a comprehensive and well-rounded analysis?
당신의 연구 프로젝트에서, 여러 이론과 방법론을 어떻게 결합하여 포괄적이고 완성도 있는 분석을 개발할 건가요?

직장 · As a marketing manager, **how do you plan to combine** digital and traditional marketing strategies to maximize brand exposure and reach a wider audience?
마케팅 매니저로서, 디지털과 전통적인 마케팅 전략을 어떻게 결합하여 브랜드 노출을 극대화하고 관중을 더 많이 늘릴 계획인가요?

Compose 짓기 질문 예

'짓기' 개념은 다양한 요소를 결합하여 새로운 것을 창조하고 구성하는 과정을 의미한다. 이는 창의성과 문제 해결 능력, 그리고 높은 수준의 학습과 응용력을 발전시킨다.

일상
- **How can you compose** a heartfelt and meaningful message to express your gratitude to a close friend or family member?
  친한 친구나 가족에게 감사의 마음을 전달하기 위해 감동적이고 의미 있는 메시지를 어떻게 작성할 수 있을까요?

학교
- In your research paper, **how will you compose** a well-structured and cohesive argument that integrates findings from various sources to support your thesis?
  당신의 연구 논문에서, 다양한 출처로부터 얻은 결과를 통합하여 논문의 주장을 지원하는 체계적이고 논리 정연한 주장을 어떻게 구성할 것인가요?

직장
- As a project manager, **how do you plan to compose** a comprehensive project proposal that outlines the scope, timeline, and budget in a clear and concise manner?
  프로젝트 매니저로서, 프로젝트 범위, 일정 및 예산을 명확하고 간결하게 기술한 포괄적인 프로젝트 제안서를 어떻게 구성할 계획인가요?

Design 설계하기 질문 예

'설계하기'는 창의적인 아이디어와 기술을 활용하여 새로운 제품, 시스템, 또는 서비스를 계획하고 구상하는 과정을 의미한다. 사용자의 요구를 충족시키고 문제를 해결하는 데 중요한 역할을 하며, 현실 세계에서 혁신적이고 실용적인 해결책을 제시하도록 도와준다. 이 설계 및 디자인 단계에서 창의성과 비판적 사고를 키우며, 구체적이고 현실적인 결과물을 만들어 내는 능력을 발전시키는데, 이를 이끌어 낼 질문은 다음과 같다.

일상
- **How would you design** a creative and visually appealing invitation for a special event, such as a birthday party or a wedding?
  생일 파티나 결혼식 같은 특별한 행사를 위한 창의적이고 시각적으로 끌리는 초대장을 어떻게 디자인할 것인가요?

학교
- In your academic project, **how will you design** a comprehensive research methodology that incorporates both qualitative and quantitative data analysis techniques?

당신의 학술 프로젝트에서, 양적 및 질적 자료 분석 기법을 모두 포함하는 포괄적인 연구 방법론을
어떻게 설계할 것인가요?

직장 • As a product designer, **how do you plan to design** an innovative and user-friendly interface for your company's new mobile application?
제품 디자이너로서, 귀사의 새로운 모바일 애플리케이션의 혁신적이고 사용자 친화적인
인터페이스를 어떻게 디자인할 계획인가요?

Generate 만들어 내기 질문 예

다양한 자료, 아이디어, 또는 정보를 활용하여 새로운 것을 만들어 내는 과정을 의미한다. 이 단계에서는 독창성과 창의력을 기르면서, 혁신적인 발상과 실용적인 솔루션을 제시할 수 있는 능력을 개발하게 된다.

일상 • **How can you generate** a list of fun and engaging activities to keep kids entertained during a family gathering or a children's party?
가족 모임이나 어린이 파티에서 아이들을 계속 즐겁게 하는 재미있고 매력적인 활동 목록을 어떻게
만들어 낼 수 있을까요?

학교 • In your research study, **how will you generate** a set of hypotheses based on existing literature and empirical evidence to investigate a complex scientific problem?
당신의 연구에서, 기존 문헌과 경험적 증거를 바탕으로 복잡한 과학적 문제를 조사하기 위해 일련의
가설을 어떻게 생성할 것인가요?

직장 • As a marketing strategist, **how do you plan to generate** innovative ideas for a new advertising campaign that effectively targets the company's key demographics?
마케팅 전략가로서, 회사의 주요 타겟층에 효과적으로 접근하는 새로운 광고 캠페인에 쓸 혁신적인
아이디어를 어떻게 만들 계획인가요?

Invent 고안하기 질문 예

'고안하기'는 창의성을 발휘하여 문제를 해결하거나 새로운 제품, 서비스, 또는 접근 방식을 도출하는 것을 의미한다. 이 단계에서 비판적 사고와 문제 해결 능력을 강화하며, 현실적인 제약 조건에서도 혁신적인 아이디어를 생각해 낼 수 있는 능력을 키운다.

• **How can you invent** a new board game that combines elements of strategy and teamwork to provide an enjoyable and challenging experience for players of all ages?
모든 연령대의 참가자들에게 즐거우면서도 도전적인 경험을 제공하는 전략과 팀워크 요소를 결합한 새로운 보드 게임을 어떻게 발명할 수 있을까요?

• In your academic field, **how will you invent** an original theoretical framework that bridges the gap between existing theories and offers a novel perspective on a complex research problem?
당신의 학문 분야에서, 기존 이론들의 빈틈을 연결하고 복잡한 연구 문제에 대한 새로운 시각을 제공하는 독창적인 이론적 구조를 어떻게 만들어 낼 건가요?

• As a product developer, **how do you plan to invent** an innovative and sustainable solution to address a pressing environmental issue in your industry?
제품 개발자로서, 업계 내 긴급한 환경 문제에 대처하기 위해 혁신적이고 지속 가능한 해법을 어떻게 고안해 낼 계획인가요?

Create 새로 만들어 내기 질문 예

자유로운 사고와 비판적 사고를 결합하여 현실적인 결과물을 만들어 내며, 문제를 해결하고 혁신적으로 발상하는 능력을 키운다. 이를 통해 자신의 아이디어와 지식을 효과적으로 표현하고, 현실 세계에서 더 나은 방향으로 나아갈 수 있는 창조적인 능력을 개발하게 된다.

• **How will you create** a captivating short story that weaves together elements of mystery and adventure to keep readers engaged until the very end?
독자들이 끝까지 흥미를 놓치지 않도록 미스터리와 모험의 요소를 한데 엮은 흥미진진한 단편 소설을 어떻게 창작할 것인가요?

• In your research project, **how do you plan to create** an original survey instrument that effectively collects data to answer your research questions and test your hypotheses?
당신의 연구 프로젝트에서, 연구 문제에 답을 제공하고 가설을 검증할 만한 데이터를 효과적으로 모으는 새로운 설문 조사 도구를 어떻게 만들 계획인가요?

• As a product designer, **how will you create** a user-friendly and aesthetically pleasing product prototype that incorporates feedback from potential customers and meets market demands?
제품 디자이너로서, 잠재 고객들의 의견을 반영하며 시장 요구를 충족시키는 사용자 친화적이고 미적으로도 매력적인 제품 프로토타입을 어떻게 만들 계획인가요?

Predict 예견이나 예측하기 질문 예

'예견이나 예측하기'는 기존 자료와 패턴을 분석하여 미래의 결과나 상황을 예상하는 과정을 의미한다. 이 단계에서는 문제 해결에 필요한 정보를 추론하고, 현상을 예측하는 능력을 키워 가게 된다.

일상 • Based on the weather data and patterns, **how can you predict** the possible outcomes for an outdoor event you are planning, and what contingency plans will you create to ensure its success?
날씨 정보와 패턴을 기반으로, 당신이 계획하고 있는 야외 행사의 가능한 결과를 어떻게 예측할 수 있고, 또 성공적인 진행을 위해 어떤 대비 계획을 만들 건가요?

학교 • In your research study, **how will you predict** potential future trends in your field by synthesizing current research findings and industry developments?
당신의 연구에서, 현재의 연구 결과와 산업 동향을 종합하여, 당신이 몸 담은 분야에서 잠재적인 미래 트렌드를 어떻게 예측할 것인가요?

직장 • As a financial analyst, **how do you plan to predict** the company's future performance by analyzing its financial statements and market trends?
재무 분석가로서, 회사의 재무제표와 시장 동향을 분석하여 회사의 미래 성과를 어떻게 예측할 계획인가요?

Suggest or Recommend 제안이나 추천하기 질문 예

'제안이나 추천하기'는 기존의 지식과 정보를 기반으로 다양한 가능성을 제시하거나 특정한 선택을 권장하는 과정을 의미한다. 논리적 사고와 판단력을 발휘하여 타당한 의견을 제시하고 다양한 상황에 맞는 해결책을 찾아 나간다.

일상 • **Can you suggest** a combination of colors, furniture, and decor to create a cozy and inviting atmosphere for your living room makeover?
거실 리모델링을 위해 아늑하고 멋진 분위기를 만드는 색상과 가구, 장식의 조합을 어떻게 제안하시겠어요?

학교 • **Can you suggest** a set of promotional activities and platforms to effectively combine digital marketing and influencer partnerships?
디지털 마케팅과 인플루언서 협력을 효과적으로 결합하기 위한 홍보 활동과 플랫폼을 제안해 줄 수 있나요?

- Based on your expertise in the subject matter, **what strategies do you recommend** for integrating multiple research studies to draw meaningful conclusions?

  해당 주제에 대한 당신의 전문 지식을 바탕으로, 의미 있는 결론을 도출하기 위해 다양한 연구를 통합하려면 어떤 전략을 추천하시겠습니까?

인간 사고 능력의 최고 단계는 새로운 것을 '창조create'하고 '발명invent'해 내는 것이다. '창조력'이나 '발명'은 도깨비 방망이로 뭔가를 뚝딱 만들어 낼 수 있는 게 아니다. 평범한 사실과 지식을 모으고general knowledge, 그 지식의 파편을 이리저리 연결하여 상황을 이해하고comprehension, 이해한 대로 적용해 보고application, 이리저리 연결된 것들을 분석해 보고analyze, 이러한 하위 단계들을 바탕으로 통합적으로 새로운 것을 창안하고create, 발명하며invent, 예측하거나predict, 판단하여 제안이나 추천하기도suggest, recommend 하는 것이다.

토머스 에디슨이 말한 Genius is one percent inspiration and ninety-nine percent perspiration.천재는 1퍼센트의 영감과 99퍼센트의 땀으로 이루어진다.은 바로 이러한 일련의 사고 과정을 반영한다.

How can you combine different ingredients to **create** a delicious and unique dish for the *dinner party?*

PEAS

Practical Usage

'통합'의 사고 활동이 학문적 영역과 업무 영역에서 대화나 회의를 진행할 때 어떤 양상으로 나타나는지 살펴보자.

대학에서: 연구 계획

Tom I should **write a research report** on public disability services. I don't know where to start. Do you have any ideas?
나 장애인 공공 서비스에 관한 연구 보고서를 써야 하는데, 어디서부터 시작해야 할지 모르겠어. 무슨 좋은 생각 있어?

June I think, first, you should define your research question and then **design your research plan**, conduct your study, and **formulate possible solutions** to improve the situation.
우선 연구 주제를 분명히 정한 다음에, 연구 계획을 설계하고, 연구를 실행해서, 상황 개선을 위한 가능한 해법을 만들어 내야 할 것 같아.

Tom Oh, that sounds good. Do you think I can **predict the future** of public disability services in Korea?
아, 멋진걸. 내가 한국 장애인 공공 서비스의 미래에 대한 것도 예측할 수 있을 것 같아?

June Of course, once you complete your study, you can **generate predictions** based on the collected data.
물론이지. 일단 연구 작업을 완료하면, 집적 데이터를 바탕으로 예측할 수 있을 거야.

Tom To generate predictions and solutions, I think I need to **combine existing statistics** with new data.
미래 예측과 해법을 만들어 내려면, 기존의 통계 자료를 새로운 데이터와 통합할 필요가 있다고 봐.

June You are quite right. Research doesn't always mean **inventing** or **creating** something out of nothing. In the process of research work, we reorganize facts and **construct new knowledge.**
그렇지. 연구를 한다는 것이 늘 무에서 뭔가를 발명하거나 창조해 내는 걸 뜻하는 건 아니니까. 연구 과정에서, 사실을 재편성하고 새로운 지식을 구축해 내는 거지.

Tom Yeah, I agree with you. Now I will check what the proper format to **compose a research paper** is.
응. 나도 네 말에 동의해. 연구 보고서 작성의 적절한 형식이 어떤 것인지 찾아봐야겠다.

회사에서: 전략 회의

Alex Our company is facing some challenges in expanding our market reach. I think we need to **come up with a comprehensive strategy** to overcome these obstacles. Any ideas on where to start?

우리 회사가 시장 점유 확대에 어려움을 겪고 있어. 이 장애물들을 극복하기 위해 종합적인 전략을 짜내야 할 것 같아. 어디서부터 시작할지 무슨 아이디어 있어?

Jessica Absolutely, Alex. First, let's analyze the current market trends and consumer behavior. By understanding our target audience better, we can **compose some strategies**.

물론이지, 알렉스. 우선 현재 시장 동향과 소비자 행동을 분석해 보자. 광고 타깃을 더 잘 이해해야 몇 가지 전략을 짤 수 있으니까.

Alex That makes sense. Once we have the data, we should gather a team with diverse expertise to **generate some plans** for new products or services that cater to our customers' changing needs.

그 말이 맞아. 데이터를 확보하면, 다양한 전문성을 가진 팀을 모아서 고객들의 변화하는 요구를 충족시킬 새로운 제품이나 서비스에 대한 몇 가지 계획을 도출해야겠어.

Jessica Agreed. It's essential to encourage a collaborative environment where team members can freely share their insights and **combine each other's ideas**.

동의해. 팀원들이 자신의 통찰력을 자유롭게 공유하고 서로의 아이디어를 통합할 수 있는 협업적인 분위기를 조성하는 것이 중요해.

Alex Once we have a list of potential strategies and innovations, we should carefully evaluate each one's feasibility and potential impact on our business.

잠재적인 전략과 혁신들의 목록을 갖게 되면, 각각의 실행 가능성과 우리 비즈니스에 미치는 잠재적 영향을 신중하게 평가해야겠어.

Jessica Exactly. And let's not forget to consider the competition and market trends while **creating our unique selling proposition** to stand out from the crowd.

그렇지. 그리고 우리가 대중 속에서 두드러지는 우리만의 독특한 영업 기획을 만들어 내는 동안 시장 경쟁과 시장 동향을 고려하는 것도 잊지 말자고.

Alex Great points, Jessica. By **synthesizing all these factors**, we can **formulate a well-rounded business strategy** that will drive our company's growth and success.

좋은 지적이야, 제시카. 이 모든 요인들을 종합적으로 고려해서, 우리는 회사의 성장과 성공을 이끌어 낼 체계적인 비즈니스 전략을 구상할 수 있지.

CHAPTER 6
비판적 사고 6단계
: 평가

평가할 수 있는가?

이 단계에서는 판단하고 결정을 내린다. 재판에서 행해지는 모든 과정의 최고점은 판사의 '평결verdict'이다. 여러 가지 사실knowledge들이 나열되고, 상황에 대한 이해comprehension가 따르고, 사실과 이해를 바탕으로 상황에 적용application해 보거나 응용해 보고, 필요하다면 현장 검증까지 해 보고, 눈앞에 펼쳐진 사실과 상황에 대한 이해를 모두 열거하여 분류하고 분석analysis한 다음, 펼쳐진 것들을 모두 종합synthesis하여, 마침내 최종 평가evaluation 혹은 판단judgment이 내려지는 것이다.

학교에서 치르는 시험을 '평가'라고 부르는 이유도 마찬가지이다. 교사는 학생들이 정확한 지식knowledge을 알고 있는지 점검하고, 지식들이 어떻게 서로 연결되는지 이해comprehension하는가 확인한다. 예컨대 영어 문장에서 주어진 단어들의 뜻을 모두 알고 있는데, 문장의 뜻을 파악하지 못한다면 knowledge 단계에서는 문제가 없지만, comprehension 단계에서는 좀 더 교육이 필요하다는 뜻이다. 적용··응용-application 단계의 사고 작용은 '부뚜막의 소금도 집어넣어야 짜다.'는 속담에서 잘 설명된다. 소금의 특징과 기능을 잘 이해한다고 해도, 그것을 적재적소에 사용하지 않는다면 적용에서 실패한 것이다. 적용··응용에 성공했다면 이제 그 결과물들을 분석analysis할 줄 알아야 하고, 통합synthesis하고 확장시키거나 새로운 것을 만들어generate 낼 수 있어야 한다. 학교에서는 시험을 통해서, 직장에서는 평가를 통해서 한 사람이 공부나 일을 정확히 해내고 있는지 확인한다.

이렇듯, 가장 기본적인 1단계에서부터 6단계에 이르는 비판적 사고 기술을 나는 종종 '라면 끓이기'에 비유하여 설명하곤 한다.

1. Boil 550 mL (about 2 1/3 cups) of water. Add noodles, soup base, and vegetable mix.

2. Pour the noodles into a bowl.

3. Add toppings according to your taste and serve.

1. 이것은 라면이다. 인스턴트 식품이라는 것을 **알고knowledge** 있다.

2. 라면 봉지에 있는 라면 끓이는 방법을 읽는다. 라면 끓이는 과정을 머리로 **이해 comprehension**했다.

3. "라면 끓이는 법을 읽어서 방법은 알 것 같은데, 나는 라면을 한 번도 끓여 본 적이 없어. 난 못 해. 난 못 한다고!" 이래서 라면 끓이기를 포기한다면 그는 지식의 '**적용application**' 에 **실패**한 것이다. 반대로, 그가 지시문을 읽고서 라면 끓이기를 제대로 해냈다면 그는 '**적 용application'에 성공**한 것이다

4. 그는 라면을 먹으면서 라면 면발의 식감, 매운 맛의 강도, 국물 맛에 대해 분석하고 그 라면이 순한 맛인지 매운 맛인지 머릿속으로 표를 만들어 정리해 본다. '매운 맛은 중간쯤이고, 면발은 조금 가늘어서 쉽게 풀리고, 국물은 기름기가 많은 편에 속하고…' 그는 지금 **분 석analysis**하느라 바쁘다.

5. 라면이 느끼하다고 생각한 그는 라면에 파를 썰어 넣고, 김치와 김 가루를 뿌려서 맛을 살린다. 이제 라면 국물 맛이 개운하다. 그는 '적용'에서 한걸음 더 나아가 **통합synthesis하 고 창조하는** 단계까지 나아간 것이다.

6. 최고 단계인 '**평가/판단evaluation**'은 앞서 1-2-3-4-5단계 전체를 개별적으로 또는 통합적으로 평가하는 단계이기도 하다. 자신만의 라면 레시피까지 만들어 본 그는 오늘의 라면 요리가 성공적이었다고 자평하며, 다음에는 애인이 좋아할 만한 라면을 끓이기 위해 더 연구해야겠다고 생각한다. 평가는 5단계 '통합' 이후에만 하는 것이 아니라, 어떤 단계에서도 이루어질 수 있다. 갓난아기부터 원숙한 성인에 이르기까지 인간은 모든 행동 단위에서 평가하고 판단하는 '생각하는 존재'인 것이다.

평가 능력을 드러내는 질문 유형

MP3 032

작게는 초콜릿 아이스크림을 먹을 것인가, 딸기 아이스크림을 먹을 것인가에서부터 잇몸이 아픈데 어느 치과로 갈 것인가, 어떤 사람과 결혼할 것인가, 어떤 사업 전략을 선택할 것인가에 이르기까지 우리 삶의 모든 크고 작은 일들은 결국 '나의 선택'을 기다린다. 그리고 내가 선택하기에 앞서 알게 모르게 이루어지는 일이 바로 '평가evaluation'이다. 이 '평가'를 구성하는 몇 가지 주요 개념은 다음과 같다.

1. Rank or Rate 순위 매기기 또는 평가하기
2. Choose or Select 선택하거나 고르기
3. Conclude 결론 내리기
4. Decide 결정하기
5. Judge 판단하기
6. Evaluate 평가하기

'평가'의 주요 개념들이 어떤 질문으로 구현되는지 다음 예문들을 살펴보자.

Rank or Rate 순위 매기기 또는 평가하기 질문 예

MP3 032-1

일상
- **Can you rank** these movies from your most favorite to least favorite?
  이 영화들을 당신이 가장 좋아하는 것부터 가장 싫어하는 것으로 순위를 매길 수 있나요?

학교
- **Please rate** the effectiveness of different teaching methods in improving student engagement.
  학생들의 참여도를 높이는 여러 가지 교수법들의 효과를 평가해 주세요.

직장
- **Could you rank** the potential candidates based on their qualifications and experience?
  지원자들을 자격 요건과 경력을 기준으로 순위를 매겨 주실 수 있을까요?

Choose or Select 선택하거나 고르기 질문 예

`일상` • **Which** restaurant **would you like to choose** for dinner tonight?
오늘 저녁 식사로 어떤 음식점을 고르고 싶으신가요?

`학교` • **Can you select** the most appropriate research methodology for your study?
당신 연구에 가장 적합한 연구 방법론을 선택할 수 있나요?

`직장` • **Will you please choose** the best marketing strategy to promote our new product?
우리 신제품 홍보에 가장 적합한 마케팅 전략을 선택해 주시겠어요?

Conclude 결론 내리기 질문 예

`일상` • Based on the evidence, **what can you conclude** about the cause of the problem?
증거를 바탕으로, 문제의 원인에 대해 어떤 결론을 내릴 수 있나요?

`학교` • **Do you think you can conclude** your research findings and summarize the implications for future studies?
당신의 연구 결과를 결론 내리고, 향후 연구에 대한 시사점을 요약해 주실 수 있나요?

`직장` • After analyzing the data, **what conclusions can you draw** regarding customer satisfaction?
데이터를 분석한 후, 고객 만족도에 대해 어떤 결론을 도출할 수 있나요?

Decide 결정하기 질문 예

`일상` • **Which** color **do you decide** to paint the bedroom walls?
침실 벽을 어떤 색으로 칠하기로 결정하신 거죠?

`학교` • **Will you decide** on the research topic for your thesis?
논문의 연구 주제를 결정해 주시겠어요?

`직장` • **Do you think we can decide** on the pricing strategy for our new product launch?
신제품 출시를 위한 가격 전략을 우리가 결정할 수 있다고 생각하십니까?

Judge 판단하기 질문 예

`일상` • **Will you judge** which book has a better storyline?
어느 책의 줄거리가 더 좋은지 판단해 보시겠어요?

학교 · **Can you judge** the quality of the research paper based on its methodology and evidence?
연구 논문의 질을 방법론과 증거에 기반하여 판단할 수 있나요?

직장 · As a marketing expert, **you are asked to judge** the effectiveness of the advertising campaign.
마케팅 전문가로서, 당신은 광고 캠페인의 효과를 판단해야 합니다.

Evaluate 평가하기 질문 예

일상 · **Will you evaluate** the performance of the two smartphones and choose the better one?
두 스마트폰의 성능을 평가하고, 더 나은 것을 골라 주시겠어요?

학교 · **May I evaluate** the strengths and weaknesses of the research study?
연구 논문의 장점과 단점을 제가 평가해도 될까요?

직장 · **Will you please evaluate** the success of the recent marketing campaign by analyzing key performance indicators (KPIs) such as sales, customer feedback, and brand visibility?
매출, 고객 피드백, 브랜드 가시성 등의 주요 성과 지표를 분석해, 최근 마케팅 캠페인의 성공을 평가해 주시겠어요?

앞에 소개한 '평가'와 직접 관련된 동사들 외에, 일상에서의 평이한 질문에서도 '평가' 관련 예들을 살펴볼 수 있다. 대체로 What do you think about ~? 유형의 질문들이 상대방의 '판단'이나 '평가'를 묻는다.

Do you agree that the unification of South and North Koreas will be accomplished within ten years? What makes you think so?
남북의 통일이 10년 안에 이루어질 것이라는 데 동의해? 왜 그렇게 생각해?
* 위의 질문 역시 '판단judge'을 묻고, 판단의 근거를 설명하라는defend 것이다.

What do you think about the United Nations? Are they really contributing to the world nations?
UN국제연합에 대해 어떻게 생각해? 그들이 정말로 세계 국가에 기여하고 있는 건가?
* 이 질문 역시 평가하고 판단하라고 요구한다.

What do you think is the most important factor for successful life: Wealth, health, love, reputation, friendship, or honorable job?
성공적인 인생에서 가장 중요한 요소가 뭐라고 생각해? 부, 건강, 사랑, 명성, 우정, 명예로운 직장?
* 성공적인 인생에서 가장 중요한 요소를 선별하여select, choose 결정하라는decide 질문이다.

쇼핑몰에서 어떤 옷이 마음에 들었다고 치자. 우선 디자인이나 촉감, 색감, 사이즈 등을 살피고, 가격표를 확인한 후에 살 것인지 말 것인지 결정을 내린다. 이 과정이 순식간에 이루어진 것 같지만, 사실 옷을 살지 말지 결정을 내리기까지 1-2-3-4-5-6단계의 사고 작용이 찰나에 이루어지는 것이다. 그런 의미에서 인간은 참 놀라운 존재이고, 인간의 뇌가 이렇게 유기적으로 작동하고 있다는 것을 상기할 때마다 즐거워진다. 세상의 모든 사람은 교육을 적게 받았거나 많이 받았거나, 나이가 적거나 많거나 간에 찰나의 순간에 번개 치듯 판단을 하고 다음 행동을 결정한다.

Practical Usage

다음 대화에서 평가와 관련된 동사들이 어떻게 활용되는지 살펴보자.

일상에서: 이사지 결정

Mira
Have you decided where to move? 어디로 이사할지 정했니?

Jonathan
I am still undecided between Key West and Sun Valley. What is your opinion?
키 웨스트와 선 밸리 중에서 아직 결정을 못 내리고 있어. 네 의견은 어때?

Mira
Selecting between the two great places is not easy for me, either. Why don't you compare and contrast both cities, **rate** their advantages and disadvantages, and see which city **ranks** higher?
두 멋진 도시 중에서 선택하는 건 나한테도 쉽지 않은걸. 두 도시를 비교 분석하고, 장단점을 평가해 보고, 어느 도시가 상대적으로 우위에 있는지 확인해 봐.

Jonathan
It's always confusing for me to evaluate them because I love both cities. 내가 두 도시 다 너무 좋아해서 평가하기가 어렵네.

Mira
Well, **if you had to choose** between swimming and hiking, **which would you value more**?
그럼 수영과 하이킹 중에서 골라야 한다면, 넌 뭘 더 가치 있게 생각할 거야?

Jonathan
Hmm... I like hiking, but I absolutely love swimming!
흠… 하이킹을 좋아하지만, 수영은 정말 너무나도 좋아해!

Mira
If swimming matters so much to you, then **we can conclude** our discussion today.
수영이 너한테 그렇게 중요하다면, 우리 오늘 이야기의 결론을 내릴 수 있겠네.

Jonathan
I got it. Yes, Key West is the best place to enjoy swimming in the sea all year round. I think I should move to Key West.
알겠다. 그래, 키 웨스트는 일 년 내내 바다에서 수영을 즐길 수 있는 최고의 장소지. 키 웨스트로 이사해야겠어.

Mira
What about your friend's lawsuit? **Will they judge** him innocent?
그런데 네 친구 소송은 어떻게 됐어? 그들이 그를 무죄로 판단할까?

Jonathan
Tom hired a lawyer to defend himself.
톰이 자신을 변호해 줄 변호사를 고용했어.

Professor

Each of you needs to **choose a research question** related to your field of study. Who would like to start?

각자 관심 분야와 연계된 연구 주제를 선택해야 합니다. 누가 먼저 시작해 볼까요?

Student A

I'm torn between two research questions. One is about the impact of social media on mental health, and the other is about the effect of renewable energy sources on reducing carbon emissions. What do you think?

전 두 가지 연구 주제 중에서 고민인데요. 하나는 소셜 미디어가 정신 건강에 미치는 영향이고, 다른 하나는 탄소 배출 감소에 대한 재생 에너지원의 효과입니다. 어떻게 생각하세요?

Professor

It ultimately depends on your interest and expertise. Also, **evaluate** the availability of data and resources for each topic.

학생의 관심과 전문성에 전적으로 달려 있지요. 각 주제별 데이터와 자료를 얻을 수 있는 가용성도 평가해 보세요.

Student B

I have a few potential research questions, but I'm not sure how to **decide**. One is about workplace cultural diversity, and the other is about the impact of foreign direct investment on emerging market economies.

전 몇 가지 잠재적인 연구 주제가 있지만, 어떻게 결정해야 할지 모르겠습니다. 하나는 직장 내 문화 다양성에 관한 것이고, 다른 하나는 신흥 시장 경제에 대한 외국인 직접 투자의 영향에 관한 것이에요.

Professor

Consider which question aligns better with your academic and career goals. Also, **evaluate** its potential impact and relevance to current research trends.

어느 것이 학생의 학문적 관심사와 경력 목표에 더 부합하는지를 고려하세요. 그리고 현재 연구 동향에 끼칠 잠재적 영향력과 연관성도 평가해 보세요.

Student C

I have narrowed down my research questions, but I'm not sure which one to **select** for my thesis.

전 연구 주제를 좁히기는 했는데요. 어떤 걸 학위 논문으로 선택해야 할지 잘 모르겠습니다.

Professor

Consider the feasibility and alignment with your academic goals. **Choose** the question that best fits your interests and resources.

실행 가능성과 학업 목표에 부합하는지를 고려해 보세요. 학생의 흥미와 자료에 가장 잘 맞는 주제를 선택하세요.

Manager We need to **evaluate** the performance of our marketing strategies for the last quarter. Any suggestions on how to approach this **evaluation**?
지난 분기 마케팅 전략 성과를 평가해야 합니다. 이 평가를 어떻게 진행할지에 대해 제안할 사항이 있나요?

Employee A I think we should **rank or rate** each marketing campaign based on its success metrics and customer feedback.
각 마케팅 캠페인을 성과 지표와 고객 피드백을 기반으로 해서 순위를 매기거나 평가해야 할 것 같아요.

Manager That's a good idea. We also need to **choose or select** the most effective strategies to carry forward to the next quarter.
좋은 생각이네요. 다음 분기에 이어 나갈 가장 효과적인 전략 역시 선택해야 해요.

Employee B To make an informed **decision**, we should **conclude** our evaluation with a comprehensive report that highlights the strengths and weaknesses of each strategy.
정보를 바탕으로 제대로 결정을 내리기 위해, 각 전략의 장단점을 강조하는 종합 보고서로 평가를 결론 내야 할 것 같습니다.

Manager Agreed. Let's **decide** on the criteria to **judge** the success of each campaign and gather relevant data.
동의합니다. 각 캠페인의 성공 여부를 판단할 기준을 정하고, 관련 데이터를 모아 보죠.

Employee A Should we also **judge** the return on investment (ROI) for each marketing initiative to see which ones were most cost-effective?
어떤 마케팅 전략이 비용 대비 가장 효과적이었는지 알아보게 투자 수익률(ROI)도 판단해야 할까요?

Manager Excellent point. Evaluating ROI will be crucial in **making decisions** for future budget allocation.
아주 좋은 의견이네요. 투자 수익률 평가는 향후 예산 배정 결정에 중요한 역할을 할 겁니다.

Employee B Once we complete the **evaluation**, we can present our findings to the stakeholders and **recommend** improvements for the next quarter.
평가가 완료되면, 결과를 이해 관계자들에게 발표하고, 다음 분기에 활용할 개선 방안을 추천할 수 있을 것 같아요.

PART 4
상황별 질문 연습

CHAPTER 1
취업 인터뷰

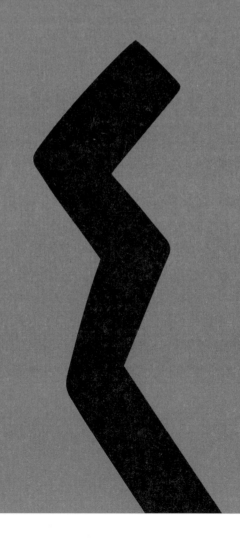

취업 인터뷰

예전에 파트타임으로 일하던 회사에 이력서를 내고 인터뷰를 한 적이 있다. 인터뷰를 진행한 사람들도 나를 알만큼 알고, 나도 거기가 참 맘에 들어서 정말 잘해 보고 싶었다. 서로 속속들이 아니까 따로 물어볼 것도 없었다. 인터뷰 담당자가 질문이 있는지 물을 때 나는 웃으며 이렇게 말했다.

I've been working with you over several months and I am fully prepared to work with you full time. I think I know what I am going to do with you, so I don't have any question.

저는 이 직장에서 벌써 몇 개월째 일해 왔고, 정규직으로 일할 준비가 충분히 되어 있습니다. 제가 무슨 일을 할 것인지 알고 있어서 따로 질문은 없습니다.

내가 멍청한 짓을 저질렀다는 기막힌 사실은 다른 지원자가 그 직장에 합격했다는 말을 듣고서야 알게 되었다. 가슴을 치며 후회해도 이미 기회는 떠났다.

당신이 영어를 기가 막히게 잘하고, 취업하고자 하는 회사에 대한 사전 조사도 충분히 했고, 여러 가지 빛나는 아이디어가 있어서 인터뷰하는 동안 창의적인 아이디어 덕분에 고용자에게 매력적으로 비쳐졌다고 해도, 인터뷰에서 실패할 수 있다. 인터뷰 내내 아무런 질문도 하지 않는다면 말이다. 인터뷰를 아무리 잘해도 질문을 안 하면 떨어진다고? 그렇다.

특히 미국식 취업 인터뷰에서는 지원자들에게 질문을 쏟아붓던 고용자 측에서 "지금까지 성실하게 답해 줘서 감사합니다. 혹시 우리 회사에 궁금한 질문은 없나요?" 하고 묻는 시간이 반드시 온다. 이러한 질문은 고용하는 측의 여러 가지 질문 중 마지막에 '반드시' 포함된다. 취업 희망자가 여러 가지 예상 질문에 예상 답안을 마련하여 인터뷰를 준비하듯이, 고용하는 측에서도 심사관들이 미리 준비한 질문지를 앞에 놓고 차례차례 물어본다.

Do you have any question for us? Any question about this job?혹시 우리에게 궁금한 점이 있으신가요? 이 직업에 대해서 질문이 있나요? 이것이 그들의 마지막 질문이다. 그리고 취업을 원하는 당신은 인상적인 질문을 준비해야 한다. 앞서 여러 질문에 일목요연하게 대답을 잘했다고 해도, 마지막에 Question? Well... No, I don't have any question.질문이요? 어, 글쎄요… 질문 없습니다.이라고 대답한다면 이번 인터뷰는 망한 것이다. 왜냐하면 '질문할 게 없음'을 고용자 측에서는 '무관심'이나 '일할 의욕 없음' 혹은 '준비가 안 된 인물'로 해석하기 때문이다. 똑똑한 후보자로 보이기 위해서는 지원하는 회사나 조직에 대한 내 지식을 드러낼 수 있고, 함께 일할 준비가 되어 있다는 의지를 보여줄 만한 질문을 준비해야 한다.

EM's Tips 1

뭘 물어봐야 할지 잘 모르겠다면, 다음 질문들을 참고할 수 있다. https://biginterview.com에서 일부 참고한 내용이다.

1 Would you tell me more about my responsibilities of this job?
이 직무에서 제가 맡아야 할 책임이 무엇인지 더 말씀해 주시겠습니까?

2 I would like to know the culture of this company.
사내 문화는 어떤지 알고 싶습니다.

3 What are the biggest challenges facing the company right now? I would like to figure out what I can do for the challenges.
현재 회사가 당면한 가장 큰 문제는 무엇인가요? 제가 그 문제를 위하여 어떤 일을 할 수 있을지 알아보고 싶습니다.

4 How many people work in this office?
이 사무실에서는 몇 명이 일하고 있나요?

5 What can I clarify for you about my qualification?
제 자격 요건에 대해서 더 보충할 것이 있을까요?

6 When can I expect to hear from you?
언제 연락을 받을 수 있을까요?

7 Who will I be working most closely with?
제가 가장 가까이 일할 분은 누구신가요?

8 Are there any other questions I can answer for you?
제게 묻고 싶은 다른 질문은 없으십니까?

인터뷰 시 질문할 때 주의해야 할 사항들

1 **Ask one question at a time.**
한 번에 한 가지씩 질문한다.
질문을 한꺼번에 늘어놓지 않는다.

2 **Avoid "Yes," "No" questions.**
'예', '아니오'로 짧게 끝나는 질문은 피한다.
단답형 질문은 대화를 이끌어 내기 힘들다.

3 **Do not ask anything too personal.**
사생활과 관련된 질문은 하지 않는다.
상대방이 먼저 말을 꺼내기 전에는 아예 하지 않는 것이 안전하다.

4 **Do not ask, "Do you hire me?"**
"저 채용하시는 건가요?" 이런 식으로 질문하지 않는다.
상대방에게 막무가내로 밀어붙이려는 듯한 인상을 줄 수 있다. 조급한 모습을 보여 득 될 게 없다.

5 **Make it simple.**
질문은 간략하게 한다.
질문하기 전에 배경부터 산만하게 설명하려 들면 질문을 들어야 하는 사람이 피곤해진다. 그래서 현명하게 질문하려면 미리 준비해야 한다. 미리 질문을 준비하지 않은 탓에 당황해서 두서없이 애매한 질문을 한다면, 기대했던 답을 얻거나 좋은 인상을 주기 어렵다.

취업 인터뷰에서 흔히 묻는 질문들

MP3 033

다음은 면접관이 가장 자주 묻는 열다섯 가지 질문 유형들이다. 질문자가 어떤 다른 어휘나 상황을 내놓으며 질문을 던진다 해도, 결국은 이 질문 중에서 한 가지를 묻는 것이다. 이 질문들에 내가 어떻게 대답할지 미리 준비해 놓는다면, 면접에서 어떤 질문이 나와도 결국 아래 유형 중 한 가지라는 것을 깨닫고 차분하게 답변할 수 있다.

1 **Can you tell me/us a little about yourself?**
자기소개를 해 주시겠습니까?

→ 가족 관계나 어린 시절 이야기를 장황하게 하지 말고 **교육 배경, 경력, 자격증** 같은 구체적인 이야기를 한다.

2 **How did you hear about the position?**
이 직무에 대해 어떻게 들었습니까?

→ 사전 채용 공고에 드러난 내용 외에 철저히 자료 조사를 하여 지금 당장이라도 직무를 넘겨받을 수 있다는 인상을 주도록 답변해야 한다. 무슨 일인지 잘 모르는가? 인터뷰 준비할 때 공부했어야 한다.

3 **What do you know about the company?**
우리 회사에 대해 무엇을 알고 계십니까?

→ 회사 홈페이지를 샅샅이 살피고, 뉴스 보도와 같은 관련 자료도 꼼꼼히 메모해 최소한 몇 가지 중요한 정보가 입에서 시원하게 나오도록 준비한다.

4 **Why do you want this job?**
왜 이 업무에 지원하신 겁니까?

→ 내 능력과 소질과 관심이 이 업무에 얼마나 부합하는지, 왜 이 일이 내게 중요하고 내가 얼마나 잘 해낼 수 있는지 설명할 수 있어야 한다. "사실은 제가 다른 부서에 지원하고 싶었는데, 그쪽은 경쟁이 치열해 보여서…" 이런 식으로 자신감 없는 정직한 발언을 하는 것은 미덕이 아니다.

5 **Why should we hire you?** 왜 우리가 당신을 고용해야 하죠?

→ 이 질문은 직원이나 강사, 인턴을 채용해야 했던 내가 면접할 때 종종 묻는 질문이다. 이러한 질문에서 요구하는 답은 (1) 나는 이 직무에 대해서 잘 알고 있다, (2) 나는 이 직무를 잘 해낼 자격과 준비를 갖췄다, (3) 나는 이 직무를 성공적으로 해낼 아이디어가 있다 등이다. 인터뷰에서 겸손은 절대 미덕이 아니다. 내가 얼마나 유능한 인재인지 상대방을 설득할 수 있어야 한다.

6 **What is your greatest professional strength?**
자신의 가장 큰 직업적 장점이 무엇입니까?

→ 나의 장점이 뭔지 잘 모르겠으면 지금부터라도 곰곰이 생각하고 메모하여 스스로 장점이 아주 많은 사람이라는 것을 자각하라. 그중 가장 큰 직업적인 장점을 자신 있게 설명할 수 있어야 한다. 다시 한번 강조한다. 겸손은 절대로 미덕이 될 수 없다. 특히 영어 사용 환경에 있는 한국인들은 기억해야 한다. 겸손하려 들면 안 된다.

7 **What do you consider to be your weaknesses?**
자신의 약점이 무엇이라고 생각하십니까?

→ 이 질문의 답은 매우 신중해야 한다. "저는 게으르고 시간 약속을 못 지키는 것이 가장 심각한 약점이라고 생각합니다."라는 답변은 아무리 정직하고 솔직한 이야기라고 해도 면접관에게 좋은 인상을 주기 어렵다. 이때는 자신의 약점을 스스로 어떻게 보완할 것인지 설명하는 답변을 준비하는 것이 좋다. 다음이 그 예이다.

I have trouble saying 'no' to my colleagues when they ask for my help. Sometimes I find myself that I ended up taking on projects more than I can handle. To help myself improve in this issue, I keep track of my projects to see if I am available for extra work for others. I like to help my colleagues but at the same time, I know that I should say 'no' to pay more attention to my responsibilities.

저는 동료들이 도움을 요청할 때 거절을 잘 못 하는 문제가 있습니다. 그러다 보면 제가 처리할 수 있는 것보다 더 많은 일들을 맡게 되는 때도 생깁니다. 이런 점을 개선하기 위해서, 제가 다른 사람들을 돕기 위해 일을 더 맡을 수 있는지 없는지 제 프로젝트 진행 과정을 늘 확인합니다. 저는 동료들을 돕는 것이 좋지만, 동시에 제 업무에 더 집중하기 위해서 때로는 거절할 수도 있어야 한다는 것을 알고 있습니다.

앞에 나온 것과 같은 답변은 자신의 약점을 이야기하지만 한편으로는 다른 사람들을 돕는 선량한 사람임을 드러낼 수 있다. 또한 이런 문제는 많은 선량한 사람들이 공통적으로 갖는 문제이므로, 크게 약점으로 부각되지 않으면서 오히려 미덕을 드러낼 수도 있다. 약점을 묻는 질문에 우리는 약점을 장점으로 보이게 하는 '지혜로운 답변'을 준비해야 한다.

8 What is your greatest professional achievement?

당신이 가장 자랑할 만한 직업적 성취는 무엇입니까?

→ 이 질문에는 육하원칙에 의거하여 간략하게 소개하는 것이 좋다. 관심이 생기면 면접관은 추가 질문을 던질 수도 있다. 인터뷰 준비 할 때 미리 '내가 자랑할 만한 직업적 성취 사항'이 무엇인가 정리해 보고 질문이 나왔을 때 자신감을 갖고 대답해야 한다.

9 Tell me about a challenge or conflict you've faced at work, and how you dealt with it.

업무 중 겪었던 위기 상황이나 갈등이 무엇이었는지, 그리고 어떻게 대처했는지 말씀해 주세요.

→ 이 질문은 대학 입학 지원 시 에세이 주제로도 자주 등장하는 것으로, 위기 관리 능력을 묻는 것이다. 위기 상황에서 내가 얼마나 능동적으로 문제 해결을 위해 노력했으며, 이를 통해 내가 얼마나 성장했는지 육하원칙에 의거, 간략하게 설명할 수 있어야 한다.

10 Where do you see yourself in five years?

5년 후 당신은 어디에 있을까요?

→ 지원자의 장래 희망이나 포부를 묻는 질문이다. 무역회사에 지원하면서 In five years, I will be at a school teaching little children. 5년 후에, 저는 아이들을 가르치는 학교에 있을 겁니다.이라고 답한다면, 면접관은 당신에게서 무역회사 직원으로서의 열망이나 포부 같은 걸 발견하기 어렵다. 5년 후에 학교 선생님이 되겠다는 사람을 무역회사에서 채용할 이유가 없다. In five years, I will be holding business meetings in Dubai, UAE. 5년 후에 저는 아랍에미리트 두바이에서 업무 회의를 하고 있을 겁니다. 이렇게 대답하면 면접관은 어떤 회의를 누구와 하는지 구체적으로 물을 것이고, 이는 무역회사 직원으로서 장래 포부를 밝힐 좋은 기회가 될 것이다.

11 Why are you leaving your current job?

현 직장을 떠나는 이유가 무엇입니까?

→ 이 질문에는 매우 신중하게 답해야 한다. 직장 상사가 맘에 안 든다거나 작업 환경이 최악이라는 식으로 현 직장을 부정적으로 말하면, 면접관은 '저 친구가 나중에 우리 회사에 대해서도 저렇게 말하겠지.'라고 판단할 가능성이 높다.

> There's not much trouble to talk about my current job and
> I am contented with it, but working for your company has
> been my dream because…
>
> 제 현재 직업에 별 문제가 없고 저도 만족하는 상태이지만, 귀사에서 일하는 것이 저의 오랜 꿈이
> 었습니다. 왜냐하면…

이런 식으로 화제를 전환한 후, 이 회사에서 하고자 하는 일에 초점을 맞춰
서 이야기를 풀어 나가는 것이 안전하다.

12 How would your boss and co-worker describe you?

당신의 상사와 동료는 당신에 대해서 어떻게 말할까요?

→ 자신의 재능, 장점, 업적, 사회성 등을 설명할 준비를 한다. 내가 어떤 장점을 갖고 있는
지 정리해 놓고 스스로를 객관적으로 설명하는 연습을 하는 것도 좋다.

> You may ask to my references. They will tell you that I am
> a person who is never late for work or meetings. I try to
> be a person who is dependable and reliable to colleagues
> and supervisors when we are working within a team. My
> supervisor will tell you about me that I am a goal-oriented
> person and I plan ahead to achieve the common goals.
>
> 제 참고인들에게 물어보신다면, 제가 업무나 회의에 절대 지각하지 않는 사람이라고 말할 겁니
> 다. 저는 팀으로 일할 때 동료와 상사가 의지하고 믿을 만한 사람이고자 노력합니다. 제 상사는
> 제가 목표 지향적인 사람이며, 공동의 목표를 달성하기 위해 미리 계획하는 사람이라고 말할
> 겁니다.

13 Why was there a gap in your employment?

직장 생활에 공백이 보이는데 왜 그런 건가요?

→ 이전 직장을 그만두고 공백이 있는 상태라면 이런 질문을 받을 수 있다. 나도 근무하
던 대학을 그만두고 6개월 정도 쉬다가 새로운 대학에서 취업 인터뷰를 한 적이 있다. 나
는 동일한 직장에서 수년간 성실하게 근무했다는 것을 먼저 설명했다. 그러다가 이전 직장
에서 성장에 한계를 느끼게 됐고, 새로 시작하고자 과감하게 사표를 쓰고 새로운 가능성을
찾기에 이르렀다고 설명했다. 책임감도 없이 기분 내키는 대로 이리저리 떠돌아다니거나,
뭔가 사고를 치고 그만둔 것이 아니라는 점을 분명히 밝히는 것이 좋다.

14 Can you explain why you changed career paths?
진로를 바꾼 이유를 설명해 주시겠습니까?

→ 앞의 것과 비슷한 질문이다. 왜 잘 다니는 직장을 그만두고 새로운 일자리를 찾느냐고 묻는 것이다. 전과 비슷한 직종인 경우도 있고, 아예 전혀 다른 직종이 될 수도 있다. 답변하는 방법은 새로운 일에서 더욱 성장하고 싶고, 소속된 조직이나 사회에도 좀 더 헌신할 수 있는 일을 찾고 있다는 식의 건설적인 답변이 필요하다.

특히 명심해야 할 것은 현재 직장이나 이전 직장에 대해 험담해서는 안 된다는 점이다. 현재 직장이 너무 형편없어서, 보수가 적고, 복지도 엉망이고, 상사는 독선적이고, 그곳은 곧 망해 버릴 곳이라서… 이런 식의 험담은 본인의 인상만 나쁘게 할 뿐이다. If you can't say something nice, don't say anything at all.뭔가 좋은 얘기를 할 수 없다면, 차라리 아무 말도 하지 말아라. 이런 경구가 있다. 특히 취업 인터뷰를 할 때는 떠나는 이유조차 아름답게 설명할 수 있어야 한다.

> Oh, I am quite happy about my current job. Even though it is a small company, people are nice to each other and my supervisor is supporting me a lot. I believe I grew up a lot at this company. But I would like to get a little more challenging job and duties at your company so that I can exert my best and diversify my expertise.
> 저는 현재 직장에 만족합니다. 작은 회사이긴 하지만, 사람들도 서로 친절하고 제 상사도 저를 많이 밀어주십니다. 저는 지금 있는 회사에서 많이 성장했다고 생각합니다. 하지만 이제는 귀사에서 좀 더 도전적인 업무를 하면서 최선을 다하고 저의 전문 영역을 다양화해 보고 싶습니다.

예시 답변에서 보듯, 우선은 현재 직장에 대해 긍정적인 평가를 하고, 취업을 희망하는 회사에서 자신이 무엇을 추구하고 싶은지 설명하는 것이 좋다.

15 How do you deal with pressure or stressful situations?
업무로 인한 압박이나 스트레스 상황은 어떻게 대처하시나요?

→ 문제 상황의 대처 방법을 묻는다. 술이나 담배로 푼다는 식으로 대답하면 실격이다. 믿을 만한 상사나 멘토를 찾아가 도움을 청한다거나, 사색, 명상, 기도를 통해 사물의 본질을 성찰하는 시간을 갖고 발전적인 해법을 찾는 편이라고 설명하면 면접관은 안심할 것이다.

채용 인터뷰 때
절대 물으면 안 되는 질문들

MP3 034

만약 당신이 미국에서 누군가를 고용하는 입장이 된다면, 다음에 해당하는 질문을 해서는 안 된다. 취업 인터뷰에서 면접관이 다음에 해당하는 질문을 던지면, 미국 Equal Employment Opportunity Act미국 고용 평등법에 저촉된다. 미국뿐 아니라, 한국도 급속히 국제화되고 있고 다문화 배경의 시민들이 늘고 있는 추세이다. 그러므로 함부로 타인에게 무례하거나 난처한 질문을 하지 않도록 다음 사항을 참고하자.

항목	질문 예
Age 나이	• How old are you? 몇 살입니까? • When is your birthday? 생일이 언제입니까? • What year did you graduate from high school? 몇 년도에 고등학교를 졸업했습니까? • How long do you plan to work before retiring? 은퇴 전에 얼마나 일할 계획입니까?
Race 인종	• Are you Asian? 아시아인입니까? • What is your race? 인종이 어떻게 됩니까? • Are you of a specific racial background? 특정 인종 출신입니까? • Where were you born? 태어난 곳은 어디입니까?
Ethnicity 민족	• Are you of a specific ethnic background? 특정 민족 출신입니까? • Where are your parents from? 부모님은 어디 출신입니까?

항목	질문 예
Color 피부색	• What is your skin color or racial background? 피부색 혹은 인종이 어떻게 됩니까? • Are you a person of color? 유색인입니까? • Do you identify as Black, White, Asian, etc.? 흑인, 백인, 아시아인 등으로 밝힙니까?
Gender 성별 (사회적 개념)	• Are you male or female? 남성입니까, 여성입니까? • What are your pronouns? 자신을 가리키는 대명사는 무엇입니까? • Do you plan to have children in the future? 향후에 아이를 가질 계획이 있습니까? * '아이를 가질 것인가? 우리는 애 낳는 사람은 일 효율이 없어서 안 뽑고 싶다.'는 의도로 질문을 했다고 판단할 수 있으므로, 여성 차별 질문이 될 수 있다.
Sex 성별 (생물학적 개념)	• What is your sex or gender? 당신의 성별은 무엇입니까? • How do you identify in terms of your gender? 성별 관련해 자신을 어떻게 밝힙니까? • Do you plan to undergo any gender-related medical procedures? 성 전환 수술을 받을 계획이 있습니까?
Sexual orientation or gender identity 성 지향성이나 성 정체성	• What is your sexual orientation? 성 지향성이 어떻게 됩니까? • Are you gay, lesbian, bisexual, or transgender? 성소수자(게이, 레즈비언, 양성애자, 트랜스젠더)입니까? • Have you undergone any gender transition procedures? 성 전환 수술을 받았습니까? • Do you have a same-sex partner or spouse? 동성 파트너나 배우자가 있습니까?
Country of origin 출신국	• Where were you born? 태어난 곳은 어디입니까? • What is your nationality? 국적이 무엇입니까? • What is the origin of your name? 이름의 기원이 무엇입니까? • Where are your parents from? 부모님은 어디 출신입니까?

항목	질문 예
Birthplace 출생지	• Where were you born? 태어난 곳은 어디입니까? • What is your place of birth? 출생지가 어디입니까? • Are you a U.S. citizen? 미국 시민입니까? • Were your parents born in the United States? 부모님이 미국 태생입니까?
Religion 종교	• What religion do you practice? 어떤 종교를 믿습니까? • Do you attend church/a temple/a mosque regularly? 교회/절/모스크에 정기적으로 참석합니까? • What religious holidays do you observe? 어느 종교 축일을 지킵니까? • Will your religious practices interfere with your work schedule? 종교 행사와 활동이 업무 일정에 방해가 될까요?
Disability 신체 장애 여부	• Do you have a disability? 장애가 있습니까? • Have you ever been diagnosed with a medical condition? 질병 진단을 받은 적이 있습니까? • What medications are you currently taking? 현재 복용 중인 약이 있다면 무엇입니까? • Do you have any physical or mental impairments that could affect your ability to perform the job? 업무 수행 능력에 영향을 끼칠 만한 신체적 혹은 정신적 손상이 있습니까?
Marital status 결혼 여부	• Are you married? 결혼했습니까? • Do you have any children? 아이가 있습니까? • What is your marital status? 현재 혼인 상태가 어떻게 됩니까? • Do you plan to have children in the future? 향후에 아이를 가질 계획이 있습니까? • What does your spouse do for a living? 배우자는 직업이 무엇입니까?

항목	질문 예
Family status 가족 상황	• Do you have children? 자녀가 있습니까? • How many children do you have? 자녀가 몇 명입니까? • Are you planning to have children in the future? 향후에 아이를 가질 계획입니까? • What are your childcare arrangements? 아이 양육은 어떻게 하기로 되어 있습니까?
Pregnancy 임신 여부	• Are you pregnant? 임신 중입니까? • Do you have any plans to start a family soon? 곧 아이를 낳고 키울 계획이 있습니까? • When do you plan to have children? 아이는 언제 가질 계획입니까? • Will your pregnancy affect your ability to perform the job? 임신이 업무 수행 능력에 영향을 미칠까요?
Salary history 수입 기록 (주마다 다름)	• What was your previous salary? 전 직장의 임금은 얼마였습니까? • How much did you earn in your last job? 마지막 직장에서 얼마나 벌었습니까? • What is your current salary? 현재 임금이 얼마입니까? • Can you provide details about your past compensation packages? 이전 보상 패키지에 대해 자세히 말해 주시겠습니까? * compensation packages: 고용주로부터 받는 총 보수, 혜택 및 부가적인 혜택. 여기에는 급여, 보너스, 건강 보험, 퇴직 혜택, 주식 옵션 및 기타 혜택이 포함될 수 있다. • How much were you making at your previous company? 전 회사에서 얼마나 벌고 있었습니까?

이상의 질문들이 법적으로 금지되고 금기시되는 이유는, 사람이 능력에 의거하지 않고 성별이나 나이, 결혼 여부, 가족 배경, 출신지나 인종 등 능력과 상관없는 다른 요소들 때문에 차별받아서는 안 되기 때문이다. 채용 면접 시 묻지 않는 내용은 고용자에게 공개해야 하는 서류에도 그대로 반영된다. 대체로 북미에서 취업을 한다면 이력서나 Curriculum Vitae이력서보다 소상한 개인 교육, 경력 자료를 작성할 때, 생년월일과 성별을 공개하지 않으며 '증명사진'을 붙이는 일도 없다. 고용자 측에서 특별한 이유 없이 생년월일, 성별, 사진을 요구할 경우 성 차별, 인종 차별, 용모 차별 등 각종 차별의 요인이 될 수 있고, 법적인 문제로 비화될 수도 있다.

취업 인터뷰 실제 대화

MP3 035

미국의 경우 인재를 뽑을 때, 그 사람이 직무 영역에 맞는 자격이 있는가 없는가를 분별하지 그 사람의 성별이나 인종, 용모는 아무 상관이 없어야 공정하다고 본다. 오직 고용자가 필요로 하는 인재의 교육 배경이나 경력 등을 살펴서 이 사람이 타당한가를 분별해야 한다. 물론 면접 과정에서 그들이 선호하는 인종, 용모, 성별의 후보자를 골라낼 수는 있겠지만 최소한 서류 심사만큼은 공정하도록 유도한다.

다음은 레빗 씨가 나이틀리 씨를 면접하는 상황이다. 특히 문제가 되는 인터뷰 질문에 어떻게 대처하는지 주의해서 살펴보자.

Ms. Levitt　Hello, Mr. Knightly. Thank you for coming in today. Let's start with a few questions about your background. **Can you tell me your age?**
안녕하세요, 나이틀리 씨. 오늘 와 주셔서 감사합니다. 배경에 대한 몇 가지 질문으로 시작해 보죠. 몇 살인지 말해 주겠어요?

Mr. Knightly　Thank you for having me. I believe age is not relevant to my ability to perform the job. I'm confident in my skills and experience in marketing.
면접할 기회를 주셔서 감사합니다. 나이는 직무 수행 능력과 관련이 없다고 생각합니다. 저는 마케팅에서 저의 역량과 경험에 자신이 있습니다.

Ms. Levitt　Understandable. Now, let's talk about your family status. **Are you married? Do you have children?**
알겠습니다. 이제 가족에 대해 이야기해 보죠. 결혼하셨나요? 자녀가 있나요?

Mr. Knightly　I appreciate your interest, but my family status should not impact my qualifications for this role. Let's focus on how my skills can benefit the company.
관심 주셔서 감사합니다만, 가족 상태는 제 직무 수행 능력과 무관합니다. 제 역량이 회사에 어떻게 도움이 될 수 있는지에 초점을 맞춰 보죠.

Ms. Levitt Of course, moving on. **Have you ever had any health-related issues or disabilities?**
그렇죠. 다음으로 넘어가죠. 건강과 관련된 문제나 장애가 있던 적이 있나요?

Mr. Knightly My health and ability to do the job are not concerns. I'm fully capable of performing the responsibilities of the marketing position.
제 건강과 직무 수행 능력은 걱정하실 필요가 없습니다. 마케팅 업무를 충분히 수행할 수 있습니다.

Ms. Levitt Alright. Let's talk about your previous salary. **What was your last salary**?
좋아요. 이제 이전 연봉을 이야기해 보죠. 지난 연봉이 어떻게 되었나요?

Mr. Knightly I believe discussing my salary history might not be appropriate as it is not relevant to the position's market value. I would prefer to focus on my qualifications and how I can contribute to the company's success.
마케팅 직무와 관련 없는 제 연봉 이력을 이야기하는 건 적절치 않다고 생각합니다. 제 자질과 회사의 성공에 어떻게 기여할 수 있는지에 초점을 맞추고 싶습니다.

Ms. Levitt I understand. Thank you for addressing my questions. Now, let's move on to your marketing experience.
이해합니다. 질문에 답변해 주셔서 감사합니다. 이제 마케팅 경험에 대해 이야기해 보겠습니다.

다음은 취업 인터뷰 상황을 시작부터 마무리까지 재현한 대화이다. 어떤 내용이 오갔는지 들여다보자.

June Hello, Chris! Thank you for having me.
안녕하세요, 크리스 씨! 인터뷰에 불러 주셔서 감사합니다.

Chris Let's start with a brief introduction. **Can you tell me about yourself and your background?**
간단히 소개로 시작하죠. 자기소개와 배경을 말씀해 주시겠어요?

June Of course. My name is June Lee, and I have a background in Business Administration. Recently, I've been working in the sales department at EFG Company.
네. 저는 준 리라고 합니다. 경영학을 전공했고요. 최근에는 EFG사의 영업부서에서 일하고 있습니다.

Chris That's impressive. **Can you share a successful project** you've been involved in?

인상적이네요. 자신이 참여한 성공적인 프로젝트에 대해 한 가지 알려 주시겠어요?

June Certainly. In my previous position, I led a marketing campaign that resulted in a 30% increase in customer engagement and a 20% boost in sales.

네. 이전 직책에서 제가 주도한 마케팅 캠페인으로 고객 참여도가 30% 증가하고 매출이 20% 상승했습니다.

Chris Excellent. **Why did you choose to apply** to our company?

훌륭하군요. 왜 저희 회사에 지원하기로 결정했나요?

June I have always admired your company's innovative products and commitment to sustainability. I believe my skills and passion align well with the values of your organization.

항상 귀사의 혁신적인 제품과 지속 가능성에 대한 약속에 감탄했습니다. 제 능력과 열정이 귀사의 가치와 잘 부합한다고 믿습니다.

Chris **That's great to hear. Do you have any experience** working collaboratively in a team?

듣기 좋은데요. 팀에서 협업한 경험이 있나요?

June **Yes, absolutely.** I've worked on several cross-functional teams in my previous roles, and I value effective communication and cooperation to achieve common goals.

네. 물론입니다. 이전 직무에서 여러 다른 부서와 팀을 이뤄 작업한 경험이 있습니다. 또한 저는 공통의 목표를 달성하기 위해 효과적인 의사소통과 협력을 중요하게 생각합니다.

Chris That's important in our company as well. Now, **do you have any questions for us about the job or the company?**

우리 회사에서도 그걸 중요하게 여깁니다. 이제 지원하신 직무나 회사에 대해 궁금한 점이 있나요?

June **Yes, I would like to know more about** the company's approach to employee development and growth opportunities.

네, 회사에서 직원들의 개발과 성장 기회를 지원하는 방식에 대해 더 알고 싶습니다.

Chris We prioritize employee development and provide various training programs and mentorship opportunities. Our goal is to help our employees grow professionally and personally.

우리는 직원 개발을 우선시하며 다양한 교육 프로그램과 멘토링 기회를 제공합니다. 우리의 목표는 직원들이 직업적으로 그리고 개인적으로 성장할 수 있게 돕는 것입니다.

June That's reassuring to hear. Thank you for answering my question.
들어 보니 안심이 됩니다. 질문에 답해 주셔서 감사합니다.

Chris You're welcome, June. If you have any more questions or need further information, feel free to reach out. We will be in touch regarding the next steps in the hiring process. Have a great day!
천만에요, 준 씨. 추가 질문이 있거나 더 많은 정보가 필요하면, 언제든 문의해 주세요. 채용 과정 다음 단계에 대해 연락 드리겠습니다. 좋은 하루 보내세요!

June Thank you, Chris. I appreciate the opportunity. Have a great day too!
감사합니다. 크리스 씨. 인터뷰 기회 주셔서 감사합니다. 좋은 하루 보내세요!

일반적인 취업 인터뷰의 시작과 진행, 마무리 과정에는 몇 가지 중요한 사항이 있다.

① 분명한 질문과 답변이 이어지고, 구직자의 배경에 대한 질문도 등장하지만, 내용 중 어디에도 구직자의 사생활과 관련된 내용이 언급되지 않는다. 질문 내용이 오직 학력이나 경력 등 직무와 관련된 것이다.

② 인터뷰 내용만 보면 구직자가 남성인지, 여성인지, 인종이나 나이 혹은 용모, 정치적 신념, 종교, 결혼 여부나 가족 사항 등을 전혀 알 수가 없다. 알 수 있는 내용은 어떤 일에 종사하고 있고 어떤 일을 할 수 있는지 정도이다. 취업 희망자뿐 아니라 인재를 채용해야 하는 입장에서도 이 내용은 명심할 만하다.

③ 본문에 소개된 여러 가지 인터뷰 질문들이 등장한다. 채용하는 입장에서는 주로 직접 질문 형태Can you tell me, Why did you, Do you have any로 말하고, 취업 희망자는 공손한 간접 질문 형태I would like to know more about를 취하는 것을 볼 수 있다. 직업을 구하는 입장에서 이것저것 따져 묻는 것이 불손해 보일 것 같아서 불안하다면, 대화에서의 준처럼 I would like to know about ~ 같은 표현을 사용해 알고 싶은 것에 접근해 가도 좋다.

④ 질문과 답변을 주고받을 때, 분위기를 부드럽고 유연하게 만들어 주는 언어적 장치들을 눈여겨보자. 인터뷰를 진행하는 동안 두 사람은 다음과 같이 앞사람의 말을 자연스럽게 받아서 연결시킨다.

June   Of course. / Certainly. / Yes, absolutely. / Yes, I would like to know… / That's reassuring…

Chris   That's impressive. / Excellent. / That's great to hear. / That's important…

위에 열거된 표현들은 대화를 나누는 두 사람이 서로 끊임없이 '맞장구'를 쳐주려고 사용한 것이다. 이는 '윤활유'나 '접착제'처럼 두 사람의 대화를 유연하게 만든다. 영어 학습자나 이민자들에게는 이런 '윤활유' 같은 표현들이 입에 잘 붙지 않아 순발력이 떨어지고 무뚝뚝하다는 인상을 주는 경우가 많다. 질문도 중요하지만, 이런 작은 장치들도 입에 붙도록 연습하면 영어로 진행하는 소통이 훨씬 풍성해질 수 있다.

CHAPTER 2
상황별 질문하기 요령

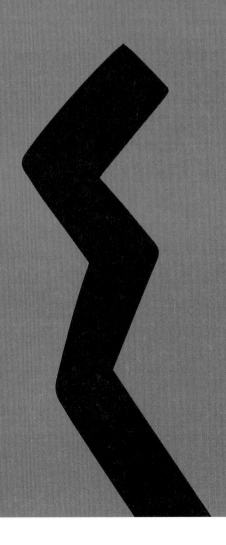

이메일로 질문하기

MP3 036

코로나 바이러스 전염병 대유행을 거치면서 사람들이 직접 대면하기보다는 이메일이나 문자 메시지를 통해 소통하는 기회가 더욱 늘어가는 추세이다. 따라서 이메일을 통하여 질문을 주고받는 기초 예법에 대해서도 숙지해야 한다. 이메일은 그 자체가 문서라서 보관하는 경우가 많다. 그러므로 온라인으로 이메일을 주고받을 때는, 이 내용이 문서로 보관되어 나중에 다시 볼 수도 있다는 것까지 염두에 두고 글을 쓰는 것이 안전하다.

다음 예를 보면서 이메일 질문의 극히 상식적인 부분을 살펴보자.

Subject: Details of project and deadline, History 100

MKang@abce.edu

① Subject: Details of project and deadline, History 100

② Dear Professor Kim,

③ I am Matt Kingsly in your History 100 class. I am sorry I was absent from your class on Thursday and I couldn't get details of the mid-term paper. I reviewed your guideline carefully but there are still some things that are not clear to me.

④ I have three questions:
   1) Are you planning to open grading rubric for it?
   2) Is there any word limit? How many words do I need to write?
   3) Is the deadline noon May 17, or midnight May 17?

⑤ Your answer to my questions will be highly appreciated.

⑥ Yours sincerely,

⑦ Matt

① 이메일의 기본 형식에는 Subject제목 칸이 있다. 제목 칸에 이메일의 주제를 명확하고 구체적으로 밝힌다. 애매한 제목보다는 구체적이고 간결한 것이 효과적이다. 이따금 대학 신입생이 보내는 이메일에서 '제목'이 생략된 것을 볼 수 있는데, 영어로 이메일을 써야 한다는 부담감 때문에 깜박하고 지나치는 듯하다. 하지만 사소하게 잊고 지나가거나 서툰 제목을 붙이는 것으로 이미 그는 평가의 대상이 되고 있다.

② 편지 내용에서 가장 먼저 할 일은 이메일을 받는 사람을 정확히 써야 한다. 이메일을 받는 사람이 가까운 가족이나 장난을 쳐도 되는 친한 친구가 아니고 학교나 직장에서 연락을 취해야 하는 대상이라면 특히 이 점을 명심해야 한다. 예문에서는 Professor Kim이라고 명시하고 있다.

여기서 두 가지 주의해야 할 사항이 있다. 1) 이름의 철자가 정확한지 꼼꼼히 확인한다. 가장 기본적인 이름조차 잘못 쓴다면 그 사소한 실수로 인해 상대방에게 부주의한 사람으로 비칠 수 있다. 2) 상대방 이름에서 first name, last name을 정확히 구분하여 last name성씨을 명시해야 한다. 예를 들어서 상대방이 Teresa Brown이라면 그의 성은 Brown이다. 이 경우 Dear Ms. Brown, Dear Ms. Teresa Brown 이렇게 성씨만 쓰거나 이름 전체를 쓰는 것이 안전하다. 하지만 Dear Ms. Teresa라고 하면 엉뚱한 호칭을 사용하는 것이 된다. Mr./Ms. 같은 경칭을 사용할 때에는 성씨와 함께 쓴다는 것에 유의하자. 한국어에서도 '김 선생님' 혹은 '김민수 선생님'으로 부르면 자연스러운 경칭이지만, '민수 선생님'은 격식을 차린 호칭이라고 보기 어렵다.

그런데 가장 큰 실수는 Dear ○○○을 생략하는 이메일이다. 상대방을 명시하지 않은 채 곧바로 본론으로 들어가는 이메일 역시 사적으로 매우 친밀한 관계가 아니라면 좋은 인상을 주기 어렵다. 이는 인사도 안 하고 곧바로 본론부터 말하는 무례함과 비슷하다.

③ 자신이 누구인지 정확하게 알린다. 통상적으로 자주 만나고 이메일을 수시로 주고받는 동료나 친구라면 딱히 자신을 소개하지 않아도 괜찮

을 것이다. 하지만 앞의 이메일은 한 학생이 수업을 듣는 과목의 교수에게 보내는 것이다. 이들이 교실에서 수업 중에 자주 이야기를 나누고 서로 친밀하게 알고 있다고 해도, 실제로 교수가 이 학생을 친밀하게 기억하고 있을지는 알 수 없는 노릇이다. 교수는 이 학생 외에도 백 명이 넘는 학생을 상대해야 할지도 모른다. 조금 성가시더라도 자신이 누구인지 정확히 밝혀서 이메일을 읽는 교수가 맥락을 바로 이해할 수 있게 해 주는 것이 효과적이다. 이 학생은 자신의 이름과 소속을 밝히고, 왜 이메일을 쓰게 되었는지를 설명하였다.

④ I have three questions라고 질문의 서두에 밝히는 건 매우 현명한 방법이다. 한꺼번에 뭉뚱그려서 묻기보다는 질문의 내용을 분류하여 정리해서 묻는 것이 답을 해야 하는 사람의 입장에서도 질문을 놓치지 않고 명쾌한 답을 줄 수 있어 좋다.

다음 두 가지 예를 살펴보자. 동일한 질문 내용인데 어느 쪽의 질문이 더 분명하고 답을 하기에 편리한가? 누구라도 A라고 대답할 것이다. B는 A와 똑같이 동일한 세 가지 질문을 하지만 두서가 없다. 이메일은 에세이 형식으로 쓰기보다는 번호를 매기거나 순서를 표시하여 용건만 명쾌하게 알아볼 수 있게 쓰는 것이 더욱 효과적이다.

A)

I have three questions:
1) Are you planning to open grading rubric for it?
2) Is there any word limit? How many words do I need to write?
3) Is the deadline noon May 17, or midnight May 17?

질문이 세 가지 있습니다.
1) 말씀하신 그것(it)에 대해 채점 기준을 공개하실 예정인가요?
2) 단어 수 제한이 있습니까? 몇 단어를 써야 하나요?
3) 마감 기한이 5월 17일 정오인가요, 5월 17일 자정인가요?

B)

I wonder if there is any grading rubric and how many words I need to write. By the way when is the deadline?

채점 기준이 있는지 그리고 몇 단어를 써야 하는지 궁금합니다. 참, 마감 기한은 언제인가요?

⑤ 뭔가 질문을 했거나 부탁을 했다면, 앞서 상대방의 노력에 감사하다는 표현을 잊지 않는다.

⑥ 편지나 이메일을 마무리하는 표현은 여러 가지가 있다. 이 중 Yours sincerely, Sincerely yours, Sincerely 등이 가장 많이 통용된다. 이렇게 예의를 갖춘 마무리 표현을 생략하면 상대방에게 좋은 인상을 주지 못할 수도 있다.

⑦ 편지나 이메일 마지막에는 반드시 자신의 이름과 함께 연락처를 밝힌다. 학생의 경우에는 이름만으로 충분하지만, 업무용 이메일이라면 email signature라고 해서 이름, 직장의 전화번호, 이메일 주소, 웹사이트 주소 등을 포함하는 것이 좋다. 대체로 명함에 들어 있는 정보를 포함한다.

다음은 여러 가지 상황에서 참고할 만한 이메일 메시지들이다.

대학생이 교수에게 보내는 과제에 대한 질문

Subject: Clarification on Assignment Deadline

Dear Professor Park,

I hope this email finds you well.

I have a question regarding the deadline for the upcoming research paper. Could you please confirm the due date, as there seems to be conflicting information in the syllabus and course outline?

Thank you for your assistance.

Best regards,

John

제목: 과제 마감일 확인

박 교수님,

이 이메일이 교수님께 잘 전달되기를 바랍니다.

다가오는 연구 논문 마감일 관련해 질문이 있습니다. 마감일을 확인해 주시겠어요? 교수요목과 강의 계획서에 나온 정보가 상충되는 것 같아서요.

도움 주셔서 감사드립니다.

안녕히 계세요.

존 드림

주문 상황에 대한 질문

Subject: Inquiry about Order Status

Dear Customer Support,

I placed an order (Order ID: #12345) for a laptop on July 27, 2024, and the estimated delivery date has passed. I'm eager to receive the product and want to check on its status. Could you kindly update me on the expected delivery date or any relevant tracking information?

Thank you for your attention to this matter.

Sincerely,

Jena

제목: 주문 상황에 대한 문의

고객 지원 담당자님,

2024년 7월 27일에 노트북 주문(주문 ID: #12345)을 접수했는데, 예상 배송일이 지났습니다. 제품 수령을 간절히 기다리고 있으며, 배송 상태를 확인하고 싶습니다. 예상 배송일 또는 관련 추적 정보가 있으면 알려 주시겠어요?

이 문제에 신경 써 주셔서 감사드립니다.

안녕히 계세요.

제나

회의 참석 관련 정보 요청 질문

Subject: Information Request — Conference Attendance

Dear HR Manager,

I hope this email finds you well.

I am interested in attending the upcoming industry conference, and I have a few questions before I proceed with registration. Could you kindly provide information regarding the conference dates, location, and any registration procedures or requirements?

Thank you for your time.

Best regards,

Miranda

제목: 정보 요청 – 컨퍼런스 참석
인사 담당 매니저님,
이 이메일이 잘 전달되기를 바랍니다.
저는 다가오는 산업 컨퍼런스 참석에 관심이 있으며, 등록을 진행하기 전에 몇 가지 문의 사항이 있습니다. 컨퍼런스 날짜, 장소, 등록 절차 또는 자격 요건에 대한 정보를 알려 주시겠어요?
시간 내 주셔서 감사합니다.
안녕히 계세요.
미란다

문자 메시지로 질문하기

MP3 037

이메일과 마찬가지로 문자 메시지 역시 몇 가지 주의해야 할 점이 있다.

1) 간결하게 작성하기

문자 메시지는 오해를 방지하기 위해 간결하고 명확하게 써야 한다. 문자 메시지에서 질문을 해야 한다면 간단하게 '직접 질문' 형식을 취하는 것이 메시지를 더욱 분명하게 할 것이다. 예의를 차린다고 I would like to know if ~라고 간접 질문을 하려면 문자 대신 이메일을 쓰는 게 좋다. 문자로 메시지를 주고받는 상황에서는 짧은 직접 의문문이 결례가 아니다.

- **How much does the course cost?**
  수업 비용은 얼마인가요?

- **Are there any prerequisites for this workshop?**
  이 워크숍을 듣기 위한 선수 과목이 있나요?

- **Can you confirm the meeting time?**
  회의 시간을 확인해 주시겠어요?

- **What is the deadline for the report?**
  보고서 마감일은 언제인가요?

2) 올바른 문법과 구두점 사용

문자 메시지는 이메일보다 비공식적이지만, 명확하고 전문적인 의사소통을 위해 문법과 구두점을 올바르게 사용하는 것이 중요하다.

3) 대소문자를 정확히 사용

모든 글자를 대문자로 작성하는 것은 좋지 않다. 이는 소리치는 것으로 보인다.

4) 자동 수정 확인

자동 수정은 단어를 변경할 수 있어서 자칫 의도하지 않은 의미로 해석될 수 있다. 메시지를 보내기 전에 반드시 확인한다.

5) 약어와 이모티콘 사용에 주의

일부 약어와 이모티콘은 문자 메시지에 쓰이기도 하지만, 학업 또는 업무 관련 의사소통에는 적합하지 않을 수 있다.

6) 다중 작업 피하기

학업 또는 업무와 관련된 문자 메시지를 보낼 때는, 주의를 기울이고 잠재적인 오류나 오해를 방지해야 안전하다.

다음은 학생이 교수에게 질문하고 답을 받을 때 참고할 만한 사례들이다.

Case 1

> Professor! I posted a wrong thing on the AS3 summary discussion board. Is there any way tht I can remove it?

> You can simply upload the updated one. I will review the updated one. That's it.

학생: 교수님, AS3 요약문을 토론실에 올리려다 엉뚱한 파일을 올렸습니다. (잘못 올린 파일을) 삭제할 방법은 없나요?
교수: (잘못 올린 것 신경 쓰지 말고) 새로 올리면 나는 새로 올린 파일만 봅니다. 됐죠?

이 학생의 문자 메시지를 보면, 사소한 문법적인 실수가 있지만 질문하는 내용이 매우 구체적이다. 과제를 잘못 올렸고 문제의 해법을 묻는다. 아주 훌륭한 질문이다.

Case 2

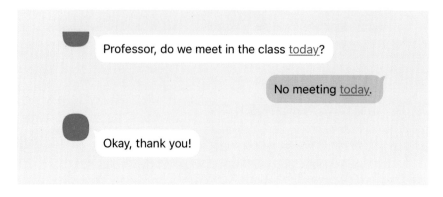

학생: (온라인 화상 회의로 진행되는 수업이 있는지 질문) 교수님, 오늘 수업 있나요?
교수: 오늘은 안 만나요.
학생: 알겠습니다. 감사합니다!

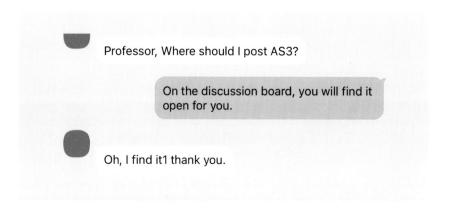

학생: 교수님, AS3 숙제는 어디에 올리나요?
교수: 온라인 토론실에 가면 숙제 올리는 창이 열려 있습니다.
학생: 아, 찾았습니다! 감사합니다.

위의 두 가지는 아주 사소하고 간단한 질문들이다. 눈여겨볼 점은 질문을
던진 학생들이 간단한 답변에도 '감사합니다'라는 인사를 잊지 않은 것이
다. 문자 메시지에서는 대체로 문법이 생략되고, 짧게 단축된 표현들을 쓰
는 것이 용인되지만, 감사 인사를 놓치지 않는다면 상대방에게 좋은 인상
을 남길 수 있다.

Case 3

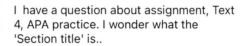

> I have a question about assignment, Text 4, APA practice. I wonder what the 'Section title' is..

> Oh, that's a good question! It is about the section headings. When you review the sample essay, you may find the titles for each section (in the middle).

학생: Text 4 APA Practice 숙제 관련해서 질문이 있습니다. Section Title이 무엇을 가리키는 것인지 잘 모르겠습니다.

교수: 아, 좋은 질문입니다! 그건 섹션 헤드문구에 관한 거예요. 샘플 에세이를 검토해 보면, 각 섹션마다 제목이 보일 거예요.

이 학생은 과제를 하다가 수업 중에 배우지 않고 지나간 개념인 section title을 잘 모르겠다며 질문을 던졌다. 교수는 Oh, that's a good question! 아, 좋은 질문입니다! 이라는 칭찬과 함께 설명을 이어 나간다. 학생의 사려 깊고 신중한 질문은 교수가 잊고 지나친 수업 내용을 보충할 기회를 줄 뿐 아니라, 수업을 듣는 학생 전체가 중요한 내용을 배울 기회를 제공한다.

> I have a question about the assignment of filling the AS3 Part 3 exercise worksheet. There's number one, two, and three in "Text 2, An acaddemic essay." Do I have to write up to number threee?

> Yes, up to three. If you take a look at sample audience that I put, you may find that there is not only one audience group for each text. If you review your classmates' work, you may find that there are a number of target readers/audience groups you can figure out. Please try to write up to three.

학생: AS3 Part 3 연습문제 채우는 과제에 대해 질문이 있습니다. Text 2 An academic essay에서는 번호 1, 2, 3이 있는데요. 3번까지 다 써야 하나요?

교수: 네, 3번까지 다예요. 내가 쓴 표본 청중을 보면 각 텍스트마다 청중 그룹이 하나 이상일 거라는 걸 알 겁니다. 다른 학생들의 작업물을 확인하면, 목표로 삼은 독자/청중 그룹이 많다는 걸 알게 될 거예요. 3까지 다 써 보도록 해 봐요.

Case 4

> Professor, when we submit the revised AS1, do we have to remove all the things you said? Or just modify several things?

> Turn on the 'Track Change' - and then do your work as suggested. Everything will be seen.

학생: 교수님, 재수정한 AS1 제출할 때 교수님께서 말씀하신 사항은 다 삭제해야 할까요? 아니면 몇 가지만 수정해야 할까요?

교수: (과제할 때 워드 프로그램에서) 변경 내용 추적을 켜 놓고 작업하세요. 다 보일 테니까.

앞의 사례에서도 학생들의 질문 내용이 매우 구체적이어서 어떤 부분을 잘 이해하지 못하는지 분명히 명시하고 있다.

앞에 예시된 학생들의 질문 패턴을 보면 질문을 시작하는 방식에 두 가지가 있다.

1) "교수님Professor" 하고 부른 후에 질문을 한다.

2) "질문이 있습니다.I have a question."라고 운을 뗀 후에 질문을 한다.

두 가지 다 좋은 방법이다. 그런데 여기서 한 가지 '문화적'인 설명이 필요하다. 한국에서는 "선생님!", "교수님!", "아저씨!" 이러한 호칭이 자연스럽지만, 영어권에서는 '이름'을 부르는 것이 격식에 맞고 자연스럽다. 그러므로 '교수'를 부르고 싶다면 Professor Lee!, Professor Baker!, Dr. Chomsky! 이렇게 성(姓)까지 붙여서 부르는 것이 일반적이다. 따라서 학생들이 문자 메시지로 나를 부를 때는 Dr. Lee!, Professor Lee!로 부르는 것이 타당하다. 한 학기 동안 문자 메시지로 문답을 주고받은 내용을 살펴보면, 질문의 내용이나 횟수와 학점 사이에 상관관계가 보인다. 알맹이 있는 알찬 질문을 적절하게 자주 보낸 학생들은 점수가 높은 반면, 아무 질문도 보내지 않거나 반응이 없던 학생들은 점수가 높지 않다. 학습 성취 동기가 높은 학생들이 소통에도 적극적이라 질문도 많이 하는 편이라고 추측할 수 있다.

좋은 질문을 했을 때 교수로부터 That's a good question! Thank you for the good question! 좋은 질문입니다! 좋은 질문해 줘서 고맙습니다! 이라는 칭찬을 받은 학생들은 더욱 좋은 질문을 하게 되고, 그것이 학습에도 긍정적인 영향을 끼친다.

화상 회의에서 질문하기

MP3 038

화상 회의가 일상 속에 널리 보급되면서 학교나 직장뿐 아니라 보통 사람들의 소모임에서도 화상 회의를 하는 일이 빈번해지고 있다. 위의 이미지는 실제로 내가 소속한 대학에서 줌을 이용해 화상 회의를 하는 장면이다. 우리 대학 학장님들과 인턴 학생들이 온라인에 모여서 대화를 나누고 있다. 이 화상 회의에서는 수직적 '서열'이 보이지 않는다. 우리 대학을 대표하는 학장님은 두 번째 줄에, 교학처장님은 맨 아랫줄에, 그리고 일반 교수인 나는 맨 윗줄에 있다. 위아래가 따로 없다. 어떤 순서로 이렇게 배열이 되는지는 알 수 없으나, 누군가가 새로 들어오거나 나갈 때마다 순서가 조금씩 바뀌면서 화면을 채운다. 이것이 화상 회의 도구가 열어 놓은 새로운 질서의 상징이 아닐까 생각한다. 화상 회의 시스템에서는 목소리가 큰 사람, 목소리가 작은 사람의 차이도 별로 없다. 모두가 컴퓨터 오디오를 통하여 말하기 때문에 목소리가 작은 사람의 발언도 동등하게 들린다. 일반 강의실에서는 수업 중에 학생이 교수에게 질문하면 교수만 알아듣고, 뒷자리나 먼 자리에 앉은 학생은 알아듣기 힘들지만, 화상 회의식 교실에서는 학생 목소리나 교수 목소리나 뒷자리나 앞자리나 동등한 목소리를 갖는다. 그래서 나는 이런 현상을 두고 '목소리의 평등성이 도래했다.'고 평가하기도 한다.

그러나 편리함만큼이나 영어 학습자에게 이것은 또 다른 스트레스 요인이 될 수 있다. 뒷자리나 구석 자리에 숨을 수가 없는 것이다. 하지만 화상 회의 역시 사람들 사이에서 이야기를 주고받는 것이므로 평소에 이야기 나누기, 질문 주고받는 것을 연습한다면 쉽게 적응할 수 있다. 어떤 면에서는 상대방을 전혀 볼 수 없는 전화 대화보다 실시간으로 얼굴 표정, 손짓, 몸짓을 확인할 수도 있으므로 의사전달 효과는 전화 통화보다 더 높다고 할 수 있다. 이러한 화상 회의 시 필요한 영어 질문 표현을 살펴보자.

시작하면서 참석자 확인　　　　　　　MP3 038-1

1 Good morning/afternoon, everyone! Welcome to today's online conference.
여러분, 안녕하세요! 오늘 온라인 회의에 오신 것을 환영합니다.

2 Thank you all for joining us today. Let's get started.
오늘 참석해 주셔서 감사합니다. 시작해 봅시다.

3 Hello, team! It's great to see everyone online. Let's kick off the meeting.
안녕하세요, 팀 여러분! 온라인에서 모두 보니 반갑네요. 회의를 시작해 봅시다.

4 Shall we start with a quick round of introductions?
간단한 자기소개로 시작할까요?

5 Does anyone have any questions before we dive into the agenda?
안건에 들어가기 전에 질문 있는 분 계신가요?

다음은 여러 명이 참여하는 온라인 화상 회의 시작 부분에 나올 만한 대화이다.

Host	Good morning, everyone! Welcome to today's Zoom meeting. 여러분, 안녕하세요! 오늘의 줌 회의에 오신 것을 환영합니다.
Participant 1	Good morning! Thank you for having us. 안녕하세요! 초대해 주셔서 감사합니다.
Participant 2	Good morning, everyone! Excited to be here. 안녕하세요 여러분! 만나서 반가워요!

Host	Great to see you all here. Is everyone present? Shall we begin?
	여기서 만나 뵙게 되어 반갑습니다. 모두 참석하신 거죠? 우리 시작할까요?
Participant 3	Yes, I'm here and ready to start.
	네, 저 여기 있어요. 시작할 준비 됐습니다.
Participant 4	Present and ready.
	저 여기 있어요. 준비됐습니다.
Host	Perfect! Thank you all for joining us today. Let's get started. First, let's go around quickly with introductions. I'm Dr. Smith, the project manager.
	좋아요! 오늘 모두 참석해 주셔서 감사합니다. 시작하죠. 우선, 차례대로 소개를 해 보죠. 저는 스미스 박사이고, 프로젝트 책임자입니다.

마이크나 화면 상태 확인

MP3 038-2

일단 회의가 시작되면, 화면에 회의 자료를 띄우기도 하고 화상으로 공동 작업이 진행되기도 하는데, 이때 사용하는 대화는 평상시 회의할 때와 크게 다르지 않다. 그런데 사람을 직접 만나지 않고 화상으로만 만나므로, 몇 가지 제약 상황이 생길 수 있다.

이따금 대화 상대의 마이크가 꺼져 있어서 말소리가 전혀 들리지 않을 때도 있고, 얼굴을 드러내야 하는 상황인데 얼굴이 보이지 않을 때도 있다. 이때는 사회자가 이를 확인한다.

상황1: 카메라를 켜 주세요

Host	I see some participants have their cameras turned off. It would be great to see everyone's faces during the discussion. Could you please turn on your cameras if possible?
	일부 참석자들이 카메라를 끄고 계신 것 같아요. 토론 중에 모두의 얼굴을 보면 좋을 것 같아요. 가능하시면 카메라를 켜 주시겠어요?
Alex	Sure, sorry about that. My camera is on now.
	네, 미안합니다. 이제 카메라 켰습니다.
Sam	Apologies for the oversight. Camera on!
	실수로 그랬네요. 카메라 켰습니다!

상황 2: 목소리가 안 들려요

Host Some participants seem to be on mute. Please remember to unmute yourselves when you'd like to speak.
일부 참가자들이 음소거 상태인 것 같아요. 말씀하실 때는 음소거를 해제해 주시기 바랍니다.

Emma Thank you for the reminder. I'm unmuted now.
알려 주셔서 고맙습니다. 음소거 해제했습니다.

John Oops, my bad. Unmuted! 저런, 제 잘못이네요. 음소거 해제했습니다!

상황 3: 오디오나 비디오 설정 문제

Host If anyone is having trouble with your audio or video, please let us know so we can assist you.
오디오나 비디오 설정에 문제가 있는 분은 알려 주세요. 도와 드리겠습니다.

Sarah I can't seem to get my audio working. Can you help me troubleshoot?
제 오디오가 작동하지 않는 것 같아요. 문제를 해결하도록 도와주실래요?

Host Sure, Sarah. Let's troubleshoot together. First, check your microphone settings...
그럼요. 사라 님. 함께 문제를 해결해 봅시다. 먼저, 마이크 설정을 확인해 보세요.

대화 방식 정하기

MP3 038-3

온라인 화상 회의 역시 대면 회의처럼 상식적인 대화 방식이 통용된다. 그런데 온라인 화상 회의에서는 카메라가 꺼져 있거나, 소리가 안 들리거나, 상대방의 표정을 잘 읽을 수가 없거나 하는 등의 여러 제약으로 문제들이 발생할 수 있다. 이러한 이유들로 화상 회의 때 지켜야 할 사항이 몇 가지 있다.

Listen attentively 주의 깊게 듣기

Be respectful 상대방 존중하기

Share the speaking time 발언 시간 독점하지 않기

Use the "Raise Hand" feature '손들기' 이모티콘 활용하기

Mute when not speaking 말하지 않을 때 음소거하기

Keep it concise 간결하고 명확하게 하기

화상 회의 때 지켜야 할 사항을 대화를 통해 다시 확인해 보자.

Host Good morning, everyone! Before we begin our discussion, let's go over some ground rules to ensure a productive meeting.

여러분, 안녕하세요! 토론을 시작하기 전에, 생산적인 회의를 위해 몇 가지 기본 규칙을 확인하겠습니다.

Alex Sounds good!

좋아요!

Host Great! First, please remember to listen attentively and avoid interrupting others while they're speaking. It helps maintain a smooth flow of conversation.

좋습니다! 첫째, 다른 분들이 말할 때 주의 깊게 듣고, 방해가 되지 않게 해 주세요. 이렇게 하면 원활한 대화가 가능합니다.

Sam Sure thing.

알겠습니다.

Host Second, let's try to stay on topic and keep our discussion focused on the agenda items.

둘째, 주제에서 벗어나지 않도록 하고 안건에 집중해서 토론을 진행합시다.

Emma Got it!

알겠습니다!

Host Perfect! Third, let's treat each other with respect and use courteous language throughout the meeting.

아주 좋습니다! 셋째, 회의가 진행되는 동안 서로를 존중하는 마음으로 대하고 공손한 언어를 사용해 주세요.

Alex Absolutely.

물론이죠.

Host Next, we want to give everyone a chance to participate. Please use the virtual "Raise Hand" feature if you'd like to speak, and I'll call on you.

다음으로, 모두에게 참여할 기회를 드리고 싶습니다. 말씀하시려면 가상의 '손들기' 기능을 사용해 주세요. 그러면 발언할 기회를 드리겠습니다.

Alex Understood.

알겠습니다.

Host And remember to mute your microphone when you're not speaking to minimize background noise.

그리고 말하지 않을 때는 마이크를 음소거해 주시기 바랍니다. 이러면 배경 소음을 최소화할 수 있습니다.

Sam	Will do. 그렇게 하겠습니다.
Host	Excellent! Lastly, let's keep our contributions concise and to the point, so we can cover everything on our agenda. 아주 좋아요! 마지막으로, 의견 제시는 간결하고 요점만 전달하도록 해 주세요. 그래야 모든 안건을 다룰 수 있습니다.
Emma	Sure, concise it is. 그럼요. 간결하게 할게요.
Host	Thank you all for your cooperation. Let's have a constructive discussion. If anyone has any questions or concerns, feel free to raise them. 협조해 주셔서 감사드립니다. 생산적인 토론을 진행하겠습니다. 질문이나 우려 사항이 있으시면, 언제든지 제기해 주세요.

화상 회의에서는 내가 누군가와 대화할 때 시선을 서로 마주칠 수가 없다. eye contact가 불가능하다. 일상적인 대화에서는 상대방과 눈을 마주보고 직접 질문하면 되지만, 여러 명이 각자 카메라 앞에서 대화를 나눌 때는 직접 얼굴을 보고 묻는 것이 불가능하다. 그래서 내가 누군가에게 질문할 때에는 John, I have a question처럼 반드시 상대방의 이름을 불러야 한다. 이래야 John은 질문이 자신에게 향한 것임을 알아차릴 수 있다.

화상 수업 중에 교수가 전체 학생을 향해 질문을 던질 때, 학생이 I am Hana. I think… 이렇게 자기 이름을 정확히 밝히고 답을 이어 간다면, 교수뿐 아니라 다른 학생들도 지금 누가 말하고 있는지 쉽게 알 수 있다. 반대로 학생이 교수에게 질문을 던질 때에도 I am Amaris. May I ask a question, Professor Lee? 이렇게 발언한다면 질문자가 누구이며 질문 대상이 누구인지 명확해지기 때문에, 질문을 듣는 교수 입장에서 Who's speaking, please? 라고 묻지 않아도 된다.

강의실에서 질문하기

MP3 039

가장 보편적으로 수업 중이나 수업 전후에 교사나 교수에게 질문하는 방법은, 손을 들어 눈을 마주치고 I have a question.이라고 말하는 것이다. 수업 중이라면 강의 중에 아무 때나 질문해도 좋다고 하지 않는 이상, 교수가 Do you have any question?이라고 말할 때까지 기다린다. 손을 들거나 눈을 마주쳐서 내가 할 말이 있다는 표시를 하는 것부터 질문의 시작이라고 할 수 있다.

학생들이 강의실에서 많이 던지는 질문은 대체로 시험이나 과제에 대한 구체적인 사실 확인이다. 다음에 소개하는 질문들은 내가 학생들에게서 종종 받는 것들이다.

1. 시험 관련 질문들

MP3 039-1

대체로 학교에서 midterm과 final은 exam을 생략한 채 '중간고사', '기말고사'라는 뜻으로 쓰인다. 중간이나 기말에 꼭 시험을 치르는 건 아니고 보고서나 프로젝트 완성을 평가받기도 하기에 시험이 없는 경우도 많다. 그러나 중간 평가나 기말 평가는 반드시 이뤄진다.

What will the test cover?
시험 범위가 어떻게 되나요?

중간시험이나 기말시험을 치를 경우 시험 범위에 대해 질문한다. 이때 위의 질문처럼 물어보면 교수가 범위를 알려 줄 것이다.

Will there be a review session?
복습 시간이 있을까요?

review session이란 수업 중에 교수와 함께 이미 배운 내용들을 다시 한번 살펴보고 질문, 답변을 통해 복습하는 것을 말한다. 학생 입장에서 시험 전에 불안하거나 혹은 자신이 제대로 이해한 것인지 확인하고 싶다면, 교사나 교수에게 review session을 갖자고 제안해 볼 수도 있다. 설령 교수가 review session을 고려하지 않았다고 해도 학생이 이렇게 질문한다면 생각이 바뀔지도 모른다. 참고로, 나는 중간시험이나 기말시험을 치를 때, 시험 전날 시험 범위에서 중요 내용을 다시 한번 살피고 토론하거나 질문을 받는 시간을 갖는다.

Is there any study guide for the exam?
시험에 대한 학습 가이드가 있나요?

이 질문은 시험 공부에 도움이 되는 정보를 구하는 것이다. study guide는 말 그대로 시험 공부할 때 특히 신경 써서 내용을 되짚어 보라는 '핵심 체크 리스트'이다. 학생이 반드시 이해하고 지나가야 하는 핵심 개념이나 내용을 리스트로 작성한 것이다. 시험 범위가 방대할 경우 학생이 혼란에 빠질 수가 있는데, 이때 스터디 가이드가 중요한 것이 무엇인지 알려 주는 길잡이 역할을 한다. 그러므로 다른 것은 몰라도 적어도 그 리스트 안에 적힌 내용에 대해서는 시험 전에 훑어보고 이해해야 한다.

미국에서 공부하던 시절, 내가 지금 공부를 제대로 하고 있는지 가늠도 안되고, 이러다가 낙제생이 되는 건 아닐까 불안한 마음으로 하루하루 지내다가 첫 중간고사 기간이 닥쳐왔다. 속으로만 고민만 하던 나와 달리, 동기생인 미국인 학생은 교수에게 시험에 관해 이것저것 물었는데, 그가 교수에게 던진 질문이 앞에 소개된 것들이다.

Timothy	When is the midterm?
	중간고사 언제 보죠?
Professor	It's next week. The exam will be on Tuesday.
	다음 주예요. 시험은 화요일이에요.
Timothy	What will the test cover?
	시험 범위는 어떻게 되나요?

Professor	The exam will cover the first 5 chapters on SLA theories. 시험은 SLA 이론에 관한 첫 다섯 챕터를 포함합니다.
Timothy	Will there be a review session? 복습할 수 있는 시간이 있을까요?
Professor	Do you want to have a review session? If you're interested, we can do it today after the break. 복습 시간을 갖고 싶나요? 원하면, 쉬는 시간 후에 오늘 할 수 있습니다.
Timothy	Is there any study guide for the exam? You know, it's our first midterm exam, and we are all nervous about it…. 시험 공부 가이드 같은 것이 있나요? 교수님도 아시다시피, 첫 중간고사라 저희 모두 긴장되고 초조하거든요.
Professor	Alright, I understand how you feel. I've prepared a study guide for you. Just relax and take it easy. 알았어요. 학생 기분을 이해해요. 준비해 놓았으니까, 긴장 풀고 마음을 편히 가지세요.

그날 교수는 스터디 가이드라며 학생들에게 종이 한 장씩을 나눠 줬는데 그 안에는 우리가 반드시 이해하고 기억해야 할, 수업 중에 토론하고 지나 갔던 주요 이론의 제목들이 채워져 있었다. 거침없이 질문을 던진 미국 학생 덕분에 우리는 시험에 대해 더 많은 정보를 얻게 되었다. 그 학생이 없었다면 우리에게 review session이 주어졌을까? 그의 질문이 여러 학생들에게 빛을 선사했다. 우리는 스터디 가이드에 적혀 있는 이론들을 중심으로 스터디를 해 나갔고, 시험은 스터디 가이드에서 크게 벗어나지 않았다.

다음은 시험과 관련해서 자주 묻는 질문들이다.

1 Can you give us some tips for effective exam preparation?
효과적으로 시험 준비를 할 수 있게 몇 가지 팁을 알려 주시겠어요?

2 What topics are likely to be covered in the upcoming exam?
다가오는 시험에 어떤 주제들이 나올 가능성이 높을까요?

3 Will the exam include multiple-choice questions or essay-type questions?

시험에 객관식 문제가 포함될까요, 아니면 서술형 문제가 포함될까요?

4 Is the final exam cumulative, or will it only cover the recent material?

기말시험 범위는 여태까지 배운 내용이 다 들어가나요, 아니면 최근에 배운 내용만 다루나요?

5 Can you clarify the grading criteria for the exam?

시험 평가 기준을 명확히 설명해 주시겠어요?

6 How will you ensure that the exam is fair and unbiased for all students?

모든 학생들에게 시험이 공정하고 편향되지 않도록 어떻게 보장하실 건가요?

7 Could you provide some past exam papers or sample questions for practice?

과거 시험 문제나 연습용 샘플 문제를 제공해 주실 수 있나요?

8 In what format will the exam results be available, and when can we expect them?

시험 결과는 어떤 형식으로 제공되며, 언제쯤 받을 수 있나요?

9 Are there any opportunities for exam reviews or discussing our performance afterward?

나중에 시험 리뷰나 성적 토의를 할 수 있는 기회가 있나요?

10 Can you recommend additional study resources to supplement our exam preparation?

시험 준비를 보완할 추가 학습 자료를 추천해 주실 수 있나요?

다음 대화에서 에밀리가 리 교수에게 기말시험에 관해 묻고 있다.

Emily   I heard you announced the date for the final exam. **When is it?**

교수님이 기말시험 날짜를 발표하셨다는데, 언제인가요?

Professor Leigh   Yes, that's correct. The final exam is scheduled for three weeks from now, on May 15th.

네, 맞아요. 기말시험은 지금부터 3주 뒤인 5월 15일에 있을 거예요.

Emily   May 15th? That's earlier than I expected. **Could you provide** some details about the exam format and topics covered?

5월 15일이요? 생각보다 빠른데요. 시험 형식과 시험 범위에 대해 자세히 설명해 주실 수 있을까요?

Professor Leigh	Of course. The exam will be a comprehensive one, covering all the materials from the entire semester. It will include essay questions, short answer questions, and problem-solving tasks. 그러죠. 시험은 종합 평가이며, 이번 학기 전체 내용을 다룰 예정입니다. 서술형 문제, 단답형 문제, 문제 해결형 과제 등이 포함될 거예요.
Emily	I see. **Are there any** recommended resources or study materials that can help us prepare for the exam effectively? 알겠습니다. 시험 대비를 효과적으로 할 수 있는 추천 자료나 학습 자료가 있나요?
Professor Leigh	Absolutely. I'll provide a list of recommended readings and supplementary materials to enhance your preparation. Additionally, I'll arrange a review session to address any questions or concerns you may have. 물론이죠. 시험 준비를 돕기 위해 권장 도서 목록과 보조 자료를 제공할 겁니다. 또 혹시나 있을 질문이나 우려 사항을 논의할 리뷰 세션을 마련하겠습니다.
Emily	That's great. Thank you for your support, Professor Leigh. I'll start preparing early to make sure I'm well-prepared. 좋은데요. 지원해 주셔서 감사합니다. 리 교수님. 제대로 준비할 수 있게 일찍 시작하겠습니다.

학생들이 수업 중에 던지는 질문은 묵묵히 앉아 있는 다른 학생들에게도 아주 좋은 정보를 제공한다. 질문을 통하여 자신뿐 아니라 다른 사람도 도울 수 있다.

2. 과제 관련 질문들

MP3 039-2

When is the due date for the assignment?
과제 마감일은 언제인가요?

과제물 관련하여 가장 자주 듣는 질문이다. 수업 시간에 분명히 제출 기한을 말해 줘도 다시 묻는 학생들이 꼭 있다.

Will you extend the due date for the assignment?
과제 마감일을 연장해 주실 수 있을까요?

어떤 학생은 용기를 내어 과제 제출 기한을 연장해 줄 수 있는지 묻는다. 다음 대화를 보자.

Mike	**When is the assignment due?** 숙제 기한이 언제인가요?
Prof. Leigh	**It's due tonight. Upload it on the blackboard by midnight.** 오늘 밤까지야. 자정까지 온라인 게시판에 올려 주세요.
Mike	**Can you extend the due date a bit?** 기한을 좀 연장해 주실 수 있을까요?
Prof. Leigh	**Do you need more time to do it? It's a simple assignment.** 시간이 더 필요해요? 간단한 과제인데요.
Mike	**I know, it's a simple one. But we have other assignments due today.** 간단한 숙제인 거 아는데요. 하지만 오늘 기한인 다른 과제들이 있어서요.
Prof. Leigh	**Oh, really? Okay, then… what about Friday night?** 아, 그래요? 좋아요. 그럼… 금요일 밤까지는 어때요?
Mike	**Yes! We can manage it by then. Thank you!** 네! 그때까지는 할 수 있어요. 감사합니다!

나는 크고 작은 과제들을 많이 내 주는 편인데, 어떤 과제는 수업 마치고 즉시 온라인 게시판에 제출해야 하는 것도 있다. 그래서 학생들이 '제출 기한' 확인하는 질문을 자주 한다. 이따금 어떤 학생이 용기를 내어 제출 기한을 연장해 달라고 조율을 시도하기도 하는데, 난 대체로 학생들의 희망 사항을 들어주는 편이다. 학생들이 질문이나 의견을 말하는 것을 망설이지 않으면 좋겠고, 그들의 의견을 최대한 수용해 학생들이 자존감을 배우고, 자신이 목소리를 내어 상황을 바꿀 수도 있다는 것을 학습하기 바라기 때문이다. 한 사람이 정확히 질문하거나 제안을 하면 그것이 여러 사람에게 도움이 된다는 것을 강의실에서 직접 경험하게 하고 싶다. 그러면 사회에 나가서도 거침없이 질문하고 제안하게 되지 않을까?

다음은 대학에서 학생들이 교수에게 자주 묻는 과제 관련 질문들이다.

1 What materials do we need for the group presentation?
조별 발표를 위해 어떤 자료를 준비해야 하나요?

2 Can you explain the instructions for the take-home quiz in simpler terms?
테이크 홈 퀴즈(집에서 퀴즈 문제 풀기)의 지시 사항을 더 쉽게 설명해 주실 수 있나요?

3 How do I access the online learning platform for the course materials?
수업 자료 확인을 위해 온라인 학습 플랫폼에 어떻게 접속하나요?

4 Is it okay to work on the assignment in pairs?
과제를 두 명이 함께 작업해도 괜찮나요?

5 How many pages should the essay be for this assignment?
이번 과제 에세이는 몇 페이지여야 하나요?

6 Can you clarify the submission format and deadline for the homework?
숙제 제출 형식과 마감 기한을 명확히 설명해 주시겠어요?

7 Is there a word count requirement for the lab report?
실험 보고서에 단어 수 요구 사항이 있나요?

8 How should we cite sources from an online database in our research proposal?
연구 제안서에 온라인 데이터베이스 출처를 어떻게 인용해야 하나요?

9 Can you explain the grading rubric for the group project in detail?
조별 과제의 평가 기준표를 자세히 설명해 주시겠어요?

10 Is there a specific citation style we should follow for our thesis?
논문 작성 시 특정 인용 양식을 따라야 하나요?

시험이나 과제와 관련된 정보는 대부분 '사실'에 기반하는 것들이다. 그러므로 정확한 정보나 사실을 얻기 위해서는 '직접 질문'의 형태를 취하여 자신이 정말 알고 싶은 것을 정확히 제시하는 것이 효과적이다.

3. 점수 관련 질문들

학교 생활에서 학생들이 가장 많이 염려하는 것들은 시험, 숙제, 점수, 이런 것들이리라. 시험 점수가 나왔는데 기대치와 다를 수도 있고, 과제를 냈는데 채점 과정에서 실수가 발생할 수도 있다. 나는 학생들에게 시험 점수나 과제 점수에 의문이 들면 언제든지 질문하라고 얘기한다. 대학의 과제나 시험은 단답형이나 사지선다형 문제처럼 답이 똑 떨어지기보다는 얼마나 잘 이해하고 논리적으로 설명하는가를 평가하는 문제들이 많다. 그러므로 점수에도 어느 정도 융통성이 작용한다. 만약 학생 입장에서 자기 답변에 틀린 곳이 없는데 감점을 받았다면 교수에게 감점 사유를 물어볼 수 있다. 교수는 학생의 설명을 들어 보고 점수를 조정하거나, 왜 감점 사유가 되는지 친절하게 설명해 줄 것이다. 나는 이따금 채점에 실수를 저지르기도 한다. 채점을 잘해 놓고 온라인 점수 게시판에 50점으로 기록해야 할 것을 5점으로 기록하는 식이다. 이런 경우 학생이 다가와서 묻는다. 다음은 학생과 교수의 대화 내용이다.

Hailey   Can I talk to you about my grade for the assignment?
제 과제 점수에 대해 말씀 나눌 수 있을까요?

Prof. Lee   Sure, what was it about?
좋아요. 무엇에 관한 거였죠?

Hailey   It's about the structure of research journals.
연구 보고서 구조에 관한 과제였어요.

Prof. Lee   Ah, I remember it. So, what's the trouble with it?
아, 기억해요. 그래서 무슨 문제가 있나요?

Hailey   You commented, "Very good," but I received 5 out of 50.
Very good이라고 코멘트를 달아 주셨는데, 제가 50점 만점에 5점을 받았어요.

Prof. Lee   Oh, really? Let me check…. Ah, I made a mistake. It was 50 out of 50. You got 50 points, not 5. OK? I am so sorry about my mistake!
정말? 확인 좀 해 볼게요…. 아, 내가 실수했네. 50점 만점에 50점인데. 5점이 아니고 50점이에요. 실수해서 정말 미안해요!

Hailey   That's all right! I imagined I had made a big mistake. Thank you for listening to me.
괜찮습니다! 저는 제가 큰 실수를 한 줄 알았어요. 제 얘기 들어 주셔서 고맙습니다.

학생 입장에서 과제나 시험 점수에 의문이 들거나 감점 이유가 궁금하다면, 교수에게 질문할 수 있다. 감점의 이유를 알면, 더 깊이 있는 학습이 이루어지기도 하고, 교수의 단순한 채점 실수를 바로잡을 기회도 얻을 수 있다. 그러니 의구심이 들거나, 납득하기 곤란하거나, 좀 더 설명이 필요하다면 망설이지 말고 질문해야 한다.

다음은 점수와 관련해 학생들이 많이 질문하는 내용이다.

1 Can you tell me how I did on the last quiz?
지난 퀴즈 결과를 알려 주시겠어요?

2 Did I pass the assignment?
제가 과제를 통과했나요?

3 Is there any feedback on my essay?
제 에세이에 대한 피드백이 있나요?

4 How was my performance on the midterm exam?
제 중간고사 성적은 어땠나요?

5 I'm a bit confused about the grade rubric. Can you clarify it for me?
성적 평가 기준표가 좀 혼란스러워요. 설명해 주시겠어요?

6 Is there a chance for extra credit to improve my grade?
학점을 올릴 수 있도록 추가 점수를 받을 기회가 있나요?

7 I received a lower grade than I expected. Is there any way to improve it?
제가 기대한 것보다 낮은 점수를 받았어요. 이를 개선할 방법이 있을까요?

8 I noticed discrepancies in the grade calculation. Could you review it?
성적 계산에서 불일치점을 발견했어요. 확인해 주실 수 있을까요?

9 How does the class participation factor into the overall grade?
수업 참여도가 전체 학점에 어떻게 반영되나요?

10 I received conflicting comments on my paper. Can we discuss them further?
제 논문에 상반된 코멘트를 받았어요. 이에 대해 더 자세히 이야기할 수 있을까요?

4. Office Hours 관련 질문들

Office hours는 교수와 학생과의 개별 면담 시간이다. 학생들은 강의실이나 온라인 수업에서 교수를 만나지만, 때로는 개별적인 면담이나 토론을 위해 강의실이 아닌 교수 연구실에서 교수를 만날 수도 있다. 그래서 교수들은 정해진 수업 시간 외에 일주일에 몇 시간을 학생들과의 개별 면담을 위해 비워 둬야 한다. 교수들은 이 개별 면담 시간을 실러버스syllabus, 강의 계획서에 반드시 명시하고, 교수 연구실 문 앞에도 표시해 놓는다. 학생이 개별적으로 교수와 면담하고 싶다면, 사전에 약속을 잡아야 한다. 약속을 안 잡고 불쑥 갔는데, 마침 그 시간에 이미 다른 면담자가 와 있다면 상담을 하기가 힘들어진다. 교수와의 면담 일정을 잡기 위한 질문은 간단하다.

Can I see you at your office hours?
오피스 아워에 만나 뵐 수 있을까요?

When is your office hours?
오피스 아워가 언제인가요?

다음은 오피스 아워를 잡는 학생과 교수의 대화이다.

Amaris   Can I see you during your office hours?
교수님, 오피스 아워에 뵐 수 있을까요?

Prof. Kim   Sure! When would you like to see me?
물론이지! 언제 만날까요?

Amaris   What about 2:00 p.m. this Friday?
이번 주 금요일 오후 2시 괜찮으세요?

Prof. Kim   Oh, I have an appointment with another student at that time. What about 2:30?
아, 그 시각에는 다른 학생과 이미 약속이 있어요. 2시 30분은 어떨까요?

Amaris   OK, I will drop by your office at 2:30 p.m.
네, 제가 2시 30분에 가겠습니다.

Prof. Kim   Any particular topic you want to discuss?
특별히 하고 싶은 면담 주제가 있나요?

Amaris   It's about my term project. I need your advice.
제 학기 프로젝트 때문인데요. 교수님 조언이 필요합니다.

Prof. Kim	**All right. Let's talk about it this Friday.** 좋아요. 금요일에 그 주제로 얘기하죠.
Amaris	**Thank you. See you then.** 감사합니다. 그럼 그때 뵙겠습니다.

대체로 교수들은 학생에게 정말 중요한 일이라면 꼭 office hours가 아니더라도, 약속을 정해 만나서 이야기를 듣고 협조해 준다. 그러니 학생들도 교수와 면담을 신청할 때는 '왜', '무엇 때문에' 만나고자 하는지 미리 설명하는 것이 좋다. 학생들도 바쁘지만 교수들 역시 바쁜 사람들이다. 이렇게 해야 교수도 면담 전에 준비할 사항을 챙길 수 있고, 짧은 만남에 알찬 결과를 만들어 낼 수 있다.

다음은 이런 면담 신청을 문자 메시지로 진행한 사례이다.

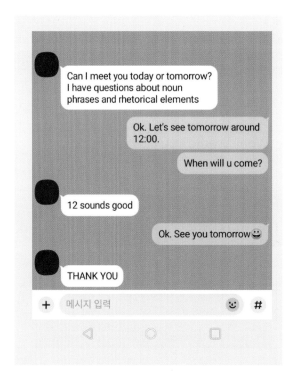

학생: 오늘이나 내일 찾아뵐 수 있을까요? 명사구와 수사적 요소 관련하여 질문이 몇 가지 있습니다.

교수: 응, 내일 12시쯤 어떨까? 언제 (연구실로) 올 수 있지?

학생: 12시 좋은데요.

교수: 좋아. 내일 보세.

학생: 감사합니다!

한 학생이 면담을 요청하면서, 면담의 목적 두 가지를 구체적으로 명시하였다. 수업 관련 '명사구'와 '수사적 요소들'에 대하여 질문이 있다는 것이다. 면담 약속이 정해진 후에는 '감사합니다'로 마무리하였다. 감사하다는 인사를 모두 대문자THANK YOU로 처리하여 "감사합니다!" 하고 크게 외치는 듯한 느낌을 준다.

문자 메시지를 보면, 마치 눈앞에서 대화를 하듯이 형식적인 요소를 생략하고 요점만 간단히 주고받고 있다. 그러나 면담의 목적을 분명히 밝히고, 감사 인사까지 확실히 챙겼다는 점에서, 이 학생은 자기 의사 전달을 잘 해내고 있다고 할 수 있다.

공항 입국 심사대에서의 질문과 답변

MP3 040

여행이나, 유학, 혹은 출장 때문에 외국을 방문할 때, 우리는 공항 이민국을 통과해야 한다. 이때 공통적으로 받는 질문들이 '왜 왔으며, 얼마나 오래 있다 돌아갈 것인가?'이다. 그리고 이에 대해 '눌러살 생각이 있어서 온 것이 아니라 여행/공부/출장의 목적으로 온 것이며 확실히 얼마 후에 돌아가겠다.'는 의지를 피력해야 한다.

다음은 공항 출입국 관리소 직원과 한국인 방문객 정 선생과의 대화이다. 어떤 질문이 나오는지, 내가 질문을 받으면 어떻게 대답할지 상상하며 살펴보자.

Immigration Officer	Next, please step forward. Passport and visa, please. 다음 분, 앞으로 나와 주세요. 여권과 비자를 보여 주세요.
Mr. Jung	Here you go. 여기요.
Immigration Officer	How long will you be staying in the United States? 미국에서는 얼마나 머물 예정인가요?
Mr. Jung	I'll be staying for two weeks. I'm here for a short vacation. 2주 동안 머물 예정입니다. 짧게 휴가를 보내러 왔어요.
Immigration Officer	Two weeks, huh? What's the purpose of your visit? 2주요? 방문 목적이 뭐지요?
Mr. Jung	As I said, it's just a vacation. I want to explore some famous landmarks and experience American culture. 말씀드린 대로, 휴가입니다. 몇 군데 유명한 명소들을 둘러보고 미국 문화를 경험하고 싶어요.
Immigration Officer	Are you traveling alone, or do you have any friends or family in the U.S.? 혼자 여행하시나요, 아니면 미국에 친구나 가족이 있나요?

Mr. Jung	Yes, I'm traveling alone. I don't have any friends or family in the U.S. 네, 혼자 여행합니다. 미국에 친구나 가족은 없습니다.
Immigration Officer	Do you have a return ticket booked? 귀국 티켓은 예약해 두었나요?
Mr. Jung	Yes, I have a return ticket for two weeks from now. 네, 2주 후에 귀국하는 티켓이 있습니다.
Immigration Officer	How much cash do you carry now, and do you plan to find a job while you're in the U.S.? 현재 현금을 얼마나 소지하고 있나요? 그리고 미국에 있는 동안 일자리를 찾을 계획이 있나요?
Mr. Jung	I have $2,000 in cash for my expenses during the trip, and I don't have any plans to find a job here. I'm only here for a short visit. 여행 경비로 2,000달러가 있고, 여기서 일자리를 찾을 계획은 없어요. 짧게 방문하러 온 겁니다.
Immigration Officer	Alright. Enjoy your vacation. Have a safe trip! 좋아요. 휴가 즐겁게 보내시고, 안전한 여행 하세요!
Mr. Jung	Thank you. I will. Have a nice day. 감사합니다. 그러죠. 즐거운 하루 보내세요.

이민국 직원이 정 선생에게 던진 질문의 예들은 무수한 사람들이 여권을 가지고 미국 공항 출입국 관리소를 통과할 때마다 받는 질문들이다. 물론 직원들마다 사용하는 어휘에 차이가 있고, 표현이 다를 수는 있다. 하지만 결국은 모두 동일한 질문들이므로, 다음 질문에 미리 답을 준비해 두면 표현이 조금 달라진다 해도 당황하지 않게 된다.

What is the purpose of you trip? 여행 목적이 무엇인가?

- It's a one-week-package trip around the west.
  1주일 패키지 여행으로 서부를 돕니다.

- I am visiting my uncle in Virginia.
  버지니아에 사시는 삼촌을 방문합니다.

- I got an admission to George Mason University. Here is my I-20.
  조지 메이슨 대학 입학 허가를 받았습니다. 여기 제 I-20 서류(외국인 학생에게 발급되는 서류)가 있습니다.

- I am visiting L.A. for a week for business meetings. I am working for ABCD Corporation, Korea.
  일주일 간 회의 참석차 LA를 방문합니다. 한국의 ABCD사에서 근무하고 있습니다.

How long do you plan to stay? 얼마나 머무를 것인가?

이 질문은 문자 그대로 '얼마나 오래' 있는지를 확인한다기보다는, 여행자로 왔다가 곱게 돌아갈 것인지, 아니면 어딘가에 자리 잡고 눌러앉아 불법 이민자로 살 계획은 없는지 묻는 것이다. 이민국에서는 정당한 이민 서류(장기간 체류하며 현지에서 직장도 가질 수 있는 비자)도 없이 방문자로 입국하여 장기 체류하는 불법 이민에 경계를 늦추지 않고 번번이 똑같은 질문을 한다. 불필요한 의심을 피하기 위해서는 방문 일정이나 돌아가는 항공편 정보 등을 정확히 말해 주거나 보여 주는 것이 현명하다.

- It is a one-week-package trip. So I return to Korea in a week. That is October 7.
  일주일간 패키지 여행이라서, 일주일 후에 한국으로 돌아갑니다. 10월 7일에 돌아갑니다.

- I am visiting my uncle in Virginia for a month. So I return to Korea in September.
  버지니아에 있는 삼촌 댁을 한 달간 방문합니다. 9월에 한국에 돌아갑니다.

- I am visiting LA for business meetings. I have a return flight on October 1.
  사업 미팅 때문에 LA를 방문합니다. 10월 1일에 돌아가는 비행기표가 있습니다.

- I'll be in the U.S. for two weeks. I'm here for a vacation to explore famous landmarks.
  미국에 2주간 있을 예정입니다. 유명한 명소들을 둘러보러 휴가차 왔어요.

- My stay is for four days only. I'm attending a family wedding ceremony.
  제 미국 체류는 4일밖에 안 됩니다. 가족 결혼식에 참석하러 왔어요.

- My visa allows me to stay for two years. I'm pursuing a master's degree at George Mason University.
  제 비자로 2년간 미국에 머물 수 있습니다. 조지 메이슨 대학에서 석사 학위를 취득하러 왔어요.

- I'll be in the U.S. for three years. I have secured a job in a software development company.
  미국에 3년간 있을 계획입니다. 소프트웨어 개발 회사에서 직장을 구했어요.

- My stay is temporary, valid for one year. I'm working on a research project for an international company.
  저의 미국 체류는 임시로, 일 년 동안만 유효해요. 국제 기업의 연구 프로젝트에 참여하러 왔어요.

Where are you going? 어디로 가는가?

여행 목적을 묻는 것과 동일한 의도이다. 방문자라면 자신이 향하는 곳, 일정 등을 상세히 계획하고 잘 아는 것이 지극히 마땅하다. 그러므로 질문에 구체적으로 답해야 한다.

- It's a package trip around the west, so I will visit San Francisco, LA, Las Vegas, and so on and go back home.
  서부 패키지 여행이라서 샌프란시스코, LA, 라스베이거스 등을 여행하고 돌아갈 겁니다.

- I am going to Fairfax, Virginia. My uncle will pick me up at the airport.
  버지니아주의 페어팩스에 갑니다. 삼촌이 공항에서 저를 픽업해 줄 거예요.

- I am going to the university in Fairfax, Virginia. I will live at the dorm.
  버지니아주 페어팩스에 있는 대학교로 갑니다. 기숙사에서 지낼 겁니다.

- I will visit business partners and have meetings in L.A.
  LA에서 협력업체들을 방문하고 회의를 할 것입니다.

Where are you coming from? 어디서 오는 길인가?

순수하게 출발지가 어디인지 묻는 것이다. 한국에서 왔다고 밝히면 된다.

- I am coming from Korea.
  한국에서 왔습니다.

- I am coming from Incheon, Korea.
  한국의 인천에서 왔습니다.

Have you visited some other countries on your way?
이곳에 오기 전에 다른 나라를 방문한 적이 있는가?

어디에서 왔는지 확인한 후에, 중간에 다른 나라에 들렀는지 확인하기도 한다. 만약에 내가 인천을 출발하여 중국 베이징에 들러 하루 관광을 하고 미국 워싱턴에 도착했다면, 중국에 들렀다가 왔다고 답해야 한다.

- Yes, I visited Beijing, China for one day.
  네, 중국 베이징에서 하루 머물렀습니다.

- Yes, I visited Tokyo, Japan for two days for business meetings.
  네, 일본 도쿄에서 사업 회의를 하느라 이틀간 머물렀습니다.

- Yes, I visited Taiwan for sight-seeing for three days.
  네, 대만에서 사흘간 관광했습니다.

그런데 만약 논스톱 직항 비행기표 대신에 일본의 나리타 공항을 경유하여 비행기를 갈아타고 워싱턴에 도착했다면, 물리적으로 나는 일본을 거쳐서 온 것이지만 실제로 일본을 방문한 것은 아니다. 그러므로 이 경우에는 분명히 No라고 답한다.

- No, I haven't. I am coming from Korea.
  아니요, 한국에서 오는 길입니다.

What will be the duration of travel?
How long are you visiting?
How long will you stay? 방문 기간은 얼마나 되는가?

이 질문은 '언제까지 있다가 귀국할 것인가?'를 묻는다. 직원마다 질문 표현 방식이 조금씩 다를 수 있지만 질문의 요지는 결국 돌아갈 것인가 안 돌아갈 것인가를 확인하는 것이다. 이때, 애매하게 대답하면 입국 심사관에게 부정적인 인상을 줄 수도 있다. 방문 목적이나 기간 등을 분명하게 밝히는 것이 좋다.

- It's a package tour for two weeks around New York and Boston area. I am returning home after two weeks.
  2주간 뉴욕과 보스턴을 돌아보는 패키지 여행입니다. 2주 후에는 돌아갈 겁니다.

- I am visiting my uncle for a month. I am returning home next month.
  한 달간 삼촌 댁에서 지낼 겁니다. 다음 달에 귀국합니다.

- I came to study at George Mason University in Fairfax. It will take about four years. Here is my I-20.
  페어팩스에 있는 조지 메이슨 대학교에 공부하러 왔습니다. 4년 정도 걸릴 것입니다. 여기 제 입학 허가서(I-20)가 있습니다. * 유학생은 반드시 I-20라고 불리는 입학 허가서를 늘 소지해야 한다. 특히 입국 심사 때는 반드시 제시해야 한다.

- I am visiting L.A. for business meetings for one week. I am returning home next week.
  일주일간 사업차 회의를 위해서 LA를 방문합니다. 다음 주에 돌아갈 겁니다.

Do you have a return ticket to Korea? 한국으로 돌아가는 비행기표는 있는가?

입국 심사관이 왜 돌아가는 비행기표 여부까지 염려하고 묻는가? 돌아갈 의사를 확인하는 것이다. 입국 후에 불법 이민자로 남을 사람인지, 곧바로 돌아갈 사람인지 재확인하는 절차처럼 보인다. 때로는 귀국용 비행기표를 보여 달라고도 한다. 비행기표가 있으면 꺼내서 보여 주면 되고, 프린트된 비행기표가 없다면 표를 샀다는 관련 서류를 미리 준비해서 보여 주던가, 아니면 스마트폰을 열어서 저장된 비행기표를 보여 줄 수도 있다.

What is the date of the return flight? 귀국 비행기표 날짜가 언제인가?

결국 이 질문도 '언제 돌아갈 것인가?'를 묻는 것이다. 질문이 나오면 비행 기표를 직접 보여 주는 것이 가장 간단한 방법이다.

Where will you be staying? (방문 기간 동안) 어디에서 머물 것인가?
Do you have confirmed hotel/hostel bookings? 호텔 예약은 했는가?

이 여행자가 그대로 눌러앉아서 일자리를 구하고 불법 이민자로 살아가려는 것은 아닌지 확인하는 질문 중 하나일 뿐이라서 여행자의 방문 목적, 기간, 장소가 분명한지 묻는다. 가능한 한 정확하고 구체적으로 주소를 말해 주는 것이 좋다.

- It's a package tour and the travel agent set up hotels for me. My first hotel that I stay tonight is the Days Inn Hotel, 2345 Riverside Street, Atlanta, Georgia.

  패키지 여행이어서 여행사에서 호텔을 잡았습니다. 오늘 밤에 첫 번째로 묵을 호텔은 조지아 주 애틀랜타시, 리버사이드 스트리트, 2345번지 데이즈인 호텔입니다.

  * 호텔 서류나 주소를 소지하고 있다가 보여 줘도 된다.

- I am visiting my uncle in Abingdon, Virginia. His address is 209 Marcus Road, Abingdon, Virginia.

  버지니아주 애빙던시에 있는 삼촌 댁을 방문합니다. 집 주소는 버지니아주, 애빙던시, 마커스 로드 209번지입니다.

  * 역시 자신이 머물 예정인 집 주소를 말하거나 보여 줘야 한다. 모른다고 어물대면 인터뷰가 길어질 수 있다.

- I am staying at the university dormitory. The address is 2103 University Rd, Unit 201, Fairfax, Virginia 22031.

  저는 대학교 기숙사에서 지낼 겁니다. 주소는 버지니아 주 페어팩스시, 대학로 2103번지, 201호입니다.

- I am visiting L.A. for a business meeting. I am staying at the Holiday Inn hotel, 9901 La Cienega Blvd, Los Angeles, CA 90045.

  저는 사업 미팅차 LA를 방문합니다. 제가 지낼 곳은 캘리포니아주 로스엔젤레스, 라시에네가 도로 9901번지에 있는 홀리데이인 호텔입니다.

Where do you work? 어디서 일하는가?

이 질문은 일하는 장소를 묻는다기보다 직장은 있는지, 그 직장이 어디에 있는지 종합적으로 묻는 것이다. 이때, I am jobless now. I am visiting to see if I can get a job in the U.S.지금 직업이 없어서, 혹시 미국에 일자리가 있을까 해서 왔습니다.라고 대답한다면 인터뷰는 굉장히 길어지거나 입국 거부를 당할 수도 있다. 이 경우 각자 입장에 따라서 대답하되, 내가 '여행자'이며 '여기 눌러살 생각이 추호도 없다.'는 점만 분명히 하면 된다.

주부 | I am a housewife. I am from Seoul, Korea.
저는 전업주부입니다. 한국 서울에서 왔습니다.

학생 | I am a university student. I am from Gwangju, Korea.
저는 대학생입니다. 한국의 광주에서 왔습니다.

농부 | I am a farmer from Goyang City, Korea.
저는 한국 고양시에서 농사를 짓고 있습니다.

교사 | I am a teacher at Mason High School, Jeju, Korea.
저는 한국의 제주도에 있는 메이슨 고등학교 교사입니다.

출장 온 회사원 I work for Sky Corporation, Seoul, Korea.
저는 한국 서울에 있는 스카이사에서 근무하고 있습니다.

Do you have anything to declare? 신고할 것은 없는가?

이 질문은 세관에 신고할 만한 특별한 물품이나, 소지를 금지해서 마땅히 신고해야 하는 물품이 있는지 묻는다. 이 질문에 정직하게 대답하는 것이 좋으며, 문제를 예방하기 위해서는 처음부터 그런 물품을 소지하지 않는 것이 안전하다. 마약류나 총기류, 농산물, 수입이 금지된 살아 있는 생물이나 동물, 씨앗, 육류, 그 밖의 금지된 물품이 없다는 것을 전제로 간단히 다음과 같이 답하면 된다.

No, I don't. Nothing.
아니요, 그런 것 없습니다.

How much money do you have? 수중에 돈은 얼마나 갖고 있는가?

입국하는 여행자가 여비는 갖고 있는지 확인하는 것이다. 미국의 경우, 개인이 현금 일만 달러 이상을 소지하고 입국할 시 신고해야 한다. 그 미만의 현금은 신고할 필요가 없기 때문에 이 경우 정직하게 대답해도 별로 문제가 되지 않는다. 여행하러 왔으면 여행지에서 돈을 쓰는 것이 당연하고, 여행자가 많은 돈을 쓰고 가면 그 지역 경제에도 도움이 된다. 일년에 두 번씩 미국에 오가는 나도 이 질문을 종종 받는데, 사실 그대로 답한다.

I think I have about three hundred dollars in cash, but I have my check book and my credit card.
아마 현금으로 삼백 달러쯤 있을 것 같습니다. 그렇지만 수표책도 있고 신용카드도 있습니다.

단기 여행자 I have about one thousand dollars cash and a credit card.
현금 1,000달러 정도와 신용카드가 있습니다.

유학생 I have about three thousand dollars cash and a credit card.
현금 3,000달러 정도와 신용카드가 있습니다.

출장 온 회사원 I have about five thousand dollars cash and a credit card.
현금 5,000달러 정도와 신용카드가 있습니다.

What do you carry in your baggage? 가방에 뭐가 들었는가?

현재 들고 있는 가방 안에 무엇이 들어 있는가 묻는다. 사실대로 말하면 된다.

Immigration Officer What do you carry in your luggage?
수하물에는 무엇을 갖고 오셨죠?

Visitor In my luggage, I have personal belongings, clothing, and some souvenirs for my friends.
제 수하물에는 개인 물품, 옷, 그리고 친구들에게 선물할 기념품들이 있습니다.

Immigration Officer Do you have any medication or drugs in your luggage?
수하물에 약물이나 마약이 있나요?

Visitor No, I don't have any medication or drugs.
아니요, 약물이나 마약은 없습니다.

Immigration Officer Alright. Are there any weapons such as knives or guns in your luggage?
알겠습니다. 수하물에 칼이나 총과 같은 무기가 있나요?

Visitor No, I don't have any weapons in my luggage.
아니요, 수하물에 무기는 없습니다.

Immigration Officer Okay. Are you carrying any prohibited items?
좋습니다. 금지 물품을 소지하고 계신가요?

Visitor No, I don't have any prohibited items in my luggage.
아니요, 수하물에 금지 물품은 없습니다.

Immigration Officer Thank you for your cooperation. Have a pleasant stay in the United States.
협조해 주셔서 감사합니다. 미국에서 즐거운 시간 보내시기 바랍니다.

다른 나라에서 입국 심사를 받을 때, 그들이 던지는 질문의 의도는 '이 사람이 순수한 방문자인가 아니면 장기 이민을 계획하고 들어와 불법으로 눌러

앉을 사람은 아닌가?', '불법적인 물품을 소지하고 있지는 않은가?' 등의 극히 기본적인 사항을 확인하려는 것이다. 질문의 의도를 이해하면, 내가 어떻게 대답하는 것이 유리한지 알게 된다. 정직하게 답변하되, 오해를 살 만한 답변은 피하는 것이 좋다. 가장 확실하고 안전한 대답은 '나는 단기로 방문한 것이며, 이곳에 눌러살 생각은 추호도 없다. 나는 한국에 돌아갈 집과 직장과 가족이 있다.'는 것을 분명하게 밝히는 것이다.

Epilogue

질문의 힘,
그리고
당신에게 드리는 초대

한국 조지메이슨 대학교에서 나는 매 학기마다 '연구하고 논문 쓰기' 수업을 진행하는데, 학기말에 학생들은 자신이 직접 진행한 연구 작업의 결과를 포스터와 논문으로 제출하고 발표하는 것으로 이 수업을 마무리한다. 이 과정에서 가장 중요한 과제는 바로 'Research Question연구 문제'을 정하는 것이다. 연구 방법론과 이에 따르는 연구 자료와 결론에 이르기까지, 그 모든 타래의 핵심은 바로 '연구 문제'이다. 그 이후의 과정은 그 문제에 대한 학문적인 답을 찾아가는 여정일 뿐이다.

"하나의 장편소설을 쓸 때마다 나는 질문들을 견디며 그 안에 산다." 소설가 한강이 노벨상 수상 기념 강연에서 한 말이다. 작가는 하나의 질문을 스스로 설정하고, 그 질문의 끝에서 작품을 갖고 나온다. 설령 답을 찾지 못하더라도 질문은 우리를 고민하게 하고 살아 움직이게 한다.

엄한 아버지 슬하에서 자란 나는 집에서는 입을 다물고 있는 것이 상책이었다. 언제 나의 말이나 행동의 실수에 불호령이 떨어질지 알 수 없었기 때문이다. 학교에서도 선생님들은 학생이 질문하는 것에 부정적이었다. 질문하는 학생은 '떠드는 학생'으로 간주되었고, 떠드는 학생은 '반항하는 학생'이었으며, 결국 '문제 학생'이었다.

언젠가 교사들을 대상으로 한 특강에서, "왜 수업 시간에 학생들의 질문에 부정적인가?" 하고 물었더니, 한 젊은 교사가 대답했다. "학생들이 질문을 하게 내버려두면 진도를 나갈 수가 없어요. 수업에 방해가 되니까요." 다른 선생님들 또한 그의 의견에 동의했다. 내가 성장하던 50년 전이나 21세기의 1/4가량을 지나온 지금이나 질문을 대하는 교실 문화는 크게 변화하지 않은 듯하다.

공직자들에게 물었다. "직장에서 업무 회의를 할 때, 질문이 활발하게 오가는 편인가요?" 대체로 그들은 고개를 좌우로 저었다. 질문을 못하게 하는 억압적인 분위기는 아니지만, 질문하기를 꺼린다고 했다. "왜 꺼리시나요? 찍힐까 봐요?" 내 질문에 그들은 빙긋 웃으며 답했다. "뭔가 생산적인 질문을 던지는 순간, 그 일이 내 일이 됩니다. 질문하면 할 일만 많아져요." 아하! 질문은 질문의 무게만큼 책임을 부과하기도 하는구나.

그러면 상상해 보자. 아무도 질문하지 않는 교실, 아무도 질문하지 않는 관료사회, 아무도 질문하지 않는 직장, 아무도 질문하지 않는 가정. 이들은 과연 안녕한가? 이들에게 성장과 발전의 가능성이 크다고 할 수 있을까? 질문은 피곤하고 때로 내게 더 많은 문제와 책임을 불러올 수 있지만, 그 너머에 해답과 성장이 있음은 자명하다.

내가 영어 과목을 좋아했던 이유는, 영어 시간에는 목소리를 내는 학생이 칭찬을 받았기 때문이다. 영어책을 소리 내어 읽고, 영어 문장을 소리 내어 외우거나 대화를 외워서 발표하면 인정을 받았다. 그래서 영어 교실에서는 내 목소리도 커졌다. 그때 나는 '영어'가 권력이 될 수 있음을 깨달은 것 같다.

2002년에 가족과 미국으로 가게 되었을 때, 나는 체험으로 알게 되었다. 이 넓은 땅에서 나를 알아주는 사람은 아무도 없고, 내가 목소리를 내지 않으면 나는 정말 투명 인간이겠구나. 한국 사회에서는 목소리를 내지 않고, 눈치껏 조용히 알아서 내 할 일만 찾아 해도 살 수 있었지만, 미국에서는 내가 내 목소리를 내지 않으면 나는 그림자처럼 살게 되겠구나. 그래서 나는 미국식의 일상적인 대화 방식을 곧바로 수용했다. 낯선 사람과 스칠 때 이를 드러내고 밝게 웃으며 "Hi!" 하고 인사하기, 길 가다가 "Your puppy is so cute! How old is he?네 강아지 참 예쁘다. 몇 살이야?" "Excuse me, where is the nearest book store?실례지만 근처에 가까운 책방이 어디 있죠?" 말 건네기, 운전하다 길을 잘 모를 때 길 묻기는 무조건 내가 했다. 원래 수줍음을 많이 타고 방구석에 박혀 있기를 좋아하던 내가 이렇게 적극적으로 행동했던 이유는, 그래야만 내가 잘 살아낼 수 있다고 생각했기 때문이다. 외국어 상황에서 '질문'은 곧 '생존'과 직결된다.

한국은 이제 더 이상 단일 민족이 모여 사는 '고요한 아침의 나라'가 아니다. 세계 문화와 경제 허브hub로써 다양한 인종들이 가족이 되고 친구가 되어 살아가는 '국제적인' 환경으로 매일매일 탈바꿈하고 있다. 영어나 다른 외국어로 이야기를 나눌 기회도 많아지고 다양해졌다. 그만큼 활동의 기회도 넓어졌다. 빠르게 국제 사회로 커가는 대한민국에서 이제 영어 질문은 다양한 인종의 친구들과 나누는 인사이고, 정보를 나누는 실천이며, 함께 해답을 찾아가는 문을 여는 작업이다. 질문하시길, 그리고 답을 찾으시길.

저자에게 영어나 한국어로 질문을 하고 싶으시거나 소통을 원하시는 독자께서는 askandsmile@gmail.com으로 이메일을 보내주세요. 성실히 답변드리겠습니다. 질문 있으십니까? Do you have any question for me?